GOLDMANN
ESOTERIK

W0175146

Buch

Dieser Führer zu Reichtum und Unabhängigkeit wurde Sanaya
Roman und Duane Packer von Orin und DaBen übermittelt. Diese
beiden gleichsam weisen wie sanften Energiepersönlichkeiten haben bereits Hunderten zum kreativen Umgang mit Geld und zur
Erfüllung in ihrem Beruf verholfen, indem sie die folgenden Schritte
lehrten:
– der inneren Führung folgen,
– die Fülle magnetisieren bzw. anziehen,
– die persönliche Lebensaufgabe entdecken und erfüllen,
– die Kunst von Geben und Empfangen erlernen u. v. a.
Für jeden, der nach innerer wie äußerer Unabhängigkeit strebt, ist
Sanaya Romans und Duane Packers Ansatz eine unverzichtbare
Bereicherung.

Autoren

Sanaya Roman und *Duane Packer* sind beide als Autoren und
Seminarleiter tätig. Weitere Informationen sowie »Orin's und
DaBen's Newsletter« erhalten Sie kostenlos bei:
Lumin Essence Productions,
P.O. Box 19117, Oakland, Ca 94619, USA;
Tel.: (510) 482-4560 oder
Fax: (510) 530-9620.

SANAYA ROMAN
UND DUANE PACKER

KREATIV REICHTUM SCHAFFEN

Der Schlüssel zur Fülle
Mit praktischen Übungsanleitungen

**Aus dem Englischen übertragen
von Susanne Kahn-Ackermann**

GOLDMANN VERLAG

Originaltitel: Creating Money – Keys to Abundance
Originalverlag: H. J. Kramer Inc., Tiburon/USA

Der Goldmann Verlag
ist ein Unternehmen der Verlagsgruppe Bertelsmann

Deutsche Erstausgabe Januar 1993
Wilhelm Goldmann Verlag, München
© 1988 by Sanaya Roman und Duane Packer
© der deutschsprachigen Ausgabe 1993
by Wilhelm Goldmann Verlag, München
Umschlaggestaltung: Design Team München
Satz: Uhl + Massopust, Aalen
Druck: Elsnerdruck, Berlin
Verlagsnummer: 12190
Redaktion: Diane von Weltzien
Ba · Herstellung: Stefan Hansen/sc
Made in Germany
ISBN 3-442-12190-6

10 9 8 7 6 5 4

Dem Geist der Fülle,
der in jedem und jeder von Ihnen wohnt.
Mögen Sie die Großartigkeit
Ihres Wesens erkennen,
Ihren Weg entdecken
und den Beitrag leisten,
den zu leisten Sie gekommen sind.

Orin und DaBen

Inhalt

Teil 4: Geld haben

Vorwort

Sanaya: Im Laufe der letzten Jahre habe ich mich der in diesem Buch besprochenen spirituellen Manifestationsprinzipien mit hervorragenden Ergebnissen bedient. In der Zeit, in der ich diese Informationen erhielt, kämpfte ich ums Überleben, lebte praktisch von der Hand in den Mund. So bat ich Orin, meinen geistigen Lehrer aus einer höheren Welt, um Rat und Führung. Seit vielen Jahren hatte ich nun schon Orin gechannelt und außerordentlich wertvolle Informationen zu einer Vielfalt an Themen erhalten.

Orin schlug vor, mich im Rahmen von Seminaren im Manifestieren zu unterweisen, das heißt, mich wie auch andere zu lehren, wie wir uns in der physischen Welt unter Anwendung der spirituellen Gesetze der Fülle, Formen, Gegenstände und Wohlstand erschaffen können. Die Anwendung dieser Prinzipien half mir, Orins und meine Arbeit publik zu machen, meinen Lebensunterhalt mit einer Tätigkeit, der ich gerne nachgehe, zu verdienen und eine Zuversicht zu gewinnen, die aus der Kenntnis der Gesetze und Wirkungsweise der Manifestation entsteht.

Auch Duane hat sich dieser Prinzipien und vielen Energietechniken zum Manifestieren bedient, die ihm von seinem geistigen Lehrer DaBen übermittelt wurden. Obgleich er in seinem Beruf als Geologe und Geophysiker erfolgreich ist, wollte er eine neue Laufbahn einschlagen, Channeln unterrichten, seine hellsichtigen Fähigkeiten entwickeln und mit Energie- und Körperarbeit andere Menschen bei ihrem Wachstum unterstützen. So bediente er sich dieser Prinzipien, um das, was er in seinem Leben tat, energetisch aufzuladen, um Menschen, denen er Kraft geben und dienen konnte, anzuziehen und das an Instrumentarium zu manifestieren, was er für seine neue Laufbahn brauchte, sowie um sich über seine Beziehung zum Geld klarzuwerden.

Dieses Buch ist das erweiterte Manuskript, das aus Orins Belehrungen über die spirituellen Gesetze der Fülle entstand. Das Originalmanuskript wurde an Orins Seminarteilnehmer wie auch an viele andere verteilt, die davon gehört und es angefordert hatten. Das Interesse an diesem Manuskript wie auch an den Seminaren war schließlich so groß, daß Duane und ich viele zusätzliche Workshops über Geld, Magnetismus und fortgeschrittene Manifestationstechniken abhielten. Orins spirituelle Prinzipien und DaBens Energietechniken erwiesen sich, zusammen angewandt, als so effektiv darin, Menschen zu Geld und Fülle zu verhelfen, daß wir sie in diesem Buch kombiniert haben.

Orin und DaBen sind beide der Ansicht, daß die Fähigkeit des Manifestierens, das heißt, die eigenen Visionen, Hoffnungen und Phantasien Wirklichkeit werden zu lassen, eine der wichtigsten Fertigkeiten ist, die Menschen erlernen können, um selbst an Stärke zu gewinnen und zu einem helleren Licht in ihrer Umwelt zu werden. Ihnen liegt darin, daß die Menschen lernen, wie sie zu Geld und anderen Dingen, die sie sich wünschen, kommen können, und zwar als Hilfsmittel für ein intensives Leben und Wachstum; daß sie lernen, mit dem Geld verbundene Ängste, Verwirrungen und Schuldgefühle abzulegen. Sie möchten gerne, daß die Menschen ihre Arbeit lieben, schätzen und achten. Und sie wollen ihnen helfen, daß sie auf ihre innere Führung hören und ihr vertrauen, ihr größeres Potential erwecken und eine Zuversicht erlangen können, die aus dem Wissen entsteht, sich alles, was sie wollen, erschaffen zu können.

Ihrer Ansicht nach erfüllen viele Menschen ihre Lebensaufgabe nicht, weil sie nicht wissen, wie sie das dazu erforderliche Geld oder Instrumentarium materialisieren können, oder weil sie nicht glauben, daß ihr Weg oder ihr Beitrag von Bedeutung ist. Die Fähigkeit, Fülle zu erschaffen, so meinen Orin und

DaBen, könnte viel dazu beitragen, daß die Menschen ein lohnenswertes und erfülltes Leben führen.

Wir haben diese Prinzipien viele Menschen gelehrt, die ganz unterschiedliche Ziele verfolgten. Einige kamen zu den Seminaren, weil sie schon jahrelang vergeblich versucht hatten, etwas Bestimmtes zu materialisieren, oder weil sie Geld wollten, um ein schon lange geplantes Projekt zu realisieren. Einige wünschten sich Geld, um ihren Job wechseln, sich selbständig, eine zusätzliche Ausbildung machen oder reisen zu können. Viele hatten in einem bestimmten Bereich gearbeitet und wollten nun in einer anderen Sparte Arbeit finden oder sich eine neue Karriere auf einem Gebiet aufbauen, das ihren veränderten Interessen entsprach. Die Frage war, wie sie zu genügend Geld kommen konnten, um ihren Lebensunterhalt während dieser Übergangsphase sicherzustellen. Einige wünschten sich einfach mehr Geld, um mehr Zeit auf ihr spirituelles Leben verwenden oder für eine Weile aussteigen und etwas schreiben oder erforschen zu können. Andere hingegen waren zu Geld gekommen, stellten aber fest, daß es ihnen nicht die Freude oder den Frieden gebracht hatte, die sie sich erwartet hatten.

Als die Seminarteilnehmer nun anfingen, mit den in diesem Buch vorgestellten Übungen zu arbeiten und auch Resultate erzielten, erlebten wir, wie sie sich auf wunderbare Weise veränderten. Sie entwickelten Zuversicht und Vertrauen ins Universum. Sie entdeckten, daß das Manifestieren einen Prozeß des Wachstums und zunehmender Lebensintensität beinhaltet. Sie lernten, Verantwortung für ihr Leben zu übernehmen. Mit der Entdeckung, daß sie haben konnten, was sie wollten, entstand das Bedürfnis nach einer neuen Ebene der Klarheit über das, was sie wirklich wollten. Und die Klarheit darüber, was sie wirklich wollten, brachte es mit sich, daß sie es müheloser anzogen.

Wir haben viele Menschen erlebt, die erfolgreich ihren Beruf wechselten, ihr Einkommen erheblich verbesserten und sich ihrer Ängste und Sorgen ums Geld entledigten. Waren sie erst einmal imstande, einige der von ihnen gewünschten materiellen Dinge anzuziehen, konzentrierten sie sich stärker auf den Beitrag, den sie zum Wohle der Menschheit leisten konnten.

Als diese Menschen gelernt hatten, wie sie ihre Lebensaufgabe realisieren und ihre spirituellen und physischen Bedürfnisse erfüllen konnten, fühlten sie sich in zunehmendem Maße in Kontrolle über ihr Leben. Sie erkannten nun, daß sie auf Grund früherer Entscheidungen und Beschlüsse hatten, was sie besaßen, und daß sie ihre Lebensumstände, wenn sie wollten, tatsächlich zum Besseren verändern konnten. Sie hatten nicht länger das Gefühl, der Gnade mächtiger, unkontrollierbarer Kräfte ausgeliefert zu sein. Sie sahen ein, daß es nicht einfach eine Sache des Glücks ist, das einigen zufällt, anderen nicht, wenn man hat, was man will, sondern daß jede Person über das nötige Werkzeug verfügt, sich zu erschaffen, was sie will. Und als im Laufe der Zeit ihre Klarheit und Fähigkeiten zunahmen, waren sie imstande, mehr anzuziehen, als sie je für möglich gehalten hätten.

Auch unsere persönliche Entwicklung im Umgang mit der Fülle beinhaltete einen wunderbaren Wachstums- und Erkenntnisprozeß. Je mehr wir mit den in diesem Buch beschriebenen Prinzipien arbeiten, desto mehr erfahren wir über ihre bunte Vielfalt und ihre Einfachheit. Sie sind einfach, wie wir feststellten, wenn wir spielerisch, kreativ und einfallsreich sind. Sie werden nur dann komplex, wenn wir zu sehr herumanalysieren, ob wir die Übungen nun »richtig« machen oder nicht. Die besten Resultate werden dann erzielt, wenn uns die Übungen Spaß machen und wir darauf vertrauen, daß das eintreten wird, was für uns am besten ist.

Das Materialisieren von Dingen innerhalb einer bestimmten Zeitspanne erwies sich beim Erschaffen von Geldsummen und äußerer Form als einer der problematischeren Aspekte, und wir werden ständig daran erinnert, daß alle Dinge zu ihrer Zeit kommen. Wir haben entdeckt, daß die Resultate meist unsere Erwartungen noch übersteigen, wenn wir uns ganz klar darüber werden, was wir wollen, und dann loslassen, uns davon lösen, die Dinge ungestört arbeiten lassen. Treffen die Dinge dann nicht zum erwarteten Zeitpunkt ein, stellen wir später oft fest, daß es uns zu jenem Zeitpunkt nicht zum Besten gereicht hätte.

Sie sind auf dieses Buch gestoßen, weil Sie vielleicht aus einem bestimmten Grund zu Geld kommen wollen, weil Sie finanziell unabhängig werden, Ihre Lebensaufgabe entdecken oder helfen wollen, ein Geschäft oder Projekt aufzubauen. Vielleicht stecken Sie in einer Übergangsphase, wissen, daß etwas Neues auf Sie zukommt, und wollen die Sache beschleunigen. Vielleicht möchten Sie mehr verkaufen oder wünschen sich mehr Kunden oder ein höheres Einkommen. Vielleicht wollen Sie auch viele Fragen, die Sie zum Thema Geld haben, lösen. Aus welchen Gründen auch immer Sie dieses Buch lesen, Sie können die hier vorgestellten Prinzipien in allen Lebensbereichen anwenden, denn es handelt sich um universelle Prinzipien der Energie und Fülle. Sie können alles, was Sie wollen, anziehen, wenn es Ihrem Wohl im höchsten Sinne dient, und die unbegrenzte Fülle des Universums anzapfen.

Zur Arbeit mit diesem Buch

Sanaya und Duane: Dieses Buch ist ein Kurs über das Manifestieren und Erschaffen von Fülle in Ihrem Leben. Der erste Teil, *Kreativ Reichtum schaffen,* führt Sie Schritt für Schritt in die Kunst des Manifestierens ein. Sie werden lernen, Ihre wahren Wünsche herauszufinden und die Dinge anzuziehen, die Ihnen Erfüllung und Befriedigung bringen und noch besser sind als das, worum Sie gebeten haben. Sie werden fortgeschrittenere Manifestierungstechniken erlernen, und Sie werden lernen, wie Sie mit Hilfe Ihrer persönlichen Energie und magnetischen Kraft auf möglichst schnelle und leichte Weise Dinge in Ihr Leben ziehen.

Im zweiten Teil dieses Buches, *Meisterschaft entwickeln,* lernen Sie, wie Sie mit möglichen Blockierungen, die Sie daran hindern, Fülle in Ihrem Leben zuzulassen, arbeiten und wie Sie

sie durchbrechen können. Im dritten Teil, *Die persönliche Lebensaufgabe verwirklichen,* lernen Sie, zu Geld zu kommen und Fülle zu erschaffen, indem Sie die Dinge tun, die Sie lieben. Sie erlernen viele einfache Energietechniken, um den für Sie idealen Job anzuziehen, Ihre Lebensaufgabe zu entdecken und mit einer Tätigkeit, die Sie lieben, Ihren Lebensunterhalt zu verdienen. Im vierten Teil, *Geld haben,* geht es um den Besitz von Geld, zunehmenden finanziellen Wohlstand und noch größere Fülle in Ihrem Leben. Sie lernen, wie Sie Freude, Friede, Harmonie, Klarheit und Selbstliebe mit Ihrem Geld hervorrufen, indem Sie es fließen lassen und vermehren.

Die meisten Kapitel in Teil 2, 3 und 4 enden mit einem »Übungsbogen«, der Ihnen helfen soll, in die Praxis umzusetzen, wie Sie die von Ihnen gewünschten Dinge für sich erschaffen. Wichtig ist, daß Sie, wenn Sie damit arbeiten, in einem entspannt konzentrierten Bewußtseinszustand sind. Setzen Sie sich, bevor Sie an die Beantwortung der Fragen gehen, ruhig hin, atmen Sie ein paarmal tief durch, entspannen Sie Ihren Körper und öffnen Sie Ihren Geist für neue Ideen und Gedanken.

Wenn Sie sich nun mit diesen neuen Ideen befassen, werden Sie vielleicht viel über Ihre Überzeugungen, Glaubensvorstellungen und sogar Widerstände herausfinden. Wenn Sie merken, daß Sie einen Widerwillen haben, eine bestimmte Frage zu beantworten, dann ist dieses Thema vielleicht für Sie »besetzt« und könnte genau den Bereich bezeichnen, der Ihnen zur Entwicklung Ihres Potentials der Fülle am meisten bringt, wenn Sie damit »spielen«. Es gibt keine richtigen oder falschen Antworten, nur neue Möglichkeiten und Erfahrungen, wie Sie Ihre Realität erschaffen. Sie können Ihre Antworten aufschreiben oder einfach nur darüber nachdenken. Das Aufschreiben der Antworten hilft, die Gedanken aus dem Bewußtsein in die physische Welt zu bringen, was einer der ersten Schritte des Manifestierens sein kann.

Sie haben noch eine andere Möglichkeit, sich dieses Buches zu bedienen. Fragen Sie sich, in welchem Lebensbereich es

Ihnen zugute käme, wenn Sie mit dem Manifestieren von Geld arbeiten, und schlagen Sie dann das Buch auf irgendeiner Seite auf. Nehmen Sie das entsprechende Kapitel, die spezielle Seite oder Affirmation als einen Hinweis von Ihrem höheren Selbst auf den spezifischen Bereich, mit dem Sie sich befassen könnten und der zum gegenwärtigen Zeitpunkt eine Wende in Ihren finanziellen Verhältnissen bewirken könnte.

Bevor Sie mit Kapitel 1 anfangen, sollten Sie ruhig werden und sich nach innen wenden. Haben Sie die Absicht, in Fülle zu leben? Sind Sie bereit, wohlhabend zu werden, zu bekommen, was Sie wollen, und Geld zu haben, das zu Ihrem Wohle arbeitet? Fassen Sie jetzt in diesem Moment den Entschluß, daß Sie das haben können, was Sie wirklich wollen. Ihre feste Absicht, finanziellen Wohlstand und Fülle zu erschaffen, ist der erste Schritt, diese Dinge in Ihr Leben einzubringen.

Zur Arbeit mit den Affirmationen

Sanaya und Duane: Wir haben in diesem Buch viele Affirmationen aufgenommen, derer Sie sich bedienen können, um zu größerem Wohlstand zu gelangen. Affirmationen sind positive Aussagen, die Ihnen helfen, Ihr Bewußtsein auf die eigene Kraft und Fähigkeit zu konzentrieren, das zu erschaffen und zu erhalten, was Sie wollen. Sie sind in der Gegenwartszeit gehalten, etwa wie: »Ich verfüge über unbegrenzte Fülle.« Ihre Gedanken erschaffen Ihre Realität, und wenn Sie diese positiven Aussagen für sich wiederholen, werden Sie anfangen, sie als für Sie wahr zu realisieren. Diese Affirmationen wurden von Orin und DaBen formuliert, um Ihr Bewußtsein für das, was Sie haben können, zu öffnen und zu erweitern, Sie mit der Weisheit Ihrer Seele in Übereinstimmung zu bringen und Sie auf die unbegrenzte Fülle des Universums einzustimmen. Wenn Sie sie für sich wiederholen, werden Sie positive, von größerer Fülle bestimmte Lebensumstände erschaffen.

Arbeiten Sie nur mit den Affirmationen, die Sie als für Sie geeignet empfinden. Wichtig ist, daß Sie sich mit ihrem Wortlaut wohl fühlen und er mit Ihrem Wesen übereinstimmt. Sie können gerne andere Worte, die eine besondere Bedeutung für Sie haben, einsetzen, denn die Macht der Affirmationen steigert sich, wenn Sie mit ihrer Aussage ein Gefühl von Richtigkeit und Bedeutung verbinden können. Wir möchten Sie auch dazu ermuntern, Ihre eigenen Wohlstandsaffirmationen zu erfinden.

Die meisten Affirmationen beginnen mit »Ich«. »Ich« meint hier alle Ihre Aspekte: Ihr Höheres Selbst (Ihre Seele, der Teil von Ihnen, der mit der göttlichen Kraft oder mit Gott im Innern oder dem tieferen Teil Ihres Seins verbunden ist) wie auch das Ego und die Persönlichkeitsanteile. Affirmationen sind wirksamer, wenn alle Ihre Aspekte miteinander in Einklang gebracht werden und vereint für ein gemeinsames Ziel arbeiten. Sie können hier auch andere Worte einführen, die für Sie stimmig sind. Zum Beispiel möchten Sie bei der Affirmation: »Ich bin die Quelle meiner Fülle« vielleicht lieber sagen: »Gott ist meine Quelle« oder »Meine Verbindung zu Gott ist meine Quelle« oder »Meine Seele ist die Quelle meiner Fülle«.

Sollen die Affirmationen Resultate erbringen, dann müssen Sie an die Möglichkeit ihrer Realisierung glauben können. Wenn Sie nicht glauben, daß sich das, was Sie sagen, verwirklichen läßt, dann werden die Affirmationen fruchtlos bleiben. Zum Beispiel wird es nichts bewirken, wenn Sie sagen: »Ich habe jetzt eine Million Mark«, und nicht glauben, daß Sie diese Summe bekommen können. Dann wäre es besser, mit der Affirmation zu beginnen: »Mein Einkommen erhöht sich jetzt um wenigstens zehn Prozent.« Wenn Sie später merken, daß Sie mit Ihren Affirmationen Erfolg haben, können Sie von da aus weiterarbeiten.

Sie haben mehrere Möglichkeiten, mit diesen Affirmationen zu arbeiten. Sie können zum Beispiel das Buch durchblättern, die Affirmationen durchlesen, die Sie ansprechen, dann ruhig dasitzen und sie immer aufs neue wiederholen. In dieser Wiederholung liegt sehr viel Macht. Sie programmieren damit Ihr

Unterbewußtsein um, so daß es diese Vorstellungen als Realität akzeptiert und dann Veränderungen in Ihrem Leben bewirkt, die dieser neuen inneren Realität entsprechen. Wenn Sie wollen, können Sie die Affirmation in Ihrem Innern sprechen, während Sie einatmen, und sich dabei vorstellen, daß Sie sie in diesem Moment zu Ihrem höheren Selbst tragen. Beim Ausatmen können Sie sich vorstellen, daß Sie die Affirmation in die äußere Welt entlassen, wo sie zu Ihrer Realität wird.

Sie können die Affirmationen auch auf Tonband sprechen und dann abhören. Oder Sie schreiben sie sich auf und legen sie an einen Platz, wo Sie sie oft sehen, vor allem jene, die eine starke Bedeutung für Sie haben.

Ich bin die Quelle meiner Fülle.

Meine Seele ist die Quelle meiner Fülle.

Einleitung

von Orin und DaBen

Grüße von Orin und DaBen!

Wir laden Sie ein, Ihre Beziehung zu Geld und Fülle zu erkunden und zu lernen, wie Sie auf neue Weise mit der Materie und dem Gegenständlichen arbeiten können. Geld ist etwas, das nicht nur ganz bestimmten Menschen zufließt, Menschen mit einem besonderen Talent oder einer angeborenen Fähigkeit. In Ihrem Innern finden sich alle Antworten und Talente, derer Sie bedürfen, um sich unbegrenzte Fülle zu erschaffen und das zu bekommen, was Sie in allen Lebensbereichen physisch und spirituell brauchen.

Sie sind ein großartiges, machtvolles menschliches Wesen und können lernen, mit Ihrer Energie zu arbeiten und sich der unbegrenzten Fülle des Universums zu bedienen. Das Erschaffen finanziellen Wohlstands kann zu einer ganz mühelosen Angelegenheit werden, zur natürlichen Konsequenz Ihrer Lebens-, Denk- und Handlungsweise. Sie können alles, was Sie wollen, zu sich heranziehen. Sie können Ihre liebsten Träume verwirklichen. Dieses Buch ist ein Kurs darüber, wie Sie sich nicht nur rein finanziellen Wohlstand, sondern auch Fülle erschaffen können, denn Geld allein wird Ihnen nicht immer das bringen, was Sie sich wünschen.

Wir, Orin und DaBen, sind Lichtwesen. Wir existieren in höheren Dimensionen. Wir sind als Helfer und spirituelle Lehrer hier, um Ihnen bei Ihrem persönlichen Wachstum zu helfen und Sie für Ihre höheren Aspekte zu sensibilisieren. Wir hoffen, Ihren Gedanken und Vorstellungen über Geld eine neue Dimension hinzufügen zu können. Wir wollen Ihnen helfen, sich die Sie überall umgebende unbegrenzte Fülle zu erschließen.

Die in diesem Buch geäußerten Gedanken und Ideen sind unser Geschenk der Liebe an Sie. Möglicherweise haben Sie das Gefühl, vieles von dem, was wir sagen, schon immer gewußt zu haben. Wir möchten Sie dazu ermuntern, nur die Ideen und Vorschläge wirklich anzunehmen, die Sie in Ihrem tiefsten Wesen als wahr empfinden, und alles andere beiseite zu lassen.

Vielleicht fragen Sie sich, wie wir als geistige Führer, die doch gar nicht auf der materiellen Ebene leben, über die Gesetze des Geldes Bescheid wissen können. Geld ist Energie, und Energie existiert in allen Bereichen. Die spirituellen Gesetze des Geldes sind universelle Energiegesetze, welche die Fülle hervorbringen. Es sind die Prinzipien von Ebbe und Flut, des Denkens ohne Grenzen, des Gebens und Nehmens, der Wertschätzung, der Achtung Ihres Wertes, klarer Vereinbarungen, des Magnetismus und einiger Dinge mehr.

Fülle meint mehr als den quantitativen Besitz von Dingen; Fülle meint den Besitz von Dingen, die Ihnen auch Erfüllung bringen. Geld kann ein Bestandteil Ihrer Fülle sein. Geld kann Ihnen helfen, einen Sinn in Ihrem Leben zu finden. Wenn Sie im Manifestieren erfahrener geworden sind, werden Sie lernen, ganz bewußt auszuwählen, was Sie erschaffen wollen, und es dann anzuziehen. Situationen und Gegenstände werden in Ihrem Leben Ihrem jeweiligen Bedarf entsprechend auf Sie zukommen. Sie können lernen, den Umgang mit Geld zu beherrschen, statt von ihm beherrscht zu werden. Und ein solcher meisterlicher Umgang mit Geld wird es auch mit sich bringen, daß Situationen und Dinge sanft und problemlos aus Ihrem Leben verschwinden, wenn Sie ihrer nicht mehr bedürfen, um so Raum zu schaffen für das nächste, das Ihnen dienlich ist. Sie werden erleben, daß Geld, Menschen und Dinge ganz natürlich in Ihr Leben einfließen und es auch wieder verlassen, und daß alles einem höheren Zweck und Ziel dient und genau zum richtigen Zeitpunkt in Erscheinung tritt.

Eine neue Zeit naht. Die Menschen erwachen zu einer Realität des Überbewußten und werden ein Sichöffnen und eine Intensivierung ihrer höheren Natur erfahren. In den nun anbrechenden Zeiten werden Sie dazu angeregt werden, in allem, was Sie erschaffen, Ihr Höheres Selbst (auch Seele genannt, oder tiefster Teil Ihres Wesens, oder Gott im Innern) zum Ausdruck zu bringen. Sie werden sich wünschen, daß sich in Ihrem Heim, in den Dingen, die Sie kaufen, in Ihren Beziehungen und Ihrem ganzen Lebensstil Ihre höheren Ideale und Werte widerspiegeln. Sie werden darum bemüht sein, Ihren höheren Qualitäten auch durch die Art und Weise, wie Sie Geld verdienen und ausgeben, Ausdruck zu geben: der Liebe, des Wohlseins, des Glücks, des Friedens, der Lebendigkeit und des Bewußtseins darüber, wer Sie tief im Innern sind. Diese neuen Zeiten werden eine ungeheure Kreativität und einen gewaltigen Einfluß von neuen Ideen mit sich bringen.

Die Art und Weise, wie Geld verdient und finanzieller Wohlstand aufrechterhalten wird, verändert sich. Geld und Fülle werden in größerer Menge fließen, leichter zu behalten sein und Ihnen mehr Freude schenken, wenn Sie die spirituellen Gesetze des Geldes befolgen. Und Sie folgen den spirituellen Gesetzen des Geldes, wenn Sie das tun, was Sie in Ihrem Leben tun sollen, und das höhere Wohl anderer achten und ihm dienen. Sie folgen den spirituellen Gesetzen, wenn Sie mit anderen kooperieren statt mit ihnen zu konkurrieren, wenn Sie jeden Austausch von Energie und Geld zu einer Situation machen, in der alle Beteiligten gewinnen. Sie folgen den spirituellen Gesetzen des Geldes, wenn die Art und Weise, in der Sie Geld verdienen, ausgeben oder investieren, die Erde nicht schädigt.

Sie können sich diesen neuen Energien anschließen und sich mit Ihrem höheren Selbst in Übereinstimmung bringen, wenn Sie Ihrer Intuition folgen und sich den Gezeiten anpassen, wenn Sie lernen, wann Sie eine aktive Kraft sein und wann Sie sich hingeben müssen. Sie verstärken den Fluß von Geld, Objekten und Dingen, die Sie wollen, wenn Sie mit mehr Klarheit, Freude, Harmonie und Integrität vorgehen und darauf vertrauen, daß alles, was geschieht, Ihrem höheren Wohl dient. Wenn Sie alte, Ihnen nicht länger dienliche Situationen klar erkennen und loslassen, wenn Sie sich neuen Möglichkeiten,

Gedanken, Wahrnehmungen und Gefühlen öffnen, dann erlauben Sie der höheren Energie Ihrer Seele, Sie zu durchströmen. Dann fließt Ihnen Geld und Fülle ganz natürlich und mühelos zu, ohne Anstrengung, ohne Kampf. Die Dinge, die Sie sich dann erschaffen, bringen Ihnen Wachstum, Erweiterung, Erneuerung und Lebendigkeit.

Wenn Sie Ihre Lebensaufgabe finden und verwirklichen, wird Ihnen das mehr Fülle bringen als irgendeine einzelne Aktion, die Sie unternehmen könnten. Ihre Lebensaufgabe beinhaltet, daß Sie das tun, was Sie gerne tun, und es auf irgendeine Weise zum größeren Wohl der Menschheit beiträgt. Geld wird dann das Nebenprodukt der von Ihnen geliebten Tätigkeit sein und ganz mühelos in Ihr Leben einfließen, ohne daß Sie sich groß Gedanken darüber machen müßten.

Viele von Ihnen scheuen davor zurück, den Weg ihrer größten Kreativität, Freude und Lebendigkeit zu gehen, weil sie glauben, so nicht genug Geld verdienen zu können. Wir möchten Ihnen gerne helfen, daß Sie an die Möglichkeit glauben können, mit dem, was Sie wirklich gerne tun, mehr als genug Geld zu verdienen; daß Sie erkennen, daß Sie einen Job, der Ihnen nicht dienlich ist, nicht behalten müssen. Und wir werden Ihnen helfen, einen Weg zu finden, den Übergang von da, wo Sie sich jetzt befinden, dorthin, wo Sie sein wollen, zu bewerkstelligen. Wir haben einen ganzen Teil dieses Buches dem Thema gewidmet, wie Sie eine Vision Ihres Weges erschaffen und Ihre Lebensaufgabe zu sich heranziehen können. Wir werden Ihnen viele Energietechniken zur Aktivierung Ihres höheren Weges zeigen.

Jeder oder jede von Ihnen, die Sie von diesem Buch angezogen wurden, befindet sich auf einem Weg beschleunigten persönlichen Wachstums und hat der Menschheit viel zu bieten, gleich ob Sie sich dessen bewußt sind oder nicht. Der Zeitpunkt ist jetzt gekommen, da Sie auf Ihre inneren Botschaften hören und die spezielle Aufgabe entdecken müssen, die zu übernehmen Sie gekommen sind. Machen Sie einen Anfang und gehen Sie mit dieser Arbeit nach außen, denn sie wird dringend gebraucht. Wenn Sie anderen dienen und Ihnen bei der Entwicklung ihrer Kräfte und Fähigkeiten helfen, wenn Sie Ihre Lebensaufgabe finden und das tun, was Sie lieben, statt nur einer Tätigkeit nachzugehen, die Ihnen Ihrer Ansicht nach eben Geld bringt, dann üben Sie einen starken Magnetismus auf Geld aus. Diese neuen Zeiten werden Ihnen viele Gelegenheiten bieten, den Sinn Ihres Lebens zu entdecken und zu erfüllen, und sie werden Sie bei allen Ihren Bemühungen, Ihre Arbeit in der Welt zu realisieren, unterstützen. Selbst nur ein kleiner Schritt in die Richtung Ihres höheren Weges wird reichlichen Lohn bringen.

Sie können lernen, sich zu erschaffen, was Sie wollen, indem Sie, statt physischer Anstrengung, Energie und Gedankenkraft einsetzen, und Sie werden Resultate erzielen, die alles übertreffen, was Sie mit physischer Anstrengung allein erreichen könnten. Wenn Sie die Arbeitsweise und Prinzipien der Energie verstehen, brauchen Sie nur die Aktionen zu unternehmen, die ohne vergeudete Mühe die besten Resultate erzielen. Wir werden Sie lehren, wie Sie Dinge anziehen, indem Sie sich in einen entspannten, fokussierten Bewußtseinszustand begeben und mit Energie und Magnetismus arbeiten. Es sind sehr mächtige Techniken, und sie funktionieren.

Sie brauchen sich nicht vom allgemeinen Wirtschaftssystem oder den von Menschen fabrizierten Umständen und Bedingungen beeinflussen zu lassen. Sie können sich Ihre persönliche ökonomische Umwelt des Wohlstands erschaffen. Wenn Sie bereit sind, auf Ihre innere Führung zu hören und entsprechend zu handeln, wird es Ihnen gutgehen, ganz gleich, wie es mit der Wirtschaft um Sie herum bestellt ist. Sie bekommen alle nötigen Anleitungen, um in Fülle leben zu können, und es wird in wirtschaftlich schlechten Zeiten gut für Sie gesorgt sein. Wenn Leute ihren Job oder eine Menge Geld verlieren, dann nur, weil diese Dinge nicht ihrem höheren Wohl dienten; solche Ereignisse werden Ihr Leben auf irgendeine Weise zum Besseren wenden. Wenn etwas wirklich und wahrhaftig Ihrem höheren Wohl dient, wird es Ihnen nicht genommen.

Es gibt zwei Arten von Gesetzen, die Sie befolgen sollten, wenn Sie Geld bekommen und auch behalten wollen. Die spirituellen Gesetze können angewandt werden, um Geld anzuziehen, und das Geld, das Ihnen dann zufließt, bringt Ihr höchstes Wohl mit sich. Die vom Menschen geschaffenen Gesetze in bezug auf Geld beinhalten Finanzplanung, Zeitmanagement, Liquiditätsmanagement, Marketing, Steuern und Geschäftsplanung. Lernen Sie alles, soweit es Ihnen angemessen erscheint, über diese gegenwärtig existierenden Gesetze, damit Sie sie verstehen und mit ihnen arbeiten können. Auf diese Aspekte werden wir in diesem Buch nicht eingehen, denn Erklärungen und Erläuterungen dazu finden Sie anderswo. Auch wenn Sie allein mit Hilfe der spirituellen Gesetze zu Geld kommen können, empfiehlt es sich doch, die das Geld betreffenden Regeln Ihrer Gesellschaft zu kennen, damit Sie auch in Übereinstimmung mit diesen Gesetzen agieren können. Sie brauchen weniger Energie, um Geld anzuziehen, zu sparen und zu vermehren, wenn Sie sich in Einklang sowohl mit den spirituellen wie den vom Menschen geschaffenen Gesetzen befinden.

Viele von Ihnen bemühen sich, den Zwiespalt zwischen der Vorstellung, einem spirituellen Weg zu folgen, und der eines Lebens in finanziellem Wohlstand zu lösen. Vielleicht wollen Sie, daß die Art und Weise, in der Sie dann Ihr Geld verdienen und ausgeben, Ihre Integrität, Ihr Mitgefühl und Ihre Liebe zu Ihren Mitmenschen reflektiert. Sie können Geld haben *und* spirituellen Prinzipien folgen. Das Geld kommt, indem Sie sich auf die Weisheit Ihrer Seele einstimmen, anderen dienen und die Sie umgebende Energie einer höheren Ordnung, größeren Harmonie, einem schöneren Seinszustand zuführen. Gründen Sie Ihren Wohlstand auf all das Gute, das Sie zur Welt beitragen können. Arm zu sein zeugt nicht von einer »höheren« Entwicklungsstufe, denn oft brauchen Sie Geld, um Ihre Lebensaufgabe verwirklichen zu können. Ihr spirituelles Wachstum wird Ihre Fähigkeit, Fülle zu manifestieren, steigern, und Ihre Fähigkeit zu manifestieren wird Ihnen helfen, Ihre spirituelle Arbeit in die Welt einzubringen.

Geld ist eine gewaltige Kraft. Die Art und Weise, in der Sie Ihr Geld verdienen, vermehren und ausgeben, bestimmt, ob Ihr Geld eine Kraft ist, die für Sie und andere Gutes schafft oder nicht. Es ist sehr wichtig, daß Sie in bezug auf Geld umdenken, eine Denkweise entwickeln und vertreten, die dazu beiträgt, daß das Geld als Kraft für das Gute auf dem Planeten eingesetzt wird. Die Form folgt dem Gedanken; wenn Sie sich neue Vorstellungen machen, können Sie für sich selbst und andere eine neue Realität des Geldes erschaffen. Jeder und jede von Ihnen kann als starker Sender agieren, kann positive Ideen und Vorstellungen in bezug auf Geld ausstrahlen und dazu beitragen, daß auf dem Planeten eine höhere Vision vom Geld entsteht.

Der Glaube an Armut und Mangel trägt dazu bei, daß ihr Kriege führt und mehr als nötig von der Erde nehmt. Wenn jeder Mensch die Fülle erschaffen könnte, die natürlich ist, hättet ihr weniger Gründe, Kriege zu führen oder die Erde zu schädigen. Eure neuen Überzeugungen werden Möglichkeiten herbeiführen, Fülle für alle zu erschaffen, Möglichkeiten, von denen ihr jetzt noch nicht einmal etwas ahnt und die sich das Sonnenlicht und andere unerschöpfliche Quellen zunutze machen. Der universelle Vorrat ist unerschöpflich, und es läge an sich für eure Technologie und jeden einzelnen Menschen auf dem Planeten im Bereich des Möglichen, ein Leben mit genügend Nahrung, Wärme, Kleidung und Unterkunft zu führen. Solange ihr nicht daran glaubt, werdet ihr es auch nicht erfahren, aber immerhin können Sie beginnen, an die Möglichkeit zu glauben, daß allen Ihren persönlichen Bedürfnissen Rechnung getragen wird. Es gibt keine Grenzen für das, was Sie haben können!

Lassen Sie sich ganz und gar auf Ihre Fähigkeit ein, zu erschaffen, in grenzenloser Dimension zu denken und nach allem, was Sie wollen, zu streben. Seien Sie flexibel, offen und willens, Neues auf sich zukommen zu lassen. Sie können lernen, sich selbst zu achten, für Ihr Wohl zu sorgen und sich zu gestatten, mehr zu haben, als Sie je für möglich hielten. Wir laden Sie dazu ein, mit uns in den höheren Bereichen zu spielen und die Fülle einzufordern, die Sie verdienen. Dies kann die freudigste, gedeihlichste und kreativste Zeit Ihres Lebens werden.

Teil 1

Kreativ Reichtum schaffen

Kapitel 1
Sie sind die Quelle!

Werden Sie ruhig, schließen Sie die Augen und denken Sie an etwas, das Sie sich wünschten und auch bekamen. Rufen Sie sich die Gefühle zurück, die Sie hatten, bevor Sie es bekamen und nachdem Sie es erhielten. Erinnern Sie sich an Ihre positiven Gedanken, die sich mit dem Erhalt verbanden, an Ihr inneres Wissen, daß Sie es bekommen würden, und an Ihre Freude, als Sie es erhielten. Sie manifestieren ständig auf ganz natürliche und automatische Weise Dinge, bedienen sich Ihrer Gedanken und Gefühle, um sich das, was Sie wollen, zu erschaffen. Beim Manifestierungsvorgang bringen Sie Ihre Ideen, Vorstellungen, Visionen und Träume aus Ihrer inneren in die äußere Welt, wo Sie sie dann über Ihre Sinne erfahren können.

Wenn Sie an etwas denken, das zu erhalten Sie sich ziemlich sicher sind, dann denken Sie in positiven Bildern. Sie sehen schon vor sich, wie Sie es haben, und machen sich keine Sorgen, ob und wie Sie es bekommen. Sie wollen es, es ist Ihre Absicht, es zu haben, und Sie sind motiviert, das Nötige zu tun, um es in Ihr Leben zu holen. Beobachten Sie von nun an, wie Sie sich kleine, einfache Dinge erschaffen. Entwickeln Sie Ihre Manifestationsfähigkeit, indem Sie mit für Sie leicht zu erschaffenden Dingen beginnen. Mit wachsendem Vertrauen in Ihre Fähigkeit, etwas zu erschaffen, werden Sie dann bereit sein, Dinge umfassender und uneingeschränkter zu manifestieren. Es gibt keine Grenzen für das, was Sie sich erschaffen können.

Ich bin die Quelle meiner Fülle.

Sie sind die Quelle Ihrer Fülle und des Geldes, das Sie haben. Durch die Arbeit mit Ihren Gefühlen, Gedanken und Absichten werden Sie ein Meister im Erschaffen dessen, was Sie haben wollen. Sie selbst sind die Quelle Ihrer Reichtümer, nicht Ihr Job, Ihre Investitionen, Ihr Ehemann, Ihre Ehefrau oder Ihre Eltern. Wenn Sie sich mit der grenzenlosen Fülle Ihrer Seele oder Ihres höheren Selbst verbinden, sich Ihrer Verbindung mit den höheren Mächten (manchmal Gott oder Alles-was-Ist oder Universeller Geist, Christus oder Buddha genannt) öffnen, wenn Sie Ihren höheren Qualitäten des inneren Friedens, der Freude, Liebe, des Wohlbefindens und der Lebendigkeit Ausdruck verleihen und sie ausstrahlen, dann werden Sie zur Quelle Ihrer Fülle.

Der Besitz von Geld und Dingen ist weniger wichtig als die Beherrschung ihres Manifestierungsprozesses. Wenn Sie imstande sind, diesen Vorgang zu meistern, wird Ihr potentieller Wohlstand nicht von der allgemeinen Wirtschaftslage oder von äußeren Umständen abhängig sein, da Sie dann in der Lage sind, sich alles, was Sie wollen und wann Sie wollen, zu erschaffen. Wenn Sie lernen, Fülle zu erschaffen, dann beinhaltet das einen Wachstumsprozeß. Möglicherweise erfordert er ein Umdenken und eine Erweiterung Ihrer Glaubensvorstellungen über das, was Ihnen zusteht.

Mit jedem Mal, da Sie sich etwas Neues erschaffen – sei es ein Auto, ein Haus, ein höheres Gehalt –, werden Sie wachsen, lernen, neue Fähigkeiten erwerben. Und wenn Sie diesen Prozeß beherrschen, werden Sie imstande sein, Geld und andere von Ihnen erschaffene Dinge als Werkzeug zur Erweiterung Ihres Bewußtseins und eines umfassenderen Ausdrucks Ihrer Persönlichkeit einzusetzen.

Ihre Gedanken sind materielle Energie, auch wenn sie mit wissenschaftlichen Instrumenten nicht gemessen werden kann. Sie können sich Ihre Gedanken als »Magneten« vorstellen. Die Kräfte dieser »Magneten« strahlen aus in die Welt und ziehen die ihnen entsprechenden Gegenstände und Inhalte an; sie schaffen sich ein Duplikat in der Form. Alles um Sie herum war erst ein Gedanke in irgend jemands Bewußtsein, bevor es in Ihrer Realität zur Existenz kam. Autos, Straßen, Wohnungen,

Gebäude und Städte existierten alle erst als Gedanke, bevor sie Realität wurden.

Ihre Gedanken errichten das Modell von dem, was erschaffen werden soll, und Ihre Emotionen laden diese Gedanken mit Energie auf und drängen sie aus Ihrer inneren in Ihre äußere Welt. Je stärker Ihre Emotionen sind, desto schneller erschaffen Sie, was Sie sich erdacht haben. Ihre Absicht ist der Dirigent Ihrer Gedanken und Emotionen. Sie hält einen stetigen Fokus auf das gerichtet, was Sie haben wollen, bis Sie es haben.

Ich konzentriere mich auf das, was ich liebe, und ziehe es so zu mir heran.

Da Ihre Gedanken das Modell dessen errichten, was Sie zu sich heranziehen, ist es äußerst wichtig, daß Sie an das denken, was Sie wollen, und nicht an das, was Sie nicht wollen. Sie bekommen das, was Sie wollen, nicht, wenn Sie das Gegenteil davon fürchten oder hassen. Sie kommen beispielsweise nicht dadurch zu Geld, indem Sie es verabscheuen, in Armut zu leben. Sie bekommen immer das, worauf Sie sich konzentrieren, Ihre Aufmerksamkeit gerichtet halten, denn die Energie folgt dem Gedanken. Je mehr Sie Geld und Fülle lieben, desto stärker ist Ihre bildliche Vorstellung davon, und das zieht sie in der Folge an.

Es ist auch sehr wichtig, daß Sie positiv denken. Positive Gefühle und Gedanken ziehen an, was Sie sich wünschen. Negative Gefühle bringen Ihnen nicht das, was Sie wollen, sondern nur das, was Sie nicht wollen. Nehmen Sie sich Zeit, still und gelassen in positiver Weise an das zu denken, was Sie für sich wollen. Denken Sie nicht in dieser höheren Weise und verweilen Sie zum Beispiel ständig bei Problemen, dann stoßen Sie die Fülle ab.

Machen Sie sich aber keine Vorwürfe, wenn negative Gedanken auftauchen, denn wenn Sie sie fürchten oder hassen, verleihen Sie ihnen mehr Macht. Reagieren Sie auf sie wie auf kleine Kinder, die es nicht besser wissen. Lächeln Sie einfach und zeigen Sie ihnen einen besseren Weg. Sollten Sie merken, daß Sie einen negativen Gedanken hegen, dann setzen Sie einfach einen positiven Gedanken daneben. Ertappen Sie sich zum Beispiel beim Gedanken: »Ich habe nicht genug Geld«, dann sagen Sie sich: »Ich habe Geld in Fülle«.

Meine Gedanken sind liebevoll und positiv.

Positive Gedanken sind weitaus mächtiger als negative Gedanken. Ein positiver Gedanke kann Hunderte von negativen Gedanken auslöschen. Ihre Seele hindert Ihre niedrigeren und negativen Gedanken an der Verwirklichung, es sei denn, ihre Manifestierung soll Sie etwas lehren, das Ihrem Wachstum dient. Sie werden von Ihrer Seele und dem Universum geliebt und beschützt. Bewegen sich Ihre Gedanken auf einer höheren und positiveren Ebene, dann läßt Ihre Seele auch zu, daß sie sich in zunehmendem Maße manifestieren. Je weiter Sie sich entwickeln, desto stärkere Macht haben Ihre Gedanken, Realität zu erschaffen, und desto größer wird auch Ihre Verantwortung, in höherer Weise zu denken.

Es gibt eine Menge wunderbarer Instrumente, mit deren Hilfe Sie positiver denken lernen können. Zum Beispiel können Sie Ihre geistigen Bilder mit Licht – mit der Vorstellung von physischem Licht – erfüllen. Sie können sich darin üben, negative Gedanken zum Verschwinden zu bringen oder aufzulösen und Ihren positiven Gedanken breiten Raum einzuräumen. Nehmen Sie sich gleich jetzt einen Moment Zeit und denken Sie an etwas, das Sie haben wollen. Wählen Sie nun einen Grund aus, warum Sie bisher glaubten, es *nicht* bekommen zu können. Stellen Sie sich dann vor, daß dieser Gedanke an eine Tafel geschrieben steht und Sie ihn nun wegwischen, oder stecken Sie ihn in einen Ballon und lassen Sie ihn fortschweben. Tun Sie, was immer Ihnen einfällt, um diesen Gedanken aus Ihrer Realität zu entfernen.

Jetzt erschaffen Sie einen Gedanken, der ausdrückt, warum Sie es *doch* bekommen können. Sehen Sie diesen Gedanken schriftlich formuliert vor sich und hüllen Sie ihn in weißes Licht. Stellen Sie sich vor, daß er Ihnen mit melodischer Stimme vorgelesen wird. Schaffen Sie sich ein geistiges Bild, wie Sie das, was Sie wollen, erhalten oder nun haben. Gestalten Sie dieses Bild ganz konkret, so daß Sie es fast anfassen, riechen, sehen und fühlen können. Lassen Sie dieses Bild größer werden, so daß Sie nicht mehr nur ein außenstehender Beobachter sind, sondern sich selbst darin aufhalten. Wenn Sie Ihre negativen Gedanken zum Verschwinden bringen, dann nehmen Sie ihnen die Macht, Ihre Realität zu erschaffen. Wenn Sie Ihre positiven Gedanken lebendiger und realer gestalten, steigern Sie deren Potential, das, was Sie wollen, zu erschaffen.

In der ständigen Wiederholung eines Gedankens an etwas, das Sie haben wollen, liegt große Macht. Wenn sich Ihnen in der Vergangenheit ein Wunsch erfüllte, dann haben Sie vermutlich häufig an ihn gedacht. Die Wiederholung des Gedankens an das, was Sie erschaffen wollen, wurzelt ihn tief in Ihr Unbewußtes ein, das sich dann seinerseits daranmacht, Ihnen das zu beschaffen, woran Sie denken. Ihr Gedanke soll klar und stetig sein. Affirmationen sind positive Gedanken, die immer aufs neue wiederholt werden. Durch diese Wiederholung verlagern sie sich direkt in Ihr Unbewußtes, wo sie sich allmählich als Ihre Realität manifestieren. Formulieren Sie die Aussage über das von Ihnen Erwünschte in der Gegenwartszeit, etwa so: »Ich verfüge über grenzenlose Fülle«, und wiederholen Sie diese Affirmationen häufig.

Einige Ihrer negativen Gedanken mögen daher rühren, daß Sie mit Leuten zusammen sind, deren Ängste und Zweifel ihre eigenen Befürchtungen verstärken. Sie sind beispielsweise guter Dinge, was Ihre eigenen Finanzen angeht, aber nach einem Gespräch mit einem Freund, der sich mit Geldproblemen herumschlägt und sich ängstigt, fangen Sie an, sich um Ihre finanzielle Zukunft Sorgen zu machen. Wenn Sie so etwas bemerken, dann seien Sie sich klar darüber, daß Sie von den Gedanken einer anderen Person beeinflußt wurden, und erinnern Sie sich daran, daß Sie in einer Welt der Fülle leben und in Ihrem Universum alles vollkommen ist.

Große Menschengruppen erzeugen mächtige Gedankenmuster, die sich auf Ihr Denken auswirken können. Zum Beispiel sorgen sich die Menschen zuweilen um die allgemeine Wirtschaftslage; sie denken, daß eine Depression oder Rezession im Anmarsch ist. Wenn Sie sich über die Wirtschaftslage Sorgen machen, klinken Sie sich möglicherweise unbewußt in diese kollektiven Gedanken und Ängste ein und reagieren darauf, als wären es Ihre eigenen. Gleich wo Sie leben, es wird dort immer Leute geben, die ihrem Gefühl nach in einer wirtschaftlich schwierigen Zeit leben, und andere, die meinen, daß die Zeiten nie besser waren. Sie sind es, der Ihren Wohlstand erschafft, ganz gleich, in welchem Zustand sich die allgemeine Wirtschaftslage befindet. Sie müssen dafür sorgen, daß Ihre Gedanken über Ihre wirtschaftliche Zukunft positiv bleiben und nicht beeinflußt werden von dem, was viele andere Menschen denken oder sagen. Selbst unter den schwierigsten wirtschaftlichen Umständen gibt es immer Unternehmen und Menschen, die florieren. Sie sind die Quelle Ihrer Fülle, und Sie können ein wunderbares und erfülltes Leben führen, unabhängig von wirtschaftlichen oder anderen allgemeinen äußeren Umständen.

Meine Optionen und Möglichkeiten erweitern sich mit jedem Tag.

Da Ihre Gedanken Ihre Realität erschaffen, können Sie sich ein noch besseres Leben schaffen, wenn Sie lernen, in größeren und unbegrenzten Dimensionen zu denken. Ein nicht begrenztes Denken steigert die Kreativität, erweitert Ihre Möglichkeiten, zieht Gelegenheiten an und erlaubt Ihnen, mehr zu haben. Ein Denken ohne Grenzen läßt Sie im voraus die Gefühle erfahren, die Sie, wenn sich die von Ihnen erwünschte Fülle einstellt, haben, und diese Gefühle sind das Vehikel, das Ihnen diese Fülle bringt. Nützen Sie diese Visionen, um Ihr Bewußtsein für größere Möglichkeiten zu öffnen.

Ein Denken ohne Grenzen hilft Ihnen, mit einem großzügigeren Entwurf für Ihr Leben in Berührung zu kommen, und verbindet Sie mit der größeren Vision Ihres Höheren Selbst. Es hilft Ihnen, Ihr Potential zu verwirklichen. Am Anfang aller großen Werke stand eine Vision. Diejenigen von Ihnen, die Kinder haben, lassen oft, was sie angeht, ihren Gedanken völlig freien Lauf, umweben sie mit Visionen dessen, was sie werden und erreichen könnten. Sie helfen ihnen, ihre Fähigkeiten zu erkennen und das zu erschaffen, was immer für sie das Beste ist. Wenn Sie jemanden lieben, dann erkennen Sie das der anderen Person innewohnende Potential und helfen ihr bei der Verwirklichung. Ein solches unbeschränktes Denken meint, daß Sie die gleichen wunderbaren Visionen auch für sich in Anspruch nehmen, Ihr Potential erkennen und verwirklichen. Sie erschaffen jedesmal, wenn Sie an die Zukunft denken, auch eine mögliche Richtung, die sie nehmen kann.

Zur Entfaltung Ihres Potentials stellen Sie sich vor, daß Ihre Träume wahr werden, denn Ihre Träume und Phantasien zeigen Ihnen Ihr Potential. Ihre Träume haben einen Grund: Sie führen Sie zu Ihrem höheren Weg hier auf Erden. Erweitern Sie Ihre Vision von dem, was Ihnen zu tun möglich ist. Wagen Sie es, in großen Dimensionen zu träumen und zu denken. Wenn Sie erwägen, ein Geschäft aufzubauen, dann gehen Sie in dem, was Sie Ihrer Meinung nach tun könnten, keine Kompromisse ein. Sollten Sie an einen Kunden pro Woche gedacht haben, dann denken Sie an fünf. Haben Sie vor, etwa in einem Jahr mit Ihrer Arbeit zu beginnen, dann stellen Sie sich vor, wie es wäre, schon in einem Monat anzufangen. Tun Sie so, als sei bereits ein Jahr vergangen und denken Sie darüber nach, was Sie alles erreicht haben. Was haben Sie in diesem letzten Jahr erreicht?

Ich liebe und vertraue auf meine Vorstellungskraft.

Erweitern Sie Ihr Denken, so heißt das, daß Sie Ihre Vorstellungskraft entwickeln. Ihre Imaginationsfähigkeit reicht sehr viel weiter, als Sie möglicherweise annehmen. Sie ist das engste Verbindungsglied mit Ihrer Seele. Sie ist nicht durch Ihre früheren Programmierungen, Glaubensvorstellungen und Ängste gebunden. Die Imagination, die Phantasie wurden Ihnen gegeben, damit Sie Ihre physische Welt transzendieren können. Sie verleiht Ihnen die Fähigkeit, sich außerhalb Ihrer persönlichen Grenzen zu stellen und Ihr höchstes Potential freizusetzen. Ihre Imagination vermag in jegliche Dimension oder Welt zu reisen. Sie kann Ihnen grenzenlose künftige Wege erschaffen und Ihnen helfen, sich die möglichen Resultate verschiedener Wahlmöglichkeiten anzusehen.

Nutzen Sie Ihre Imagination und Ihre Fähigkeit zum Tagträumen und Phantasieren. Denken Sie nicht: »Das ist unmöglich, das ist nicht zu schaffen.« Denken Sie in Möglichkeiten. Denken Sie nicht nur an ein Ding, das zu haben Sie befriedigen würde, denken Sie an viele Dinge. Und stellen Sie sich nicht nur ein wünschenswertes Resultat vor, sondern fragen Sie sich: »Welches bestmögliche Resultat könnte eintreten?« Und wenn Sie sich dieses Resultat vorgestellt haben, dann bringen Sie sich dazu, sich ein noch besseres vorzustellen.

Sehen Sie zu, daß Sie jedesmal, wenn Sie sich etwas vorstellen, das Bild erweitern oder noch präziser ausmalen. Denken Sie in großen Dimensionen! Bitten Sie um mehr als Sie glauben, haben zu können. Erweitern Sie Ihre Vision, malen Sie Ihre Bilder größer und spielen Sie mit neuen Ideen. Versuchen Sie, die Grenzen zu überschreiten, die Sie sich in bezug auf das, was Sie Ihrer Meinung nach haben können, gesetzt haben.

Ich bin ein Wesen ohne Grenzen.
Ich kann alles erschaffen, was ich will.

Wenn Sie anfangen, sich im Denken ohne Grenzen zu üben, dann stellen Sie möglicherweise fest, daß einige Ihrer früheren Gedanken noch immer Ihre Realität erschaffen. Sie sehen sich noch immer mit Resultaten Ihrer früheren beschränkten Denkweise konfrontiert, während Sie schon Ihre neuen, keinen Grenzen unterworfenen Gedanken aussenden. Fühlen Sie sich nicht entmutigt, wenn Sie nicht schon über Nacht Resultate erzielen. Die alten Denkmuster werden Sie allmählich verlassen, und die Ergebnisse Ihres neuen Denkens werden sich zeigen.

Auf der irdischen Ebene lernen Sie in linearer, abfolgender Form zu manifestieren. Erst denken Sie darüber nach, was Sie wollen, dann überdenken Sie es noch einmal, und dann probieren Sie es aus. Sie können sagen: »Nein, das ist es nicht, was ich eigentlich wollte« oder »Das nächste Mal werde ich wohl um etwas anderes bitten«. Sie haben die Gelegenheit, mit all den von Ihnen erschaffenen Dingen zu spielen. Die irdische Ebene ist ein ganz besonderer Ort. Sie ermöglicht es Ihnen, sich im Fassen von klaren Gedanken zu üben, bevor sie sich um Sie herum manifestieren. Wenn Sie auch darüber klagen mögen, daß einige Dinge in Ihrem Erscheinen länger brauchen, als Ihnen lieb ist, wären die meisten von Ihnen doch sehr unglücklich, wenn sich alle Dinge, an die sie denken, sofort manifestierten. Wenn Sie etwas erhalten, haben Sie gewöhnlich schon einen Wachstumsprozeß durchlaufen und Klarheit über das gewonnen, was Sie wollen.

Gestatten Sie sich eine Erweiterung Ihrer Vorstellungen über das, was möglich ist, und machen Sie sich keine Sorgen, wenn Sie noch nicht über die Fähigkeit, es zu erschaffen, verfügen sollten. Mit Ihrem erweiterten Denken entwickelt sich auch Ihre Fähigkeit, das zu manifestieren, was Sie erträumen. Je mehr Sie die Horizonte Ihrer Imagination ausdehnen, sich neue Gebiete eröffnen und über das hinausgehen, was Ihnen möglich erscheint, desto weiter öffnen Sie die Tür zur unbegrenzten Fülle.

Wenn Sie nicht glauben können, daß es möglich ist, etwas Bestimmtes zu bekommen, dann werden Sie es auch nicht bekommen. Wenn Sie es aber auch nur im geringsten für möglich halten, dann sind Sie schon auf dem Weg, es zu erschaffen. Sie können nicht erschaffen, was zu haben Sie sich nicht ausmalen können. Leben Sie Ihre Träume in Gedanken aus. Stellen Sie sich vor oder fühlen Sie, wie Sie bekommen, was Sie haben wollen. Hören Sie die Worte, die Sie zu anderen und diese zu Ihnen sagen werden, wenn Ihre Träume wahr werden. Malen Sie sich Ihre Vorstellungen so real aus, daß sich ihre Manifestierung als konkrete Möglichkeit anfühlt und nicht wie ein ferner Wunschgedanke oder bloße Phantasie.

Erlauben Sie sich, eine Vision zu erschaffen, zu tagträumen und zu phantasieren, und konzentrieren Sie sich dann jeden Tag auf die einfachen, konkreten Schritte, die Sie unternehmen können, um Ihr Ziel zu erreichen. Es wird immer ganz praktische Schritte geben, die Sie sofort tun können. So kann der nächste Schritt etwa ein Hausputz und das Ordnen Ihrer Papiere sein, wenn Sie eine Vision von sich als Lehrer erschaffen wollen, der beim Organisieren einer Gruppe von Leuten hilft.

Ich male mir Fülle für mich selbst und andere aus.

Malen Sie sich aus, daß Sie alles haben, was Sie wollen – einen befriedigenden Job, Geld auf der Bank, eine wunderbare Beziehung. Stellen Sie sich vor, wie günstig sich das auf Ihre Umgebung auswirken würde. Denken Sie sich aus, wie es wäre, wenn alle Ihre Bekannten Geld hätten und ihr Leben funktionierte. Wagen Sie nun, sogar um noch mehr zu bitten, nicht nur für Sie selbst, sondern für die ganze Menschheit.

Wenn Sie beispielsweise einen besseren Job wollen, dann stellen Sie sich vor, daß jeder Mensch, der ebenfalls einen besseren Job will, ihn auch bekommt. Wenn Sie auf umfassenderer Ebene von Nutzen sein, wenn Sie zum Beispiel unterrichten und mehr Studenten anziehen wollen, dann stellen Sie sich vor, daß jede Person, die in gleicher Weise um eine Gelegenheit bittet, mehr Studenten zu erreichen, Erfolg hat. Das lehrt Sie, daß es im Universum wahre Fülle für jedermann gibt, und hilft Ihnen, Ihre Fülle mit Gedanken der Fülle für alle anderen zu verbinden. Wenn Sie in Ihr Denken andere mit einschließen und sich Fülle für jedermann vorstellen, dann eröffnen Sie der Fülle, die Sie erreicht, sogar noch mehr Wege.

Unbeschränktes Denken bedeutet mehr, als nur in großen Dimensionen zu denken. Es bedeutet kreativ denken. Es bedeutet, daß Sie sich die Vorstellung erlauben, alles zu haben, was Sie haben könnten. Seien Sie für erfreuliche Überraschungen offen, denn Ihr Höheres Selbst bringt Ihnen vielleicht das Erwünschte in umfassenderer und besserer Weise, als Sie für möglich hielten. Vertrauen Sie darauf, daß Sie erhalten, was zu haben für Sie perfekt ist.

Die hinter Ihren Gedanken stehenden Emotionen bestimmen die Geschwindigkeit, mit der Sie etwas manifestieren. Wenn Sie etwas wirklich haben wollen, wird es sehr viel schneller eintreffen als bei einem nur halbherzigen Wunsch. Versetzen Sie sich in bezug auf das, was Sie haben wollen, in freudige Erregung. Erschaffen Sie es in Ihrer Vorstellung so real, daß Sie es fast berühren können, oder spüren Sie die Gefühle, die Sie empfinden, wenn es eintrifft. Denken Sie häufig und intensiv daran und seien Sie auch bereit, loszulassen und es auf die jeweils beste Weise auf Sie zukommen zu lassen.

Um das, was Sie haben wollen, zu manifestieren, müssen Sie die feste Absicht haben, es zu erschaffen. Mit anderen Worten, beschließen Sie, daß die Erfüllung Ihres Wunsches für Sie wichtig ist und daß Sie auch bereit sind, ein gewisses Maß an Gedanken und Energie darauf zu verwenden. Ihre Absicht, etwas zu haben, dirigiert Ihre Energie und fokussiert sie stärker auf Ihre Ziele. Sie erschaffen, was Sie sich vorstellen, indem Sie sich mit Aufmerksamkeit und Bewußtheit darauf konzentrieren und es im Hinterkopf behalten, auch wenn Sie mit anderen Dingen beschäftigt sind.

Vielleicht haben Sie schon erlebt, daß Sie die feste Absicht hatten, etwas Bestimmtes zu bekommen, und taten im Rahmen Ihrer Wertvorstellungen und Integrität alles Nötige, um es zu erhalten. Sie haben Hindernisse überwunden. Sie wußten im voraus, daß Sie es bekommen würden, Sie dachten in positiver Weise daran und konnten es kaum erwarten. Ein andermal

39

hingegen haben Sie vielleicht versucht, etwas zu erschaffen, waren sich aber in Ihrer Absicht nicht ganz sicher. Wahrscheinlich haben Sie dann beim ersten Hindernis, das sich Ihnen in den Weg stellte, aufgegeben. Wenn Sie glauben, daß das, was Sie sich wünschen, zu fern oder zu schwer zu bekommen ist, dann sind Sie in Ihrer Absicht nicht klar. Ist Ihre Absicht klar, dann erzeugen Sie Energie, die sich wie ein gebündelter Laserstrahl auf das, was Sie haben wollen, richtet und es ergreift. Haben Sie die feste und klare Absicht, etwas zu bekommen, dann bekommen Sie es auch.

Meine Träume werden wahr.

Übung:

Sie lernen sich zu entspannen, zu fokussieren und zu visualisieren

Visualisieren heißt, daß Sie Ihre Imagination einsetzen, um sich im voraus das, was Sie haben wollen, vorzustellen. Je konkreter Sie Ihre ausgedehnten, unbeschränkten Gedanken gestalten können, desto leichter werden Sie sie verwirklichen. Ihre Imagination ist Ihr mächtigstes, Energie erzeugendes Instrument. Wenn Sie Ihre Imagination einsetzen, dann gibt es nur eine Regel: Seien Sie so erfinderisch wie möglich. Sie bedienen sich ständig Ihrer Visualisierungsfähigkeit. Sie erschaffen sich in Gedanken Bilder, bevor Sie irgend etwas manifestieren. Wenn Sie so tun, als hätten Sie etwas schon, dann bringen Sie sich allmählich damit in Übereinstimmung und übertragen das Gefühl, es bereits zu haben, in Ihre gegenwärtige Realität. Und dieses Gefühl zieht es dann allmählich zu Ihnen heran.

Machen Sie sich keine Sorgen, wenn Sie von der Sache, um die es geht, kein klares Bild entwerfen können, denn es sehen nicht alle Menschen, wenn Sie sich etwas vorstellen, ein klares geistiges Bild vor sich. Manche Menschen fühlen oder spüren eher oder denken nur einfach daran. Andere wiederum sehen ein mehr oder minder klares und farbiges Bild. Aber um etwas zu erschaffen, brauchen Sie nicht unbedingt das, was Sie wollen, als klares, präzises Bild vor sich zu sehen. Im übrigen machen die meisten Menschen die Erfahrung, daß Visualisieren mit einiger Übung leichter wird.

Fokussieren heißt, daß Sie einen Gedanken oder ein Bild stetig im Bewußtsein halten, ohne an andere Dinge zu denken. Wenn Sie sich auf das, was Sie wollen, konzentrieren, indem Sie es stetig jeweils ein paar Minuten lang fokussiert halten, wird das die Geschwindigkeit, mit der Sie die Dinge anziehen, erhöhen. Die folgende Übung wird Ihnen helfen, sich zu entspannen, zu fokussieren und zu visualisieren. Sie stellt eine grundlegende Vorbereitung auf die Arbeit mit Energie und mit dem Magnetisieren in Kapitel 4 dar.

Vorbereitung

Wählen Sie eine Zeit, in der Sie wenigstens 15 Minuten ungestört sind. Schaffen Sie eine erfreuliche, beruhigende Atmosphäre um sich. Vielleicht möchten Sie eine besänftigende, Sie friedlich stimmende Musik hören. Suchen Sie sich einen kleinen Gegenstand, den Sie sehr gern haben und in die Hand nehmen können, etwa ein Schmuckstück oder einen Kristall.

Schritte

▷ Nehmen Sie eine bequeme Haltung ein, auf einem Stuhl oder auf dem Boden, die Sie leicht 10–15 Minuten beibehalten können. Wenn möglich, sollte Ihr Rückgrat gerade sein, damit gute Energie Ihren Körper durchfließen kann. Schließen Sie die Augen und fangen Sie an, ruhig und langsam zu atmen. Machen

Sie etwa 20 langsame, rhythmische, miteinander verbundene Atemzüge und atmen Sie in Ihren Brustkorb.

▷ Entspannen Sie Ihren Körper. Fühlen Sie, wie Sie gelassen, heiter, still werden. Gehen Sie in Ihrer Imagination Ihren ganzen Körper durch und entspannen Sie jeden Körperteil. Entspannen Sie im Geiste Füße, Beine, Schenkel, den Magen, die Brust, die Arme, Hände, Schultern, den Hals, den Kopf, das Gesicht. Lockern Sie die Kiefermuskeln und entspannen Sie die Muskeln um Ihre Augen. Spüren Sie, wie Sie noch ruhiger werden. Denken Sie an einen Augenblick, in dem Sie großen inneren Frieden fühlten, und rufen Sie sich diese Empfindung in Ihren Körper zurück.

▷ Denken Sie mit geschlossenen Augen an einen Raum in Ihrem Haus. Wie denken Sie daran? Sehen Sie ihn, als blickten Sie auf eine Filmleinwand, oder haben Sie das Gefühl, in diesem Raum zu stehen und ihn mit Ihren Augen zu betrachten, als seien Sie dort? Spüren Sie den Raum um sich herum? Sehen Sie ihn in Farbe? Können Sie sich die Anordnung der Möbel zurückrufen? Können Sie sich vorstellen, wie Sie in diesem Zimmer herumgehen? Rufen Sie sich etwa eine Minute lang so intensiv wie möglich ein Bild oder ein Gefühl von diesem Zimmer in Erinnerung und lassen Sie es dann verschwinden.

▷ Öffnen Sie die Augen. Nehmen Sie den Gegenstand, den Sie sich vorher ausgesucht haben, und betrachten Sie ihn genau. Schauen Sie sich die Farbe, die Form, das Gewicht, das Material an, spüren Sie, wie er sich anfühlt, und achten Sie auf so viele Details wie möglich. Legen Sie dann nach ein paar Minuten den Gegenstand wieder hin und schließen Sie die Augen. Erschaffen Sie gedanklich ein möglichst detailliertes Bild von diesem Gegenstand. Können Sie mit geschlossenen Augen seine Farbe, Form, sein Gewicht, sein Material vor sich sehen, können Sie spüren, wie er sich in Ihrer Hand anfühlte?

▷ Denken Sie nun an einen kleinen Gegenstand, den Sie haben wollen und noch nicht haben. Denken Sie im Rahmen dieser Übung an etwas, das Sie schon einmal gesehen haben. Stellen Sie sich nun mit geschlossenen Augen diesen Gegenstand so genau wie möglich vor. Wie würde er sich anfühlen? Welche Farbe und Form hätte er?

▷ Üben Sie nun die Erweiterung Ihrer Vorstellungskraft, indem Sie sich statt des eben visualisierten Gegenstands einen noch besseren Gegenstand vorstellen. Was für ein Gefühl haben Sie, wenn Sie sich etwas noch Besseres vorstellen als das, was Sie glaubten haben zu können? Wenn der Gegenstand, den Sie zuerst visualisiert haben, genau das ist, was Sie sich wünschen, dann brauchen Sie natürlich nicht um etwas Besseres zu bitten. Es ist aber doch gut, wenn Sie sich in der Erweiterung Ihrer Vorstellungskraft üben.

▷ Denken Sie nun an diesen Gegenstand, den Sie in Ihr Leben einbringen möchten. Fokussieren Sie Ihr Bewußtsein. Denken Sie 1 oder 2 Minuten lang an diesen Gegenstand und an nichts anderes. Wenn irgendwelche unerwünschten Gedanken auftauchen, dann stellen Sie sich einfach vor, daß Sie sie in eine Luftblase stecken und wegfliegen lassen.

▷ Wenn Sie sich ruhig und entspannt und zur Rückkehr bereit fühlen, dann kehren Sie mit Ihrer Aufmerksamkeit allmählich ins Zimmer zurück. Erfreuen Sie sich an Ihrem Zustand der Ruhe und des Friedens, genießen Sie ihn. Betrachten Sie die Welt um Sie herum aus dieser helleren und klareren Perspektive.

Bewertung

Wenn Sie sich ruhiger, entspannter oder ausgeglichener fühlen, dann haben Sie einen Bewußtseinszustand erreicht, den Sie für das Magnetisieren brauchen. Je ruhiger und fokussierter Sie sind, je höher Ihre Gedanken sind, desto bessere Resultate werden Sie erzielen, wenn Sie in Kapitel 4 das, was Sie haben wollen, magnetisieren. Wenn Sie sich nicht entspannt und zentriert fühlen, dann arbeiten Sie mit dieser oder mit anderen Meditationen, bis Sie diesen Zustand erreichen.

Achten Sie darauf, wie Sie Dinge visualisieren. Spüren oder sehen Sie sie? Sehen Sie sie in Farbe? Wie klar sind sie? Üben Sie weiter, bis Sie ein inneres Bild von dem, was Sie wollen, erfahren oder spüren können. Wenn Sie mit Ihrer Visualisierungsfähigkeit zufrieden sind und ein paar Minuten das Gewünschte fokussieren konnten, dann gehen Sie zum nächsten Kapitel über. Wenn Sie noch nicht imstande waren, einige Minuten lang den Fokus zu halten, dann spielen Sie noch ein paarmal mit dem Fokussieren herum, während Sie das nächste Kapitel lesen.

Kapitel 2
Zur Fülle kommen

Gleich ob Sie sich dessen bewußt sind oder nicht, tief im Innern streben Sie nach Wachstum und Lebendigkeit und wollen Ihr Potential und alles, was Sie sein können, manifestieren. Die meisten Menschen trachten nach einem von Freude und Liebe erfüllten Leben, nach einem Gefühl von Sicherheit, nach kreativem Selbstausdruck, erfreulichen und sinnvollen Aktivitäten und nach Selbstachtung. Je mehr diese Aspekte sich in Ihrem Leben finden, desto erfüllter werden Sie sich fühlen und um so mehr werden Sie Ihr ganzes Potential verwirklichen. Ein wichtiger Punkt beim Manifestieren ist der, daß Sie lernen, nur die Dinge zu erschaffen, die Ihre tiefsten Bedürfnisse erfüllen, die Ihnen als Rüstzeug für Ihr Wachstum dienen und Ihnen helfen, das bestmögliche Leben zu führen.

Ihr Wunsch, sich etwas Neues zu erschaffen, seien es ein Paar Schuhe, ein neues Haus oder eine große Geldsumme, entsteht, weil Sie bereit sind, zu wachsen und mehr von Ihrem Potential zu verwirklichen. Die meisten Menschen glauben, daß sie mit Geld ein Bedürfnis erfüllen, sie so ein bestimmtes Gefühl, eine Situation oder Qualität erleben können, die sie jetzt entbehren. Manche Menschen meinen, viel Geld würde ihnen Lebendigkeit, Wohlbefinden, Selbstachtung, inneren Frieden, Liebe, Macht oder Sicherheit schenken. Sie glauben, daß Geld sie von allen Sorgen befreit und sie sich dann entspannen und spielen könnten oder nichts mehr tun müßten, was sie nicht tun wollen.

Geld und Gegenstände allein werden nicht automatisch Ihre Bedürfnisse erfüllen oder Ihnen zu den erwünschten Gefühlen verhelfen. Wenn Sie glauben, daß Geld Ihnen inneren Frieden bringen wird, dann ist es die Qualität des inneren Friedens, der

Sie in Ihrem Leben Raum geben müssen, und sie ist Ihr Schlüssel dazu, daß Sie für mehr Geld magnetisch werden. Was auch immer Sie durch mehr Geld zu erlangen hoffen – Lebendigkeit, Friede, Selbstachtung –, es bezeichnet die Qualität, die Sie entwickeln müssen, um magnetischer für Geld und Fülle zu werden. Betrachten Sie Geld und Dinge *nicht* als etwas, das Sie sich erschaffen, um ein Loch zu füllen, sondern als Instrumente, mit deren Hilfe Sie sich umfassender ausdrücken und Ihr Potential verwirklichen können.

Ein Mann wollte sich eine Million Dollar erschaffen. Es war ihm gleich, wie er es bewerkstelligte. Für ihn war eine Million Dollar einfach nur Geld, das, wie er glaubte, sein Leben auf magische Weise vollkommen machen würde. Er war sich dessen nicht bewußt, aber in Wahrheit wollte er das Geld, um sich lebendiger zu fühlen. Und weil er sich über den wahren Grund seines Wunsches nicht im klaren war, fragte er auch nicht: »Was kann ich tun, damit ich mich lebendiger fühle?« Statt dessen sagte er sich: »Ich werde härter arbeiten, auch wenn mir meine Arbeit keinen Spaß macht. Ich werde sogar noch weniger Zeit auf die Dinge verwenden, die ich gerne tue, damit ich mehr Zeit habe, das nötige Geld zu verdienen. Ich werde ab sofort alle Vergnügungen aufgeben. Das kann ich mir dann alles leisten, wenn ich das Geld habe.« Er mußte feststellen, daß er noch unwilliger zur Arbeit ging. Und weil er seinen Job nicht mochte, gab er nicht sein Bestes und wurde bei der Beförderung übergangen.

Er hörte von vielen Projekten, durch die man angeblich schnell zu Reichtum kam, und investierte alles verfügbare Geld in einige davon, ja lieh sich sogar noch Geld dafür. Unglücklicherweise schlugen diese Projekte fehl, und er verlor viel Geld. Zwanzig Jahre später hatte er immer noch denselben Job, klagte darüber, daß seine Arbeit nicht gewürdigt würde und sah sich ständig nach dem nächsten »Projekt« um, das ihm zu schnellem Reichtum und einem guten Leben verhelfen würde. Und immer noch nahm er sich vor, alle die Dinge, die ihm Spaß machten, dann zu tun, wenn er das Geld hatte. Aber da er all die

Dinge, die ihn sich hätten lebendiger fühlen lassen, nicht tat, bekam er auch nie das Geld, nach dem er strebte.

Ich lebe in einem Universum der Fülle.
Ich habe immer alles, was ich brauche.

Halten Sie einen Moment inne und fragen Sie sich, was Sie Ihrer Meinung nach durch mehr Geld bekommen könnten und jetzt entbehren. Welche tieferen Bedürfnisse oder Wünsche würden befriedigt, wenn Sie eine große Summe Geldes zur Verfügung hätten? Hätten Sie mehr Sicherheit, Sorgenfreiheit, ein einfacheres Leben? Könnten Sie dann mit ungeliebten Tätigkeiten aufhören? Hätten Sie dann keine Probleme mehr oder die Freiheit, in Ihrem Leben das zu tun, was Sie wollen? Welche höheren Qualitäten oder Gefühle könnten Sie Ihrer Meinung nach dann öfters erfahren – inneren Frieden, Liebe, Selbstachtung, Wohlbefinden, Glück? Wenn Sie sich keine große Summe Geld wünschen, sondern einen Gegenstand oder etwas anderes – welche Bedürfnisse würden damit in Ihrem Leben befriedigt werden? Welche Qualität oder welches Gefühl, sollte es nichts Materielles geben, das Sie sich wünschen, möchten Sie gerne häufiger erfahren?

Sie können sofort mit der Befriedigung dieser Bedürfnisse anfangen. Sie können ohne die materiellen Dinge, die Sie sich erschaffen wollen, ein erfreuliches, erfülltes Leben führen und Ihr größeres Potential verwirklichen. Das Wesen all dessen, was Ihrem höheren Wohl dient, ist für Sie erreichbar. Das Universum sagt nicht, daß Sie all das, was gut für Sie ist, erst haben können, wenn Sie eine Million Dollar gemacht haben. Das Universum sagt vielmehr, daß Sie all das, was Ihrem höheren Wohl dient, sofort bekommen können, heute. Fragen Sie sich, zu was das Geld Ihnen verhelfen soll, und denken Sie dann über Möglichkeiten nach, wie Sie gleich jetzt an den Wesenskern dieser Dinge gelangen könnten.

Manche Leute glauben zum Beispiel, daß ihr Leben durch Geld einfacher würde. Sie können gleich jetzt zu einem einfacheren Leben kommen, indem Sie die dazu nötigen Qualitäten entwickeln und zum Ausdruck bringen wie etwa inneren Frieden, Wohlbefinden oder innere Stille. Geld wird Ihnen nicht unbedingt ein einfacheres Leben bescheren. Tatsächlich könnte Ihr Leben sogar noch komplizierter werden, wenn Sie nicht lernen, die Qualitäten in Ihr Leben einzubringen, die es einfacher machen. Was könnten Sie, falls es einfacheres Leben ist, das Sie sich wünschen, jetzt dazu tun?

Manche Menschen hoffen, daß sie, wenn sie Geld haben, nichts mehr tun müssen, was ihnen keinen Spaß macht. Wenn Sie keine Dinge mehr tun wollen, die Ihnen keinen Spaß machen, dann müssen Sie lernen, sich selbst mehr Achtung und Respekt entgegenzubringen. Fangen Sie mit kleinen ungeliebten Dingen an und lernen Sie, sie ab sofort nicht mehr zu tun. Auf diese Weise werden Sie allmählich mehr Respekt und Achtung vor sich selbst entwickeln und den Willen aufbauen, *nur* die Dinge zu tun, die Ihnen Spaß machen. Manche Leute möchten mehr Geld haben, weil sie glauben, damit wären ihre Probleme und Lektionen aus der Welt geschafft. Ein Leben auf Erden beinhaltet unvermeidlich Lektionen, aber Sie können sie leicht und freudig lernen, statt sich mit ihnen herumzuschlagen. Wenn Sie die Qualitäten der inneren Weisheit und des Friedens entwickeln, dann werden Sie Ihre Probleme als Wachstumsgelegenheiten begreifen, was Ihnen weit mehr, als Geld es vermag, helfen wird, müheloser mit ihnen umzugehen.

Vielleicht wollen Sie viel Geld, um sich sicherer zu fühlen. Sicherheit entsteht aber nicht aus der Anhäufung von Reichtum. Manche Leute haben sich ein Multimillionen-Dollar-Imperium geschaffen und fühlen sich doch nicht sicher. Tatsächlich könnte mehr Geld, wenn Sie nicht lernen, sich sicher zu fühlen, Ihr Unsicherheitsgefühl oder Ihre Ängste verstärken. Streben Sie nach Sicherheitsgefühl, dann sollten Sie vielleicht Qualitäten wie Mut und Vertrauen in Ihre innere Führung entwickeln. Das innere Sicherheitsgefühl wird Sie in die Lage versetzen, sich ein Leben zu erschaffen, das dieses Gefühl widerspiegelt. Sollten Sie sich mehr Sicherheit wünschen, dann halten Sie für einen Moment inne, werden Sie ruhig und fragen Sie sich, welche Qualität Sie entwickeln könnten, um zu diesem Gefühl zu kommen.

Manche Leute wollen Geld, weil sie glauben, dies würde ihnen ein stärkeres Machtgefühl vermitteln. Wir sprechen hier nicht vom Ego und der Macht, andere zu manipulieren und zu kontrollieren, sondern von der wahren Macht, die aus einem Sichausstrecken nach oben entsteht, aus dem Erreichen inneren Friedens, aus dem Manifestieren Ihres Potentials und daraus, daß Sie nicht auf Ihre Persönlichkeit bezogen, sondern aus dem Licht Ihrer Seele heraus handeln. Welche Qualitäten würden Ihnen, wenn Sie sie häufiger erführen, helfen, ein stärkeres Machtgefühl zu empfinden? Finden Sie Wege, diesen Qualitäten Ausdruck zu verleihen und widmen Sie sich öfter den damit verbundenen Tätigkeiten.

Ich strahle Selbstachtung, inneren Frieden, Liebe, Wohlbefinden und Glück aus.

Wenn Sie die höheren Qualitäten zum Ausdruck bringen, zu denen Sie Ihrer Ansicht nach durch mehr Geld kommen würden, wenn Sie diese Qualitäten in Ihren Worten, Handlungen und Ihrem ganzen Wesen ausstrahlen, dann werden Sie für Geld und Dinge magnetisch, die der physische Ausdruck Ihrer neuen Bewußtseinsebene sind. Durch die Entwicklung irgendeiner höheren Qualität – seien es Liebe, innerer Friede, Wohlbefinden, Glück, Mut, persönliche Stärke oder Selbstachtung – verändern Sie Ihre Schwingung und werden magnetisch für das, was Ihrer neuen Schwingung entspricht. Sie werden nicht nur magnetisch für mehr Geld, sondern für alle Formen, die Ihnen helfen, Ihrer neuen Wachstumsebene Ausdruck zu geben. Sie werden die Dinge anziehen, die Sie sich bewußt wünschen, und Sie werden Dinge bekommen, noch bevor Sie merken, daß Sie sie brauchen. Sie werden Dinge anziehen, die besser sind als das, worum Sie gebeten haben, und alles um Sie herum wird dem, was Sie sind, entsprechen.

Ein Mann verfolgte fünfzehn Jahre lang das Ziel, sich eine Million Dollar zu erschaffen, sich dann zur Ruhe zu setzen und sich ein fröhliches Leben zu machen. Eines Tages wurde ihm klar, daß er dieser Summe kaum näher gekommen war. Seit Jahren hatte er nun auf alle erdenkliche Weise versucht, reich zu werden. Er hatte mit wechselndem Erfolg in verschiedene Dinge investiert, hatte in seinem Job so hart wie möglich gearbeitet und eine kleine Summe für seinen Ruhestand gespart. Er nahm sich die Zeit, darüber nachzudenken, was ihm eine Million Dollar einbringen würde, und kam zum Schluß, daß er dann mehr Zeit zur Entspannung hätte und die Freiheit, den Aktivitäten nachzugehen, die er liebte. Er beschloß, sich schon jetzt Zeit zur Entspannung und für die von ihm geliebten Beschäftigungen zu nehmen und nicht erst auf das Geld zu warten, da er, wie es schien, möglicherweise sonst nie dazu käme, das von ihm erwünschte Leben zu führen.

Nachdem er mehrere Anläufe zur Entspannung unternommen hatte, merkte er, daß er die Qualität des Selbstrespekts entwickeln mußte, da er jedesmal, wenn er versuchte, sich Zeit zur Entspannung und zu geliebten Aktivitäten zu nehmen, von anderen Verpflichtungen und Aufgaben daran gehindert wurde. Er besann sich, was Selbstrespekt für ihn bedeutete, und kam zum Schluß, daß diese Qualität für seine Person gesprochen hieß, sich für sich selbst Zeit in Stille zu nehmen und sich ein paar Hobbys zu widmen, die ihm Freude machten. Er begann, wieder ein Musikinstrument zu spielen, das er schon früher geliebt hatte. Und während er mehr Zeit mit sich verbrachte, gingen ihm viele wunderbare Melodien und Texte durch den Kopf, die er auf Tonband aufnahm. Die Beschäftigung mit der Musik öffnete ihn auch für die Kreativität in anderen Lebensbereichen. Sein Selbstrespekt nahm allmählich zu. Er wurde an seiner Arbeitsstelle befördert und bekam einen sehr viel besser bezahlten Job angeboten, den er annahm. Schließlich verkaufte er seine Musikkompositionen an verschiedene Filmgesellschaften und war auf dem Weg zu größerem Reichtum, als er ihn je gekannt hatte. Durch die Entwicklung von Selbstrespekt erschuf er sich nicht nur das Geld, das er sich wünschte, sondern auch viele andere Dinge – einen Job, den er liebte, ein erfüllendes und befriedigendes Leben und eine Gelegenheit, sein größeres Potential und seine Fähigkeiten zu verwirklichen.

Ich erschaffe Geld und Fülle durch Freude, Lebendigkeit und Selbstliebe.

Wenn Sie mit den Bedürfnissen und höheren Qualitäten, die durch das von Ihnen erwünschte Geld Erfüllung finden sollen, in Berührung sind, und wenn Sie an der Entwicklung dieser Qualitäten arbeiten, werden Ihnen das Geld und die Dinge, die Sie anziehen, Freude und Selbsterfüllung schenken. Wenn Sie nicht wissen, welchen tieferen Bedürfnissen und höheren Qualitäten Sie durch das, was Sie haben möchten, Ausdruck geben wollen, dann mögen Sie zwar imstande sein, es anzuziehen, werden aber vielleicht nicht zufrieden sein, wenn Sie es erhalten. Sie könnten sofort und nicht erst später zu mehr Geld kommen und sich doch nicht reicher fühlen, als Sie es mit einem niedrigeren Einkommen taten. Wenn Ihre inneren Bedürfnisse nicht befriedigt werden, wird Ihnen keine noch so große Menge Geld ausreichend erscheinen.

Sie können sich durch Gier und Mißachtung anderer oder aus irgendwelchen anderen Motiven, die Ihnen nicht zu einem befriedigenden Leben verhelfen, Geld erschaffen. Sie müssen nicht wachsen und mit der Verwirklichung Ihres Potentials beginnen, um eine große Menge Geld anzuziehen. Aber die Art und Weise, in der Sie sich Geld und Dinge erschaffen, bestimmt über Ihre Lektionen und das Wachstum, das Sie erfahren. Wenn Sie sich zum Beispiel Geld durch Gier erschaffen, dann könnte es sein, daß andere es Ihnen abjagen wollen oder Sie es schnell verlieren. Sie könnten sich viele Lektionen über Gier einhandeln, Sorgen und Ängste eingeschlossen. Das Geld, das Sie anziehen, könnte die Probleme, die Sie lösen wollen, vermehren.

Alles, was ich tue, bringt mir
Lebendigkeit und Wachstum.

Wenn Sie sich über die tieferen Bedürfnisse, die Sie durch das Geld zu erfüllen hoffen, und die höheren Qualitäten, die Sie häufiger erfahren möchten, klar geworden sind, dann können Sie auf vielfältige Weise mit der Befriedigung dieser Bedürfnisse und der Verwirklichung dieser Qualitäten anfangen. Eine Möglichkeit wäre, sich eine geistige Liste von all den Aktivitäten zu machen, die Ihnen zu einem erwünschten Gefühl verhelfen, und Sie können beschließen, sich ihnen öfters zu widmen. Wenn Sie sich zum Beispiel mehr Lebendigkeit wünschen, könnten Sie zum Schluß kommen, daß Sie in diesem Bedürfnis unterstützt werden, wenn Sie mehr intensive Zeit mit der Familie und Freunden verbringen, Spaziergänge im Park unternehmen, gute Filme anschauen und mehr Zeit auf ein kreatives Hobby verwenden. Wenn Sie herausgefunden haben, welche Aktivitäten Ihnen zu mehr Lebendigkeit verhelfen, dann gehen Sie ihnen häufiger nach. Wenn Sie glauben, daß Geld Ihnen mehr Lebendigkeit bringt, dann wird Sie die Unternehmung der Dinge, die Sie sich lebendiger fühlen lassen, für Geld und Fülle magnetisch machen.

Wenn Sie nicht wissen, welche Aktivitäten Ihnen ein Gefühl von Lebendigkeit oder Friede oder was immer Sie sich wünschen vermitteln, dann versuchen Sie sich an Zeiten zu erinnern, in denen Sie dieses Gefühl schon erlebt haben. Welchen Aktivitäten gingen Sie damals nach? Wenn Sie meinen, daß Sie in der Vergangenheit nicht viel Lebendigkeit erfahren haben, dann schauen Sie sich Ihr gegenwärtiges Leben an und fragen Sie sich, welche Situationen oder Tätigkeiten, seien sie auch noch so unbedeutend, Ihnen das Gefühl von größerer Lebendigkeit vermitteln. Fangen Sie an, auf die Zeiten zu achten, in denen Sie sich lebendig fühlen. Registrieren Sie, was Sie in diesem Moment tun, und gehen Sie diesen Aktivitäten häufiger nach. Wenn Sie darauf aufbauen, werden Ihnen noch mehr Möglichkeiten einfallen, wie Sie sich lebendiger fühlen können.

Fangen Sie gleich mit dem an, was Sie schon tun können. Warten Sie nicht, bis Ihre Fähigkeiten erst weiter entwickelt sind, denn Ihre Manifestierungsfähigkeit entwickelt sich Schritt für Schritt. Versuchen Sie nicht, alles auf einmal zu bekommen. Machen Sie immer nur einen kleinen Schritt auf einmal, und Ihr Erfolg wird sich von allein aufbauen. Sie werden sich immer häufiger lebendiger fühlen (oder was immer Sie sich wünschen), bis dieses Gefühl Teil dessen ist, was Sie geworden sind.

Eine Frau entschied, daß sie nach mehr Lebendigkeit strebte und merkte, daß sich dieses Gefühl einstellte, wenn sie Seminare im lokalen College besuchte, sich mehr Stunden in der Woche Zeit nahm, um ein Buch zu lesen und häufig ein ausgedehntes warmes Bad nahm. Ein Mann wünschte sich tieferen inneren Frieden und merkte, daß er dazu kam, wenn er häufig Körperübungen machte, gelegentlich ein Wochenende beim Fischen verbrachte und sich eine kleine Werkstatt einrichtete, in der er sein Werkzeug unterbringen und Dinge basteln konnte.

Wenn Sie häufiger inneren Frieden, Freude, Lebendigkeit oder sonst irgendeine Ihrer höheren Qualitäten erfahren, dann begeben Sie sich auf die nächste Ebene Ihrer persönlichen Evolution. Sie fühlen sich erfüllter, sind glücklicher mit sich selbst und imstande, sich ein Leben voll kreativen Selbstausdrucks, erfreulicher und sinnvoller Aktivitäten, des Gefühls von Selbstliebe, Selbstwert und Selbstrespekt zu erschaffen. Wenn Sie mehr und mehr jener höheren Qualität Ausdruck geben, zu der Ihnen das Geld verhelfen soll, dann werden Sie nicht nur für mehr Geld magnetisch, sondern auch für Fülle in allen Ihren Lebensbereichen. Sie sind ein großartiges und mächtiges Wesen. Glauben Sie daran, daß Sie es verdienen, das vorstellbar beste Leben zu führen!

Der Prozeß des Dorthingelangens
beinhaltet den Zustand des Dortseins.

Einer höheren Qualität Ausdruck geben

Die Anwendung dieser Übung lehrt Sie, einer höheren Qualität häufiger Ausdruck zu geben, indem Sie visualisieren, daß Sie diese Qualität haben, diese Qualität verkörpern.

Vorbereitung

Finden Sie eine Zeit und einen Ort, wo Sie sich entspannen und ungestört nachdenken können. Entspannen Sie sich wie in der Entspannungsübung in Kapitel 1 angegeben.

Schritte

▷ Schließen Sie die Augen und denken Sie an eine höhere Qualität, die Sie in Ihrem Leben gerne häufiger erfahren möchten, wie etwa Mut, Friede, Glück, Wohlbefinden oder Liebe. Wählen Sie vorzugsweise eine Qualität, die Sie Ihrer Meinung nach erreichen könnten, wenn Sie mehr Geld hätten. Versuchen Sie nun diese Qualität, während Sie an sie denken, zu erfühlen. Wie fühlt sie sich an? Können Sie dieses Gefühl körperlich spürbar machen? Achten Sie in diesem Zusammenhang auf Veränderungen in Ihrer Körperhaltung oder beim Atmen.

▷ Malen Sie sich eine künftige Situation aus, in der Sie diesem Gefühl Ausdruck geben oder es erleben. Stellen Sie sich geistig eine Szene vor, ein künftiges imaginäres Ereignis, das die Erfahrung dieser Qualität widerspiegelt. Sollten Sie sich zum Beispiel mehr inneren Frieden wünschen, dann könnten Sie an eine ganz gewöhnliche, in Ihrem Leben häufig vorkommende Situation denken und sich vorstellen, wie Sie das nächste Mal, wenn sie eintritt, inneren Frieden erfahren. Machen Sie sich ein einfaches Bild. Lassen Sie es immer wieder vor Ihrem geistigen Auge erstehen. Spüren Sie die Gefühle, die Sie in dieser künftigen Situation haben, ganz so, als hätten Sie sie schon jetzt.

▷ Achten Sie darauf, wie Sie sich diese Szene vorstellen. Sehen Sie, wer dabei anwesend ist, welche Kleidung Sie tragen oder in welcher Umgebung Sie sich befinden. Malen Sie sich die Szene so detailliert wie möglich aus.

▷ Halten Sie sich die Szene nochmals vor Augen. Ist sie hell oder eher trübe? Lassen Sie das Bild heller erstrahlen und achten Sie dabei auf die sich mit der betreffenden höheren Qualität verbindenden Gefühle.

▷ Sehen Sie das Bild vor sich wie auf einer Filmleinwand oder befinden Sie sich darin? Ist das Bild klein oder groß? Sehen Sie es direkt vor sich, oder ist es weit weg? Lassen Sie die Szene so konkret werden, daß Sie sich in ihr befinden.

▷ Wenn in dieser Szene jemand mit Ihnen spricht, dann lassen Sie seine oder ihre Stimme wohlklingend, angenehm, melodisch werden. Fügen Sie der Szene erfreuliche und angenehme Klänge hinzu – Laute aus der Natur, des Meeres oder eine schöne Musik im Hintergrund.

▷ Malen Sie sich die Szenerie noch schöner aus. Lassen Sie die Farben intensiver werden. Fühlen Sie die vorhandenen Gegenstände, riechen Sie die Gerüche. Erweitern Sie das Bild so, daß es Sie wie ein Kreis umgibt, Sie überspannt, Teil von Ihnen wird. Lassen Sie das Gefühl des inneren Friedens oder was immer noch wirklicher werden. Sollten Ihre Gedanken abschweifen, dann lenken Sie sie auf die Szenerie und die von Ihnen erwünschte Qualität zurück.

▷ Je lebhafter Sie sich Ihre Szene vorstellen, je intensiver Sie das Gefühl empfinden können, desto besser. Spüren Sie, wie

Sie sich an diesem Gefühl, an dieser Qualität erfreuen. Lassen Sie die Szene so real werden, daß Sie sie fast berühren, hören und sehen können. Bringen Sie das ganze Spiel Ihrer Emotionen ein.

▷ Lassen Sie die Szene langsam verschwinden. Freuen Sie sich an Ihren Empfindungen, so lange Sie wollen, und öffnen Sie dann die Augen. Atmen Sie tief ein und wenden Sie Ihre ganze Aufmerksamkeit wieder Ihrer gegenwärtigen Realität zu.

Bewertung

Je besser Sie sich in die Szene hineinversetzen können, statt sie nur (wie bei einem Film) von außen zu betrachten, desto leichter und schneller werden Sie das Gefühl für die von Ihnen erwünschte Qualität herstellen. Je realer Sie die Szene und das Gefühl von dieser Qualität werden lassen können, desto häufiger werden Sie sie in Ihrem Leben erfahren. Falls Sie sich keine Szene vorstellen können, dann können Sie die Qualität anziehen, indem Sie ganz einfach so häufig wie möglich an sie denken. Stellen Sie sich vor, daß Sie sie fühlen. Lassen Sie sie zu einem körperlichen Gefühl und so real wie möglich werden.

Kapitel 3

Herausfinden, was Sie wirklich wollen

Sie haben möglicherweise viele Vorstellungen von ganz bestimmten Gegenständen, von Geldsummen und anderen Dingen, die Sie sich erschaffen möchten. Manche dieser erwünschten Dinge können Ihnen helfen, Ihre höheren Qualitäten besser zum Ausdruck zu bringen, andere vielleicht nicht. Möglicherweise haben Sie schon einmal die Erfahrung gemacht, daß Ihnen ein Wunsch in Erfüllung ging, es Ihnen dann aber nicht die erwartete Befriedigung brachte. Sie können lernen, nur die Dinge anzuziehen, mit deren Hilfe Sie Ihre höheren Qualitäten am besten zum Ausdruck bringen, Ihre tieferen Bedürfnisse erfüllen und mit allem, was Sie sich erschaffen, zufrieden sein können.

Im nächsten Kapitel (Kapitel 4) lernen Sie, wie Sie mit Ihrer Energie und Ihrem Magnetismus arbeiten, um das, was Sie sich wünschen, anzuziehen. Bevor Sie aber ans Magnetisieren gehen, brauchen Sie Klarheit über das, was Sie wollen. Das heißt, Sie werden ergründen, was die erwünschte Sache Ihnen von ihrem Wesen her geben, welche Bedürfnisse sie erfüllen wird und welche höheren Qualitäten Sie in Erfüllung dieser Bedürfnisse zum Ausdruck bringen können. In diesem Kapitel lernen Sie, wie Sie sich über das innerste Wesen dessen, was Sie sich wünschen, wie auch über seine spezielle Form, sofern sie Ihnen bekannt ist, klarwerden. Wenn Sie dann den Inhalt Ihres Wunsches magnetisieren und er in Erfüllung geht, wird es in einer Form sein, die Sie wirklich befriedigt und erfreut. In der Konsequenz werden Sie Dinge anziehen, die noch besser sind als das, was Sie sich vorgestellt hatten.

Sie können Dinge mit Erfolg anziehen, gleich ob Sie nun deren spezielle Form, Quantität oder Erscheinungsbild kennen oder nicht, aber Sie müssen ihr Wesen, ihre Essenz erfassen. Diese Essenz beinhaltet die Funktion, die dieser Gegenstand erfüllen soll, die Ziele, für die Sie ihn einsetzen wollen, oder das, was er Ihnen Ihrer Meinung nach qualitativ geben wird. Neben dem von Ihnen anvisierten Gegenstand könnten Ihnen auch noch viele andere Dinge die Essenz Ihres Wunsches schenken. Seien Sie daher offen und lassen Sie die Dinge in der Weise, der Gestalt, Größe oder Form auf sich zukommen, wie sie am geeignetsten sind.

Ich kenne die Essenz meines Wunsches und bekomme ihn erfüllt.

Wenn Sie die Essenz Ihres Wunsches kennen, dann öffnen Sie vielerlei Kanäle für seine Erfüllung. Wenn Sie beispielsweise ein neues Auto haben wollen und die Essenz in einer verläßlicheren Transportmöglichkeit liegt, könnten Sie sich diese auf alle mögliche Weise erschaffen und nicht nur durch den Kauf eines neuen Autos. Kennen Sie die Essenz Ihres Wunsches aber nicht, dann kaufen Sie vielleicht ein neues Auto, das genauso unzuverlässig ist wie das alte.

Eine Frau wollte ein neues Auto, weil das, was sie hatte, unzuverlässig war und sie ungern Nachtfahrten damit unternahm. Im Grunde mochte sie ihr Auto und wollte auch nicht unbedingt Geld für ein neues ausgeben, sie dachte nur, der Kauf eines neuen Autos sei die einzige Möglichkeit, zu einem verläßlichen fahrbaren Untersatz zu kommen. Sie setzte sich still hin, visualisierte ein neues Auto und magnetisierte die Essenz – in ihrem Fall Zuverlässigkeit. Zufällig machte ihr altes Auto von da ab keine Probleme mehr! Sie kaufte sich ein paar Jahre später ein neues Auto, das sich ebenfalls als zuverlässig erwies. Die Essenz ihrer Bitte erfüllte sich sehr rasch, wenn auch nicht in der Form, die sie sich vorgestellt hatte.

Vielleicht wollen Sie einen neuen Mantel. Wenn Sie sich nun über die einzelnen Eigenschaften, die er aufweisen soll, klarwerden, dann führt Sie das zur Essenz Ihres Wunsches. Sie sagen sich vielleicht, er sollte sehr warm und dauerhaft sein und eine ansprechende Form haben. Nachdem Sie sich nun über die Essenz klargeworden sind, stellen Sie fest, daß es viele Mäntel gibt, die diese Bedürfnisse erfüllen können. Möglicherweise merken Sie auch, daß es neben einem Mantel andere, ebenso geeignete Formen gibt wie etwa ein Pullover oder ein warmes Hemd. Wenn Sie sich über die Essenz dessen, was Sie haben wollen, klarwerden, erweitern Sie das Spektrum der möglichen Formen und Wege für den Erhalt. Kennen Sie die Essenz nicht, kaufen Sie vielleicht einen Mantel und finden später heraus, daß er im Schnee nicht warm oder im Regen nicht trocken genug ist oder daß er nichts aushält.

Möglicherweise wissen Sie nicht genau, welche Merkmale und Eigenschaften Ihren Erfordernissen am besten entsprechen. Sagen wir, Sie wollen ein neues Heim, wissen aber nicht, wo es sein oder wie viele Zimmer es haben soll. Über die Details können Sie sich klarer werden, wenn Sie darüber nachdenken, welche Funktion es in Ihrem Leben erfüllen soll und wie Sie es nutzen möchten. So bitten Sie vielleicht um ein Haus, das Morgensonne hat und sehr hell ist, in der Nähe von Bäumen steht, über einen Hobbyraum verfügt, Privatsphäre bietet, großzügig angelegt ist und so weiter. Diese Eigenschaften beinhalten die Essenz des Hauses, das Sie sich wünschen.

Alles, was ich mir erschaffe, schenkt mir Erfüllung.

Wenn Sie sich auf das äußere Erscheinungsbild Ihres neuen Hauses konzentrieren oder es sich sehr detailliert ausmalen, sich aber über die Funktionen, die es erfüllen soll, nicht klar sind, bekommen Sie vielleicht das Haus, das Sie sich im Äußeren vorgestellt haben, aber es erfüllt nicht Ihre Bedürfnisse. Wenn Sie ein bestimmtes Haus kaufen, weil es Ihnen äußerlich gefällt, ohne aber zu wissen, was Sie in diesem Haus tun wollen (zum Beispiel Freunde einladen, die Ausrüstung für Ihre Freizeitaktivitäten unterbringen oder ein Büro einrichten), dann werden Sie eventuell von diesem Haus enttäuscht sein. Vielleicht bietet es zu wenig Platz für Gäste, der Lagerraum reicht nicht aus, oder es hat zu wenige Zimmer. Es ist gut, wenn Sie sich ein Haus so genau wie möglich ausmalen, sogar bis hin zur Farbe der Wände, aber Sie sollten auch wissen, warum es diese speziellen Eigenschaften aufweisen soll. Wenn Sie die Essenz Ihres Wunsches kennen, dann werden die Dinge, die Sie anziehen, Ihre Hoffnungen erfüllen.

Auch wenn Sie die genaue Form einer erwünschten Sache kennen, sollten Sie sich über ihre Essenz klarsein, und das so spezifisch wie möglich. Wenn Sie zum Beispiel einen neuen Fernhseher möchten und über seine Farbe, seine Eigenschaften und seine Programmauswahl nachgedacht haben, dann fragen Sie sich: »Warum will ich diese bestimmten Eigenschaften und keine anderen?« Durch Ihr sehr spezifisches Nachfragen werden Sie die Essenz Ihres Wunsches entdecken. Wenn Sie je etwas entworfen oder gebaut haben, dann haben Sie wahrscheinlich gemerkt, daß Sie sich als erstes über alle erwünschten Funktionen und Anwendungsmöglichkeiten klarwerden mußten, damit der Gegenstand Ihren Zwecken auch dienen konnte.

Die Dinge, die ich mir erschaffe,
sind sogar noch besser, als ich mir
vorgestellt habe.

Wenn Sie um etwas Unspezifisches bitten, wie etwa um Reichtum oder Glück, dann fragen Sie sich: »Wie sähe denn dieses Glück für mich aus? Wieviel Geld müßte ich auf der Bank haben, um mich als reich betrachten zu können? Wie hoch müßte mein monatliches Einkommen sein? Wieviel Geld müßte ich übrig haben, um es für bestimmte Dinge, die ich haben will, ausgeben zu können?« Wenn Sie um Geld zur freien Verfügung bitten, aber nicht sagen, wieviel es sein soll, dann bekommen Sie vielleicht zehn Mark extra, aber nicht die große, ungenannte Summe, an die Sie eigentlich dachten. Bitten Sie um die genaue Summe, die Sie haben wollen; magnetisieren Sie diese Summe oder sogar noch mehr. Stellen Sie sich auch die Essenz dessen vor, was Ihnen das Geld bringen soll, sowie die höheren Qualitäten, denen Sie auf diesem Wege Ausdruck verleihen möchten.

Wenn Sie etwas Bestimmtes magnetisieren, dann fragen Sie sich: »Welche Essenz oder welche Funktionen erwarte ich mir davon? Wie will ich es in jeder Hinsicht nutzen? Ist dies die einzig annehmbare Form oder Weise, es zu bekommen? Bin ich aufgeschlossen dafür, daß ich in dieser Sache das Beste erhalte? Gibt es noch andere Möglichkeiten oder Formen, die die gleichen Funktionen auf noch bessere Weise erfüllen? Kann ich die Essenz des Gewünschten gleich jetzt bekommen, ohne darauf zu warten, daß ich diesen bestimmten Gegenstand kaufe oder diese bestimmte Summe Geldes erhalte?« Wenn Sie magnetisieren, dann können Sie sich entweder den gewünschten Gegenstand, seine Funktionen und die Bedürfnisse, die er erfüllen soll, genau vorstellen, oder Sie konzentrieren sich auf die Bedingungen, die er erfüllen soll, und lassen ihn in der bestmöglichen Form auf sich zukommen. Beides funktioniert.

Wenn Sie sich erst einmal über die Essenz Ihres Wunsches klar sind, dann gilt es, sie auch zu erkennen, wenn sie eintrifft. Eine Frau wollte ein neues Apartment und war sich über seine Details sehr klar. Es sollte eine Terrasse haben, viel Sonne hereinlassen und in der Nähe eines Parks sein. Sie wußte auch, was sie sich von diesen Details erwartete. Die Terrasse bedeutete auch Zugang zu einem Garten, in dem sie Gemüse anpflanzen konnte, und die Parknähe bedeutete Bäume und frische Luft. Sie arbeitete mit Energie, um sowohl das Apartment wie auch dessen Essenz anzuziehen. Kurze Zeit später trat ein neuer Freund in ihr Leben, der in der Nahrungsmittelbranche tätig war und ihr immer viel frisches Gemüse mitbrachte. Er liebte den Aufenthalt im Freien, und sie verbrachten viele Wochenenden mit Wandern und Campen an schönen Orten. Eines Tages wurde ihr klar, daß sie die Essenz dessen, was sie sich von einem neuen Apartment erhofft hatte, bereits erhalten hatte, und das auf eine bessere Weise, als sie sich vorgestellt hatte. Wenn Sie etwas wollen, das Sie noch nicht haben, dann erforschen Sie die Essenz Ihres Wunsches. Ihre Seele bringt Ihnen die Essenz dessen, wonach Ihnen verlangt, wenn auch möglicherweise nicht in der von Ihnen erwarteten Form. Die Essenz dessen, was Sie wollen, hat Sie vielleicht schon erreicht, und Sie müssen sie nur noch erkennen.

Um erfolgreich zu magnetisieren, müssen Sie sich auf das konzentrieren, was Sie sich wünschen, und nicht auf das, was Sie loswerden wollen. Viele Menschen wissen nicht, was sie wollen, sind sich aber sehr klar darüber, was sie nicht wollen. Wenn Sie nicht wissen, was Sie wollen, dann schauen Sie sich die Umstände in Ihrem Leben an, die Ihnen nicht gefallen und bitten Sie um das Eintreten eines gegensätzlichen Umstands. Fragen Sie nur einmal aus Spaß Ihre Freunde, was sie glücklicher machen würde oder was sie sich in ihrem Leben wünschen. Sie werden überrascht sein, wie viele Leute mit der Beschreibung der Umstände anfangen, die ihnen mißfallen, statt mit denen, die sie sich wünschen. Nehmen Sie jeden Umstand, der Ihnen nicht behagt, und beschreiben Sie so klar wie möglich, wodurch Sie ihn ersetzt haben wollen. Treffen Sie Ihre Aussage über das, was Sie wollen, in der Gegenwartsform wie bei einer Affirmation. Statt zu sagen: »Ich will mich nicht mit der Bezahlung meiner Rechnungen herumschlagen müssen«, könnten Sie formulieren: »Ich bezahle jeden Monat meine Rechnungen mit Leichtigkeit.«

Ein weiterer wichtiger Aspekt beim Magnetisieren ist der, daß Sie sich Ihrer Vorstellung von dem, was Sie haben können, ganz sicher sein müssen. Können Sie sich, wenn Sie um eine Million Mark bitten, auch wirklich vorstellen, sie zu haben? Eine solche Summe kommt Ihnen möglicherweise nicht sehr real vor, vor allem nicht, wenn Sie mit der pünktlichen Bezahlung Ihrer Miete Probleme haben. Ihr Glaube an die Machbarkeit ist möglicherweise nicht stark genug, um eine solche Summe innerhalb eines Zeitraums anzuziehen, der Ihnen ein Erfolgserlebnis beim Magnetisieren vermittelt.

Besser, Sie beginnen mit der Bitte um Dinge, deren Besitz Sie sich auch vorstellen können. Wenn Sie mit etwas anfangen, das zu manifestieren Sie für möglich halten, dann erleben Sie, daß Ihre Energie- und Magnetisierungsarbeit erfolgreich ist, was wiederum Ihren Glauben an Ihre Manifestierungsfähigkeit stärkt.

Jeder Erfolg baut auf den vorangegangenen auf. Ihr Unbewußtes baut einen immer stärkeren Glauben an Ihre Manifestierungsfähigkeit auf und gewinnt mit diesem Vertrauen die Fähigkeit, Ihnen mehr und mehr Fülle zu erschaffen. Mit Ihren Erfolgserlebnissen entwickeln Sie den Glauben und das innere Wissen, daß es Ihnen möglich ist, Dinge zu erschaffen, die Ihnen, als Sie anfingen, noch unmöglich erschienen. Dieses innere Gefühl – das Wissen, daß es möglich, ja sogar wahrscheinlich ist, daß Sie bekommen, was Sie wollen – ist überaus wichtig, wenn Sie Dinge in Ihr Leben ziehen wollen.

Magnetisieren Sie das, was Sie wirklich möchten, seien Sie darauf vorbereitet und freuen Sie sich darauf, es zu haben. Wenn Sie merken, daß Sie etwas haben wollten, aber nicht wirklich bereit sind, dahinter herzusein und sich vorrangig darauf zu konzentrieren, dann sollten Sie besser den Wunsch aufgeben und Ihre Energie auf etwas richten, das Ihnen wirklich am Herzen liegt. Wenn Sie nicht wirklich motiviert und klar in Ihrer Absicht sind, etwas zu bekommen, dann ziehen Sie es möglicherweise nicht an.

Magnetisieren Sie nur das, was Sie wirklich wollen, und nicht irgend etwas, das für Sie einen Kompromiß darstellt. Kompromisse sind selten so aufregend, daß sie Sie dazu stimulieren, das Nötige zu ihrem Erhalt zu unternehmen. Wenn Sie nicht das Gefühl haben, sich das, was Sie wollen, erschaffen zu können, sollten Sie nicht stellvertretend um etwas bitten, das Sie weder wirklich erregt noch motiviert.

Viele Menschen haben eine Liste von den Dingen im Kopf, die sie wollen und noch nicht haben. Und jedesmal, wenn sie an diese Liste mit all ihren unerfüllten Wünschen denken, sagen sie sich implizit, daß sie es nicht schaffen, die Dinge, die sie wollen, zu manifestieren. Machen Sie sich eine Liste von allen Dingen, die Sie gerne haben würden, und sehen Sie sich Ihre Wünsche sehr genau an. Wollen Sie wirklich alle diese Dinge? Handelt es sich um überholte Vorstellungen von Dingen, die Sie sich Ihrer Meinung nach wünschen sollten? Streichen Sie alles Unwesentliche von Ihrer Liste, bis nur noch ein paar wirklich wichtige Dinge übrigbleiben, die Sie sich erschaffen wollen.

Die Dinge, die Sie lieben, die Sie entzücken und nicht nur Erleichterung mit sich bringen, sind es, die Sie zum Manifestieren motivieren. Viele von Ihnen sagen sich: »Ich sollte mir Geld erschaffen, um meine Schulden zu bezahlen, mein Auto reparieren zu lassen oder dies oder jenes zu kaufen.« Dieses »sollte« verleiht Ihnen nicht genügend Energie, um Fülle zu erschaffen, und es kommt auch nicht von Ihrem höheren Selbst. Der Gedanke, sie »sollten« ihre Schulden bezahlen, liefert den meisten Menschen nicht genügend Motivation, es sei denn, es verbindet sich damit auch Freude, zum Beispiel ein Gefühl des Wohlbefindens und der Befriedigung, wenn sie ihre Schulden dahinschwinden sehen. Besser Sie gestehen sich ein, daß Sie ein paar Dinge auf Ihrer Liste eigentlich gar nicht wollen, und konzentrieren sich dann auf das, was Sie wirklich anstreben.

Meine Energie und mein Fokus sind auf meine Ziele gerichtet.

Haben Sie die Entscheidung getroffen, daß Ihr Ziel es wert ist, Energie darauf zu verwenden und es zu erreichen, dann machen Sie dieses Ziel zu Ihrer Priorität. Vielleicht müssen Sie letztlich gar nicht viel Energie darauf verwenden, doch Sie müssen unbedingt bereit dazu sein. Suchen Sie die ein oder zwei wichtigsten Dinge aus, die Sie in Ihrem Leben erschaffen könnten, und konzentrieren Sie sich darauf. Fragen Sie sich: »Was ist die eine wichtigste Sache, die ich jetzt in meinem Leben erschaffen könnte?« Dann fangen Sie an, sie zu erschaffen. Sie können haben, was immer Sie glauben haben zu müssen, und Sie können gleich jetzt mit dem Erhalt der Essenz Ihres Wunsches beginnen.

Seien Sie sich bewußt, daß Sie, wenn Sie erst einmal durch Energiearbeit und Magnetisieren mit dem Erschaffen angefangen haben, das bekommen, worum Sie gebeten haben, und das gewöhnlich leichter, als Sie erwarteten. Die meisten Dinge werden durch die für Sie üblichen Kanäle zu Ihnen kommen. Wenn Sie normalerweise Dinge kaufen, dann werden Sie wahrscheinlich auf diesem Wege die von Ihnen magnetisierten Dinge bekommen. Unterschätzen Sie nicht Ihre Energiearbeit, nur weil die Dinge leicht und natürlich eintreffen! Sie könnten versucht sein zu sagen: »Das ging so leicht, das hätte ich auch ohne meine Energiearbeit und das Magnetisieren bekommen.« Ihr Geschick im Magnetisieren wird sich entwickeln, und Sie werden neue Techniken entdecken, so daß es immer leichter werden wird, das zu bekommen, was Sie haben wollen. Nach einer Weile gewinnen Sie vielleicht den Eindruck, eigentlich gar nichts getan zu haben. Gratulieren Sie sich selbst, wenn etwas, das Sie sich wünschten, in Ihr Leben eintritt. Gestehen Sie sich zu, daß Sie es erfolgreich angezogen haben. Seien Sie bereit, alles, was kommt, als Hinweis darauf zu betrachten, daß Ihr Magnetisieren funktioniert. Die Anerkennung eines jeden Erfolgs macht das Erschaffen der Dinge, die Sie als nächstes wollen, noch leichter.

Übungsbogen:

Herausfinden, was Sie wirklich wollen

Hier fassen wir vieles von dem, was Sie bisher gelernt haben, zusammen. Denken Sie an etwas, das Sie sich in Ihrem Leben erschaffen wollen, etwas, das jetzt im Moment in Ihrer Reichweite liegt.

▷ Schreiben Sie so genau wie möglich auf, was Sie sich erschaffen wollen.

▷ Überlegen Sie, ob Sie um etwas noch Besseres bitten können.

▷ Auf welche Absichtsebene müßten Sie sich begeben, um es zu bekommen? (Wieviel Zeit, Energie, Engagement?)

▷ Welcher Qualität hoffen Sie durch den Erhalt dieses Gegenstands, dieser Geldsumme oder Sache Ausdruck geben zu können? (Innerer Friede, Lebendigkeit, Freiheit, Liebe?)

▷ Zählen Sie verschiedene Möglichkeiten auf, wie Sie diese Qualität gleich jetzt erfahren könnten.

▷ Worin besteht die Essenz, die Sie durch diesen Gegenstand oder diese Sache zu erhalten hoffen? Könnte zum Beispiel ein neues Haus Ihren Wunsch nach mehr Raum, mehr Sonne, Privatsphäre oder einer ruhigeren Umgebung repräsentieren?

▷ Gibt es noch andere Möglichkeiten, wie Sie zu dieser Essenz kommen könnten? Welche anderen Dinge würden Ihnen zur Essenz Ihres Wunsches verhelfen?

Sich Klarheit über das, was Sie wollen, zu verschaffen, ist ein mächtiger Aspekt, um etwas in Ihr Leben zu bringen, das Sie wirklich erfüllt und befriedigt. Klarheit macht das Magnetisieren – die Lektion des nächsten Kapitels – wirkungsvoller. Sie werden die Essenz einer gewünschten Sache, die Sache selbst und die damit verbundenen, angestrebten Qualitäten magnetisieren.

Kapitel 4

Magnetisieren, was Sie wirklich wollen

Wenn Sie mit Energie und Magnetismus arbeiten, bevor Sie zur Aktion schreiten, können Sie die von Ihnen gewünschten Gegenstände, Formen, Gelder und Menschen mit größerer Leichtigkeit in Ihr Leben ziehen. Sie erschaffen mit Energie, indem Sie ruhig und entspannt werden und sich dann die mit Ihrem Wunsch verbundenen Gestalten, Symbole und Bilder zu Bewußtsein bringen. Sie magnetisieren diesen Wunsch, indem Sie eine magnetische Kraft erzeugen, die die Dinge zu Ihnen heranzieht.

Sie arbeiten ständig mit Energie und Magnetismus, ohne sich dessen normalerweise bewußt zu sein. Doch Sie können lernen, ganz bewußt mit Energie und Magnetismus umzugehen, um die Kraft Ihrer Gedanken zu verstärken und sich das zu erschaffen, was Sie sich vorstellen. Ein paar Momente Energiearbeit, verbunden mit Magnetismus und einem klaren Gefühl von dem, was Sie wollen, kann größere Resultate erbringen als Stunden harter Arbeit.

Sie senden ständig einen Energiestrom aus. Das damit verbundene Programm kann die Dinge, die Sie sich wünschen, anziehen oder abstoßen. Sie können lernen, Ihre Magnetisierungsfähigkeit zu steigern und so noch anziehender zu werden für das, was Sie wollen. Sie beginnen mit dem Magnetisieren, indem Sie mit Ihrer Energie arbeiten. Lernen Sie sich zu entspannen, zu fokussieren, zu visualisieren und Ihre Imagination einzusetzen.

Das Magnetisieren beinhaltet die Erzeugung eines magnetischen Feldes. Hier soll Ihnen das Bild von einer »magnetischen Spirale« helfen, diesen Magnetismus zu visualisieren und ihn zu »fühlen«. Sie können Geld, kleine oder große Gegenstände und unbestimmtere Dinge wie Qualitäten und Essenz magnetisieren. Sie können auch Menschen anziehen, um mit ihnen eine Arbeitsbeziehung einzugehen, zum Beispiel Arbeitgeber, Angestellte, Verleger, Mechaniker und so weiter. Sie können den Magnetismus aber nicht einsetzen, um eine andere Person zu ändern oder ein Geschehen zu erzwingen, das nicht im Interesse beider Parteien liegt. Der Magnetismus arbeitet nur, um die Dinge anzuziehen, die im besten Interesse aller Beteiligten liegen.

Kreativität, Erfindungsreichtum, das Spielerische und spontane Imagination sind Ihr bestes Handwerkszeug, wenn Sie mit Hilfe von Energie Anziehung erschaffen wollen. Sie werden feststellen, daß sich, wenn Sie die folgenden Magnetisierungsübungen machen, jedesmal andere Gedanken, Gefühle und Ideen einstellen. Manifestierung ist ein dynamischer Zustand, der sich ständig verändert. Die Intensität Ihres Magnetismus und Ihrer Bilder kann von Mal zu Mal wechseln. Benutzen und erweitern Sie Ihre Imaginationsfähigkeit und spielen Sie mit den Bildern und Gefühlen, die auftauchen mögen. Das Gefühl von Magnetismus ist wichtiger als die jeweils einzelnen Schritte. Haben Sie dieses Gefühl einmal erfahren, dann stellen Sie es mit Hilfe einer Visualisierung oder einem Bild, das für Sie taugt, wieder her.

Ich wirke immer anziehender auf Geld, Wohlstand und Fülle.

Um für das, was Sie anstreben, anziehender zu werden, sind ein paar grundlegende Prinzipien zu berücksichtigen. Erstens ist es gut zu wissen, wie Sie das, worum Sie bitten, als Instrument der höheren Qualität, der Sie in Ihrem Leben häufiger Ausdruck geben wollen, einsetzen können. Denken Sie also beim Magnetisieren an die Qualität, die Sie ausstrahlen möchten. Zweitens ist es hilfreich, die Essenz oder Eigenschaften wie auch die spezifische Form der von Ihnen gewünschten Sache zu magnetisieren. Wenn Sie deren spezifische Form nicht kennen, können Sie auch ein sie repräsentierendes Symbol magnetisieren. Symbole sind sehr mächtig, weil sie alle Ihre Gedanken und Überzeugungen von dem, was Sie zu besitzen als möglich erachten, umgehen. Drittens, bitten Sie um das, was Sie bekommen wollen oder sogar um noch mehr. Viertens, lieben Sie das, worum Sie bitten, und haben Sie die feste Absicht, es zu erhalten. Sie möchten positiv an Ihren Wunsch denken, denn hohe, positive Gedanken sind magnetischer als Sorgen, Ängste und Spannungen. Fünftens, glauben Sie, daß Sie das, worum Sie bitten, auch wirklich haben können. Sechstens ist es wichtig, daß Sie das, was Sie herbeirufen, nicht »verzweifelt benötigen«, sondern vielmehr eine gewisse Gelassenheit bewahren. Nehmen Sie die Haltung ein, daß es in Ordnung ist, wenn es nicht eintrifft oder in einer anderen Form als erwartet. Wenn Sie um etwas gebeten haben, dann nehmen Sie das, was kommt, als angemessen und geeignet hin.

Am leichtesten ist es, wenn Sie kleine Gegenstände magnetisieren, die anderen Dingen, die Sie sich schon erschaffen haben, ähneln, sich vielleicht sogar in der gleichen Preislage bewegen. Es empfiehlt sich mit etwas zu beginnen, das Sie Ihrem Gefühl nach erfolgreich erschaffen können. Der Erfolg wird Ihnen Feedback und Vertrauen in die Entwicklung Ihrer Magnetisierungsfähigkeit geben. Wenn Sie mit diesen kleineren Gegenständen üben, dann sehen Sie zu, ob Sie Ihre Fähigkeit, genau das zu bekommen, was Sie wollen, oder sogar noch etwas Besseres, verfeinern können. Spielen Sie damit, wie schnell und leicht Sie etwas anziehen können. Haben Sie an Geschicklichkeit gewonnen, dann können Sie sich an größere, teurere Dinge oder größere Herausforderungen wagen.

Beim Magnetisieren werden Sie an einen bestimmten Punkt gelangen, wo Sie plötzlich spüren, daß die Sache klappt. Es kann sich wie ein »Klicken« anfühlen, oder das Gefühl von sich aufbauender Energie ebbt allmählich ab. Dieses Gefühl ist das Signal dafür, daß Ihr Magnetisierungsprozeß abgeschlossen ist. Sie können den Vorgang nun beenden. Falls kein »Klicken« eintritt und Sie sich dem Erhalt der Sache auch nicht näher gekommen fühlen, dann magnetisieren Sie nochmals, bis dieses innere Gefühl einer Energieverlagerung eintritt.

In Ihnen steckt die Fähigkeit zu wissen, ob und wann Ihr Magnetismus funktioniert. Ein inneres Wissen, das sich mit der Zeit durch Beobachtung und Einfühlung in den Prozeß und durch das Feedback Ihrer Resultate entwickelt. Wenn Sie üben, dann werden Sie manchmal mehrere Male magnetisieren wollen, ein andermal wird einmal ausreichen.

Die meisten von Ihnen setzen zuviel Energie und Kraft ein, um kleine Resultate zu erzielen. Sie können lernen, wie Sie mit wenig Energie große Resultate bewirken. Es gibt ein angemessenes Maß an Energie, um sich zu erschaffen, was immer man will. Wenn Sie zum Beispiel Ihre nächste Mahlzeit anziehen wollen, verbringen Sie normalerweise auch nicht den ganzen Tag damit, daran zu denken und zu arbeiten. Manche von Ihnen setzen viel zu viel von ihrer Vitalkraft ein, um etwas so Einfaches zu erschaffen, wie es etwa eine Mahlzeit ist. Entwikkeln Sie ein Gespür dafür, wieviel Energie Sie brauchen, um das zu bekommen, was Sie wollen, und setzen Sie dann genau dieses Maß an Energie ein und nicht mehr.

Ich erschaffe mir mit Energie das, was ich will. Gute Dinge kommen mir leicht zu.

Wenn Sie zuviel Energie aufwenden, werden Sie sich angestrengt fühlen. Wenn Sie sich ständig dazu ermahnen müssen, an etwas, das Sie wollen, zu denken und zu arbeiten, wenn sich das Magnetisieren wie ein Kampf ausnimmt und Sie ein ungeheures Maß an Energie für ein winziges Resultat aufwenden, dann stoßen Sie zuviel magnetische Intensität aus. Wenn Sie zuviel Kraft einsetzen, dann schwimmen Sie wahrscheinlich gegen den Strom Ihres höheren Weges. Wenn Sie hingegen an etwas denken und es beinahe schon kommen fühlen, dann wenden Sie das richtige Maß an Energie auf. Setzen Sie zu wenig Energie ein, dann wird es gar nicht eintreffen oder sehr lange dauern. Ein Anhaltspunkt dafür, daß Sie zu wenig Energie aufwenden, ist der, daß Ihnen das, was Sie erstreben, sehr fern erscheint, Ihnen eher wie ein reiner Wunschgedanke vorkommt, nicht wie eine Gewißheit.

Wenn Sie etwas anziehen wollen, das mit sehr viel mehr Energie geladen ist, als Sie im Moment haben, dann lernen Sie, sich erst damit in Übereinstimmung zu bringen. Wenn Sie zum Beispiel eine Geldsumme wollen, die bei weitem das übersteigt, was Sie jetzt haben, dann möchten Sie dafür bereit sein. Sie möchten im voraus wissen, wie Sie sie anlegen werden, wozu Sie sie verwenden wollen und wie sie Ihnen in Ihrem Leben helfen wird. Sie stellen sich Ihr Gefühl vor, wenn Sie sie erhalten, und räumen alle Besorgnisse aus, die sich noch mit dem Erhalt dieser Summe verbinden.

Wenn Sie etwas magnetisieren wollen, das von seinem energetischen Umfang her sehr viel größer oder stärker ist als das, was Sie jetzt haben, dann ziehen Sie sich erst einmal versuchsweise diese Energie über und probieren sie spielerisch an. Stellen Sie sich vor, daß Sie es schon haben und schauen Sie, wie sich Ihr Leben dadurch verändert. Sie können lernen, sich mit Dingen in Übereinstimmung zu bringen und mit ihnen vertraut zu machen, noch bevor Sie sie haben, was Sie für sie magnetischer werden läßt.

Um sich mit etwas ungewohnt Umfangreichem in Übereinstimmung zu bringen, können Sie sich den Inhalt Ihrer Bitte sozusagen überziehen. Wollen Sie eine weitaus größere Geldsumme haben als die, über die Sie gegenwärtig verfügen, dann probieren Sie aus, wie Ihnen eine sogar noch größere Summe »paßt«. Versuchen Sie es mit immer größeren Summen. Sie werden feststellen, daß sich mit den zunehmenden Beträgen auch Ihre Gefühle und Gedanken ändern. Vielleicht verursachen Ihnen einige Beträge ein stimmiges, noch höhere Summen aber ein leicht unbehagliches Gefühl. Wenn Sie größere Summen »anprobieren«, merken Sie vielleicht, daß sich ein geringerer Betrag, der Ihnen zunächst Unbehagen bereitete, nun sehr viel passender anfühlt. Magnetisieren Sie nur das, womit Sie sich wohl fühlen und das zu bekommen Sie für möglich halten.

Je wohler Sie sich auf der Energieebene mit Geld oder irgend etwas anderem vor dem Magnetisieren fühlen, desto leichter wird es Ihnen zukommen. Achten Sie sehr genau darauf, wie sich Ihre Gedanken zu Ihrer eigenen Person, Ihre Gefühle und Ihr Lebensstil verändern könnten. Dadurch stoßen Sie unter Umständen auf verborgene Ängste wie etwa: »Wenn ich das habe, bedeutet das zuviel Verantwortung; dann muß ich mir mehr Sorgen um Steuern und Buchhaltung machen; die Leute werden hinter meinem Geld her sein«, und so weiter. Wenn Sie sich mit diesen Zweifeln oder Sorgen befassen und sie ausräumen, verstärken Sie Ihren Magnetismus für das, was Sie haben wollen.

Zu Beginn werden Ihre Ergebnisse möglicherweise weniger beständig und zeitlich unkontrollierbarer sein, als Ihnen lieb ist. Mit der Zeit und zunehmender Übung werden Sie aber die Schritte ganz automatisch vollziehen, und der Aufwand an Magnetisierungsarbeit wird sich mit jedem Mal verringern. Machen Sie diese Übungen nur so lange, wie Sie Spaß daran haben und Sie sie interessant finden. Magnetisieren Sie das, was Sie haben wollen, ein paar Minuten oder eine halbe Stunde und so häufig, wie es Ihnen gefällt. Haben Sie eine Ebene des Magnetismus gemeistert, müssen Sie vielleicht noch ein bißchen arbeiten, um auf Ihrer nächsten Ebene Resultate zu produzieren und Dinge anzuziehen, die Sie nur schwer als für Sie möglich akzeptieren können.

Wenn Sie das Manifestieren einer ganz bestimmten Art von Dingen erst einmal beherrschen, brauchen Sie künftig normalerweise nur noch daran zu denken, um sie zu erschaffen. Falls Sie bereits mit Leichtigkeit manifestieren können und der Fluß dann plötzlich stoppt oder schwächer wird oder das Anziehen zuviel Arbeit erfordert, dann ist es möglicherweise an der Zeit, den Weg, den Sie gehen, genau zu überprüfen. Achten Sie genau auf irgendwelche leisen Verweise in neue Richtungen, die sich auftun.

Sanaya und Duane: Sie können diese Übungen allein, mit Ihrem Partner oder Ihrer Partnerin oder mit einer Gruppe von Menschen machen. Wenn Sie allein üben, möchten Sie vielleicht die Anweisungen, die Sie Schritt für Schritt in den Magnetisierungsprozeß einführen, auf Tonband aufnehmen. Haben Sie einen Partner, könnten er oder sie die Anweisungen vorlesen. Arbeiten Sie in der Gruppe, könnte ein Gruppenmitglied das Vorlesen der Anweisungen übernehmen. Sollten Sie die Entspannungsübung in Kapitel 1 übergangen haben, dann überzeugen Sie sich zunächst davon, daß Sie, wenn Sie mit den folgenden Übungen arbeiten, entspannt, fokussiert und innerlich ruhig sind. Vielleicht möchten Sie Ihre Bitten auch aufschreiben. Und seien Sie bereit, es auch wahrzunehmen, wenn sie erfüllt werden.

Übung

Allgemeines Magnetisieren

Mit dieser Übung können Sie lernen, wie Sie etwas, das Sie sich wünschen, mit Hilfe von Energie und Magnetismus anziehen. Dabei kann es sich um einen kleinen oder großen Gegenstand handeln, eine Geldsumme oder um die Essenz dessen, was Sie haben wollen.

Vorbereitung

Wählen Sie etwas aus, das Sie haben möchten. Wichtig ist, daß Sie für möglich halten, es zu bekommen, positiv daran denken und die feste Absicht haben, es zu erhalten. Seien Sie in bezug auf die höhere Qualität, zu der Sie dadurch gelangen, möglichst genau und stellen Sie sie sich beim Magnetisieren vor. Des weiteren wollen Sie die damit verbundene Essenz, die spezifische Form des Gegenstandes oder die Geldsumme, wenn sie

Ihnen bekannt ist, magnetisieren. Geben Sie Ihrer Imagination größeren Raum und schauen Sie, ob Sie sogar um noch mehr bitten können. Falls Ihnen die konkrete Form unbekannt ist, können Sie statt ihrer ein Symbol magnetisieren. Nehmen Sie sich nun einen Moment Zeit und denken Sie an Ihren Wunsch. Vielleicht möchten Sie den Übungsbogen aus Kapitel 3 heranziehen, um sich über das, was Sie haben wollen, größtmögliche Klarheit zu verschaffen.

Suchen Sie sich eine Zeit und einen Ort, wo Sie sich ungestört entspannen und ein paar Minuten nachdenken können. Entspannen Sie sich und bereiten Sie sich vor wie in der Entspannungsübung in Kapitel 1 angegeben. Denken Sie daran, daß das Wichtigste bei allem das Gefühl von Magnetismus ist. Wir benutzen das Bild einer Spirale, weil es sich als wirksamstes Hilfsmittel erwiesen hat, zu einem »Gefühl von Magnetismus« zu kommen. Haben Sie diesen Gefühlszustand erreicht, dann verwenden Sie in Zukunft das Bild oder den Gedanken, der Ihnen persönlich hilft, dieses Gefühl wiederherzustellen. Diese Übung bedient sich Ihrer Imaginationsfähigkeit. Hier gibt es keinen »richtigen« oder »falschen« Weg. Sie erzielen die besten Resultate, indem Sie mit Empfindungen und Bildern spielen und beim Magnetisieren kreativ und erfinderisch sind.

Schritte

▷ Denken Sie an das, was zu magnetisieren Sie beschlossen haben. Stellen Sie sich die Sache in allen und möglichst genauen Details vor, sofern sie Ihnen bekannt sind, sowie die damit verbundenen erwünschten Funktionen und Eigenschaften – die Essenz.

▷ Visualisieren oder erspüren Sie das, was Sie haben wollen, und machen Sie sich ein so konkretes Bild wie möglich. Malen Sie sich eine Szene aus, in der Sie diese Sache bekommen. Leben Sie die guten Gefühle aus, die Sie dabei haben. Schmücken Sie Ihre Visualisierung aus, wie in der Entspannungsübung in Kapitel 1 beschrieben. Wenn Sie nicht visualisieren können, dann stellen Sie sich so intensiv wie möglich das Gefühl vor, das der Erhalt der Sache in Ihnen auslöst. Oder wählen Sie ein den Gegenstand oder die Sache repräsentierendes Symbol und arbeiten Sie damit. Nützen Sie jedesmal dasselbe Bild oder Symbol, wenn Sie den von Ihnen gewählten Gegenstand magnetisieren oder an ihn denken.

▷ Stellen Sie sich vor, daß Sie in Ihrem Innern eine Energie erzeugende Kraftquelle besitzen. Stellen Sie sich dann eine Spirale vor. Diese Spirale nimmt im Innern Ihres Körpers nahe des Solarplexus ihren Anfang und dehnt sich nach außen und nach oben hin aus. Lassen Sie nun Kraft aus Ihrer Quelle aufsteigen und die Energie durch Ihre Spirale kreisen. Viele Menschen stellen sich vor, daß diese Kraft aus ihrem Höheren Selbst oder ihrer Seele oder von einer höheren Macht kommt, die man den Universellen Geist, Gott oder Alles-was-Ist nennen könnte. Benutzen Sie als Kraftquelle, was immer sich für Sie richtig anfühlt. Und Sie können sich vorstellen, daß sich Ihre magnetische Spirale in die Richtung erstreckt, die für Sie die stimmigste ist.

▷ Lassen Sie nun, während Sie an das, was Sie magnetisieren wollen, denken, Ihre Spirale so groß werden, wie Sie Ihrer Meinung nach sein muß, um das, was Sie haben wollen, anzuziehen. Muß sie so groß sein wie Ihr Körper oder kleiner oder größer? Wieviel Energie müssen Sie durch die Spirale schicken, um das, was Sie haben wollen, anzuziehen? Bedienen Sie sich Ihrer Imagination und spielen Sie mit der Größe, Form und Intensität der Spirale, bis sie sich richtig *anfühlt*. Während dieses Vorgangs erzeugen Sie allmählich ein magnetisches Kraftfeld um sich herum und ziehen das, was Sie haben wollen, magnetisch an, vergleichbar einem Magnet, der Eisen anzieht.

▷ Bestimmen Sie während dieses Anziehungsprozesses, an welcher Stelle Sie das, was Sie haben wollen, in Ihre Energie einfließen lassen. Das kann eine bestimmte Stelle in Ihrem Körper sein. Vielleicht stellen Sie sich eine Schnur vor, die von Ihrem Herzen, Ihrer Kehle oder Ihrem Geist ausgeht, sich mit dem, was Sie haben wollen, verbindet und es zu Ihnen heranzieht. Vielleicht soll es auch in Ihre Hände fallen. Oder Sie fühlen sich wohler, wenn es sich um Sie herum verteilt. Eine große Geldsumme zum Beispiel berührt unter Umständen viele Ihrer Lebensbereiche. Von daher mag Ihnen die Vorstellung von einer Verteilung um Sie herum besser gefallen als die von einer ganz bestimmten Stelle.

▷ Stellen Sie sich, während sich Ihre Spirale aufbaut, vor, welche Ereignisse eintreten müssen, bevor Sie die erwünschte Sache erhalten. Es gibt eine bestimmte Anzahl von Schritten, die Sie unternehmen, und Ereignisse, die eintreten werden, bevor Sie das, was Sie haben wollen, bekommen. Sie haben die Kontrolle über die Geschwindigkeit, mit der sich diese Geschehnisse und Schritte ereignen, seien es 1, 2 oder 50 am Tag. Fangen Sie nun an, mit diesem Zeitelement zu arbeiten und entwickeln Sie ein Gefühl oder ein Bild, wie viele Schritte und Ereignisse involviert sind. Versuchen Sie die Geschwindigkeit der von Ihnen unternommenen Schritte und der eintretenden Ereignisse zu erhöhen oder zu verlangsamen, bis sich die Geschwindigkeit richtig anfühlt. Wenn Sie etwas zu schnell anziehen, werden Sie ein Gefühl von Spannung oder Druck verspüren. Es gibt eine Veränderungsgeschwindigkeit, die für Sie die genau richtige ist.

▷ Achten Sie auf Ihre Körperhaltung und Ihren Atem und denken Sie daran, daß Sie Ihr Gefühl, magnetisch zu sein, unter Umständen verstärken können, wenn Sie beides leicht verändern.

▷ Arbeiten Sie weiter an Ihrer magetischen Spirale, bis Sie einen Punkt erreichen, der sich wie die Vervollständigung von Energie anfühlt. Sie spüren vielleicht ein »Klicken« oder ein

Stoppen, oder die Energie sinkt allmählich ab. Sie können ein Gefühl von Gewißheit haben, daß Sie das, was sie magnetisieren, bekommen. Hören Sie mit dem Magnetisieren auf, wenn Sie diese Gewißheit spüren. Sie werden feststellen, daß sich die Energie aufbaut, einen Gipfelpunkt erlangt und dann allmählich abfällt. Bauen Sie Ihre magnetische Spirale auf und magnetisieren Sie so lange, wie Sie sich dabei wohl fühlen. Wenn der Prozeß in Kampf oder Anstrengung ausartet oder Sie an eine Barriere zu stoßen scheinen, dann hören Sie auf; Sie haben genug getan. Finden Sie das richtige Maß an Energie heraus, das Sie aufwenden müssen, um das, was Sie haben wollen, anzuziehen.

▷ Wenden Sie sich nun nach innen und fragen Sie Ihr Höheres Selbst, wie oft Sie das, worum Sie gebeten haben, magnetisieren sollen.

▷ Kommen Sie sachte aus diesem Zustand zurück und strekken Sie sich. Achten Sie in den nächsten Tagen darauf, ob Ihnen Einsichten über den erwünschten Gegenstand und darüber, wie Sie ihn erhalten können, kommen.

Bemerkung

Machen Sie diese Übung, bis Sie die Spirale und die Energie, die Sie aussenden, fühlen, visualisieren, spüren, vor sich sehen oder erleben können. Wenn Sie fühlen können, wie sich die Energie aufbaut und dann zurückzieht, oder wenn Sie ein Klikken spüren oder das Gefühl von Vollendung haben oder ein Gefühl, daß sich die aufgebaute Energie zurückzieht, dann haben Sie mit dem Anziehungsprozeß begonnen. Wenn Sie mit dem Magnetisieren eines kleinen Gegenstandes zufrieden sind, dann versuchen Sie sich mit dieser Magnetisierungsübung an etwas, das eine größere Herausforderung für Sie darstellt. Manchmal wird Ihre Spirale klein und das Maß an zirkulierender Energie gering sein; manchmal brauchen Sie eine größere

Spirale und mehr Energie. Manchmal werden Sie wenigstens eine Minute oder noch länger magnetisieren wollen, und manchmal reichen ein paar Sekunden. Vergessen Sie nicht, in positiver Weise an Ihre Bitte zu denken und in bezug auf den Erhalt eine gewisse losgelöste Haltung einzunehmen. Seien Sie zufrieden, wenn die Dinge in anderer Form eintreffen, als Sie es erwartet haben. Nehmen Sie das, was kommt, als für Sie angemessen und richtig hin.

Übung

Das Anziehen einer Ihnen noch unbekannten Person

Diese Magnetisierungsübung wenden Sie an, um eine Ihnen bisher noch unbekannte Person anzuziehen. Sie eignet sich am besten für potentielle Arbeitgeber, Angestellte, Handwerker und andere, mit denen Sie eine Arbeitsbeziehung eingehen wollen. (Die Übung dient nicht dazu, Seelengefährten oder intime Beziehungen anzuziehen.)

Vorbereitung

Suchen Sie sich eine Zeit und einen Ort, wo Sie sich ungestört entspannen und ein paar Minuten nachdenken können. Entspannen Sie sich und bereiten Sie sich vor wie in der Entspannungsübung in Kapitel 1 angegeben.

Schritte

▷ Denken Sie über die Person nach, die Sie anziehen wollen. Denken Sie über all die Eigenschaften nach, über die diese Person idealerweise verfügen soll, oder zählen Sie sie auf.

Lassen Sie nichts aus. Welche Einstellungen hat diese Person? Welche Fertigkeiten und Kenntnisse? Wie wird Ihre Beziehung aussehen? Seien Sie so umfassend und so genau wie möglich.

▷ Erschaffen Sie sich nun eine Szene, in der Sie mit dieser Person interagieren, oder stellen Sie sich die positiven Gefühle vor, die Sie für diese Person hegen.

▷ Stellen Sie sich vor, daß Sie eine energieerzeugende Kraftquelle in Ihrer Herzgegend haben. Stellen Sie sich dann eine Spirale vor. Sie nimmt in Ihrem Körperinnern nahe des Herzens ihren Anfang und erstreckt sich nach außen und nach oben. Beginnen Sie damit, Kraft und Energie durch die Spirale zirkulieren zu lassen, die Sie aus Ihrer Kraftquelle beziehen. Lassen Sie sich die Spirale in die Richtung entwickeln, die für Sie die stimmigste ist.

▷ Lösen Sie sich, während Sie nun die Kraft und Energie durch Ihre Spirale zirkulieren lassen, von jedem Gefühl der Bedürftigkeit und Dringlichkeit. Sie können zwar aus diesem Gefühl heraus magnetisieren, doch schmälert es stark Ihre Wirksamkeit. Nehmen Sie eine losgelöste Haltung ein und gehen Sie davon aus, daß die für Sie beste Person zu Ihnen kommen wird. Seien Sie sich klar darüber, daß Sie niemanden dazu zwingen können, etwas gegen seinen oder ihren Willen zu tun, und daß Sie nur dann jemanden anziehen können, wenn es Ihrer beider höchstem Wohl dient.

▷ Denken Sie nun, während Sie Ihre Spirale mit Energie aufladen und von Ihrem Herzen aussenden, an die Person, die Sie beschrieben haben. Stellen Sie sich vor, daß Sie mit ihr telepathisch Kontakt aufnehmen. Und stellen Sie sich vor, während Sie nun diesen Kontakt aufnehmen, daß Sie in der Lage sind, mit der Seele dieser idealen Person zu kommunizieren. Bei diesem Austausch bringen Sie dieser Person geistig Ihre Wertschätzung für all das Gute, das sie in Ihr Leben bringen wird, entgegen. Sagen Sie ihr telepathisch, wie Sie Ihrerseits Gutes in ihr Leben einbringen werden.

▷ Lassen Sie Ihre Spirale, während Sie Energie durch sie schicken, so groß wie nötig werden, und senden Sie auch Liebe. Sie senden ein Willkommen, ein einladendes Gefühl. Je mehr Liebe Sie schicken, desto magnetischer werden Sie. Stellen Sie sich vor, daß Sie in die Seele dieser Person blicken oder vielleicht auch nur ihre Augen sehen. Fühlen Sie den Magnetismus, den Sie durch die Verbindung ihrer beider Herzen erzeugen. Bitten Sie darum, daß in dieser Verbindung für Sie beide das höchste Wohl erschaffen wird.

▷ Fühlen Sie nun, wie diese Person in Ihr Energiefeld gelangt, so als käme sie aus einem Traum und träte in Ihre Realität ein, bis Sie sie fast vor sich spüren können. Danken Sie dieser Person im voraus für ihren Beistand.

▷ Achten Sie auf Ihre Körperhaltung und Ihren Atem und denken Sie daran, daß Sie Ihr Gefühl von Magnetismus unter Umständen verstärken können, wenn Sie beides leicht verändern.

▷ Magnetisieren Sie weiter, schicken Sie Liebe und ziehen Sie diese Person weiter an, bis Sie eine Vollendung oder ein Klikken spüren. Manchmal bekommen Sie sofort ein Gefühl von Verbindung, so als sei die Person schon da. Ein andermal haben Sie vielleicht das Gefühl, in eine Leere hineinzugreifen. In diesem Fall schauen Sie sich noch mal an, mit wem Sie Ihrer Ansicht nach Verbindung aufnehmen wollen. Es könnte sein, daß Ihr »Timing« nicht stimmt oder Sie die Dinge noch einmal gründlicher überdenken müssen. Normalerweise gibt es ein ziemlich starkes, erkennbares Klicken, wenn Sie mit der Person, die Sie suchen, eine Verbindung hergestellt haben.

▷ Wenden Sie sich nun nach innen und fragen Sie Ihr Höheres Selbst, wie oft Sie die Magnetisierungsübung zur Anziehung dieser Person wiederholen sollen.

▷ Kommen Sie sacht aus diesem Zustand heraus und strecken Sie sich. Achten Sie in den nächsten Tagen auf irgendwelche Einsichten in bezug auf diese Person und wie Sie Kontakt mit ihr aufnehmen könnten.

Bewertung

Unter Umständen bedarf es einiger Übung, um die genau richtige Person anzuziehen, wie auch die Bereitschaft daran zu glauben, daß Sie es verdienen, daß andere Ihnen Dienste erweisen. Machen Sie diese Übung, bis Sie die Spirale und die Energie, die Sie ausschicken, fühlen, visualisieren, spüren, sich vorstellen oder erleben können. Wenn Sie fühlen können, wie sich die Energie aufbaut und dann zurückzieht, oder wenn Sie eine Vollendung oder ein Klicken spüren, dann haben Sie eine Verbindung hergestellt und mit dem Anziehungsprozeß begonnen.

Eine Frau arbeitete mit dieser Übung zur Anziehung einer Person, die ihr bei Besorgungen und der Hausarbeit helfen sollte, zog aber ständig Menschen an, die wünschten, daß sie sich um sie kümmerte statt umgekehrt. Ihr wurde klar, daß sie es nicht zu verdienen glaubte, daß andere Dienstleistungen für sie übernahmen. Sie ging daran, diese Überzeugung zu verändern, und arbeitete mit der Affirmation, daß sie eine wunderbare Hilfe verdiente. Bald zog sie eine für den Job perfekte Frau an, die immer noch bei ihr ist. Denken Sie daran, daß die Menschen, die Sie anziehen, Ihr Spiegel sind. Wenn Sie stets zu müde sind, Ihren höheren Weg zu achten und zu ehren, dann könnten Sie Leute anziehen, die zu müde sind, gute Arbeit für Sie zu leisten. Vielleicht bemerken Sie ein Muster in den Leuten, die Sie anziehen. Wenn Sie zum Beispiel oft Handwerker anziehen, die Sie respektlos behandeln, dann behandeln Sie sich vielleicht selber nicht mit genügend Respekt und bekommen von ihnen nur den Spiegel vorgehalten. Ändern Sie dieses Muster und bedienen Sie sich dann wieder dieser Übung, um die Person anzuziehen, mit der Sie in Verbindung treten möchten.

Übung

Das Anziehen einer Anzahl von Menschen

Diese Magnetisierungsübung können Sie einsetzen, um Kunden für Ihr Geschäft anzuziehen oder Menschen, die Sie für ein Projekt interessieren wollen oder denen Sie auf irgendeine Weise dienen oder behilflich sein können.

Vorbereitung

Suchen Sie sich eine Zeit und einen Ort, wo Sie ein paar Minuten ungestört entspannen und nachdenken können. Entspannen Sie sich und bereiten Sie sich vor wie in der Entspannungsübung in Kapitel 1. Da diese Übung auf Fähigkeiten und Vorstellungen aufbaut, die in den beiden vorangegangenen Übungen entwickelt wurden, sollten Sie diese Übung erst angehen, wenn Sie die beiden anderen abgeschlossen haben.

Schritte

▷ Denken Sie an die Menschen, die Sie anziehen wollen. Denken Sie an alle Qualitäten, über die diese Menschen verfügen, oder zählen Sie sie auf. Welche Interessen haben sie? Wie können Sie ihnen dienlich sein? Was für ein Gefühl haben Sie, wenn Sie an sie denken? Wie wird Ihre Beziehung zu ihnen aussehen? Seien Sie so umfassend und so genau wie möglich.

▷ Erschaffen Sie sich nun eine Szene, in der Sie mit diesen Menschen Umgang pflegen oder in der Sie die positiven Gefühle, die Sie mit ihnen verbinden, ausleben.

▷ Bauen Sie Ihre Spirale vom Herzen aus auf. Machen Sie sie erst so groß wie Ihren Körper, dann so groß, wie es Ihnen stimmig erscheint. Stellen Sie sich vor, wie Sie von Ihrem Herzen einen Ruf ausschicken an all die Seelen dieser Menschen, denen Sie möglicherweise mit Ihrer Arbeit beistehen können. Fühlen Sie, wie Sie mit dem, was Sie ihnen anbieten, einen Beitrag zu ihrem Leben leisten können. (Wenn Sie zum Beispiel ein Produkt verkaufen, dann sagen Sie ihnen auf geistigem Wege, wie Ihr Produkt zur Verbesserung ihres Lebens beitragen kann.) Indem Sie sich darauf konzentrieren, Menschen zu dienen oder beizustehen, sind Sie sehr magnetisch. Bitten Sie um Menschen, die Ihre Arbeit wertschätzen und achten, denn es ist besser, eine Person anzuziehen, die Ihre Arbeit achtet, als drei Personen, die sie nicht achten. Konzentrieren Sie sich nicht auf das, was die Leute Ihnen geben können oder was Sie von ihnen wollen, denn dann sind Sie nicht magnetisch. Achten Sie darauf, wie das, was Sie diesen Menschen anbieten, ihrem höheren Wohl dienen wird und magnetisieren Sie diesen Gedanken.

▷ Lösen Sie sich, während Sie nun die Kraft und Energie durch Ihre Spirale zirkulieren lassen, von allem Gefühl der Bedürftigkeit und Dringlichkeit. Nehmen Sie eine losgelöste Haltung ein und lassen Sie sich darauf ein, kommen zu lassen, wer auch immer von Ihrer Arbeit Nutzen hat und durch sie angezogen wird. Seien Sie sich bewußt, daß Sie niemanden dazu zwingen können, etwas gegen seinen oder ihren Willen zu tun, und daß Sie nur Menschen anziehen können, wenn es dem höheren Wohl aller Beteiligten dient.

▷ Denken Sie, während Sie die Spirale mit Energie aufladen und von Ihrem Herzen ausschicken, an all die Menschen, die

Sie beschrieben haben. Danken Sie diesen Menschen im voraus für die Gelegenheit, ihnen zu dienen. Stellen Sie sich nun vor, während Sie immer mehr Energie durch Ihre Spirale schicken und sie größer und größer werden lassen, daß sie nun die ganze Stadt, den Staat, das ganze Land oder die ganze Welt erreicht.

▷ Stellen Sie sich vor, daß die Leute, wenn sie jetzt mit Ihnen Kontakt aufnehmen, wie Glühlämpchen aufleuchten. Sehen Sie Hunderte, dann Tausende von Lichtern, die um Sie herum aufflammen. Stellen Sie sich vor, daß sich zwischen Ihnen und den Menschen, die Sie erreichen werden, Lichtbahnen hin und her bewegen. Was für ein Gefühl haben Sie dabei? Machen Sie Ihre Vision so konkret und seien Sie so erfinderisch wie möglich. Wenn Sie zum Beispiel Menschen anziehen, die Sie mit Ihrer Arbeit erreichen wollen, dann stellen Sie sich Ihr Gefühl vor, wenn Sie pro Woche 10 neue Menschen erreichen.

▷ Stellen Sie sich weiter vor, wie Sie mehr und mehr Menschen erreichen. Stellen Sie sich 50, 100 oder noch mehr neue Menschen pro Woche vor, die sich auf Ihre Arbeit einstimmen und denen dadurch auf irgendeine Weise geholfen wird.

▷ Fühlen Sie nun, während Sie mit mehr und mehr Menschen Verbindung aufnehmen, die Veränderungen, die sich dadurch für Ihr Leben ergeben. Richten Sie Ihre geistigen Bilder auf die Einbeziehung dieser zunehmenden Anzahl von Menschen aus. Wenn Sie sich damit zunächst nicht wohl fühlen, dann stellen Sie sich diese Verbindung in verschiedenen Variationen vor, bis Sie ein Gefühl von Stimmigkeit haben. Je leichter Ihnen die Vorstellung fällt, desto leichter können Sie sie zur Realität werden lassen. Bitten Sie um die Art von Lebensführung, die Unternehmensstrukturen und die Hilfe, die Sie brauchen, um mit so vielen Menschen, die sich mit Ihrer Arbeit verbinden, umgehen zu können.

▷ Achten Sie auf Ihre Körperhaltung und Ihren Atem und denken Sie daran, daß Sie Ihr Gefühl von Magnetismus unter Umständen verstärken können, wenn Sie beides leicht verändern.

▷ Hören Sie auf der Ebene auf, die für Sie am befriedigendsten ist. Seien Sie sich bewußt, daß Sie auf jeder Ebene über die richtige Struktur verfügen, um die Verbindung mit dieser Anzahl von Menschen für Sie akzeptabel und erfreulich zu gestalten.

▷ Wenden Sie sich nun nach innen und fragen Sie Ihr Höheres Selbst, wie oft Sie diese Übung wiederholen sollen.

▷ Kommen Sie sacht aus diesem Zustand heraus und strecken Sie sich. Achten Sie in den nächsten Tagen auf irgendwelche Eingebungen im Zusammenhang mit diesen Menschen und wie Sie mit ihnen Kontakt aufnehmen könnten.

Bewertung

Achten Sie darauf, welche Anzahl von Menschen Sie zu erreichen vermochten, bevor Sie sich keine weiteren Verbindungen mehr vorstellen konnten. Visualisieren Sie dann eine etwas geringere Anzahl von Menschen und lassen Sie ein so freudiges, leichtes und unbeschwertes Gefühl wie möglich aufkommen. Gehen Sie, wenn Sie bereit dazu sind, zu einer größeren Anzahl über. Wenn Sie lernen, sich mit einer großen Anzahl von Menschen wohl zu fühlen, werden Sie sich energetisch soweit verändern, daß Sie diese Menschen in Ihr Leben ziehen können.

Übung

Das Magnetisieren in der Gruppe

Eine der machtvollsten Magnetisierungstechniken besteht darin, daß Sie sich zu einer Gruppe versammeln und jeder der anwesenden Personen Energie schicken, damit sie sich das, worum sie bittet, erschaffen kann. Die Energie einer Gruppe steigert um ein Vielfaches die Fähigkeit, Geld, Gegenstände, Ereignisse und Formen zu erschaffen. Der gemeinsame Gedanke einer Gruppe kann diesen sehr viel wirkungsvoller zur Realität werden lassen als eine Einzelperson.

Vorbereitung

Die Übung kann überall durchgeführt werden, auch an einem öffentlichen Ort wie etwa in einem Restaurant. Wählen Sie, bevor Sie beginnen, jemanden aus, die oder der die Übung leitet. Diese Person übernimmt es, den Kreis in Gang zu halten und den einzelnen Teilnehmern behilflich zu sein, sich über ihre Bitte klarzuwerden.

Schritte

▷ Der oder die Gruppenleiter/in erklärt den Teilnehmern folgende Prozedur: Jede Person bittet nur jeweils um eine Sache. Die Gruppe magnetisiert dann diese Bitte. Je nach verfügbarer Zeit können anschließend noch Kommentare abgegeben werden.

▷ Der oder die Gruppenleiter/in bittet alle Beteiligten, einen Moment ruhig zu werden und sich zu überlegen, um was sie jeweils bitten wollen. Wenn alle bereit sind, bestimmt der oder die Gruppenleiter/in eine Person, die den Anfang macht.

▷ Der Reihe nach erklärt nun jede Person, wofür sie die Hilfe der Gruppe beim Magnetisieren erbittet. Der oder die Gruppenleiter/in unterstützt sie darin, sich mit größtmöglicher Klarheit zu äußern, und sorgt zugleich dafür, daß die Dinge im Fluß bleiben. Das beste Resultat wird erzielt, wenn um etwas ganz Bestimmtes gebeten wird und die betreffende Person es auch für möglich hält, daß sie es bekommt. Bittet jemand zum Beispiel um Geld, so sollte er oder sie eine sehr genaue Vorstellung davon haben, etwa, welche Summe pro Monat gewünscht wird. Wird die Bitte vage gehalten, wird beispielsweise einfach um Glück gebeten, dann kann der oder die Gruppenleiter/in nachfragen, worin für die betreffende Person das Glück besteht. Das wird ihr auch helfen, das Glück zu erkennen, wenn es eintrifft. Läßt sich die Bitte schwer visualisieren, oder weiß eine Person nicht genau, was sie will, dann kann sie vielleicht ein Symbol dafür finden, auf das sich dann die ganze Gruppe konzentriert. Der oder die Gruppenleiter/in unterstützt jede Person darin, sich knapp und konzentriert zu äußern. Spricht jemand zu lange, kann das die Gruppenenergie zerstreuen.

▷ Nachdem jemand seine Bitte geäußert hat, schließen alle die Augen und schicken der betreffenden Person Energie. Diese richtet in diesem Moment vielleicht ihre Gedanken und Gefühle darauf, wie sie mit dem gewünschten Gegenstand, der Geldsumme oder um was immer es geht, zu ihrem und dem höheren Wohl anderer beitragen kann. Ebenso auf die Essenz der erwünschten Sache und die damit verbundene höhere Qualität wie etwa Liebe, innerer Friede, Lebendigkeit und Freude.

▷ Es gibt unendlich viele Möglichkeiten, jemandem Energie zu schicken. Bedienen Sie sich Ihrer Imagination und tun Sie, was sich für Sie richtig anfühlt. Seien Sie in Ihren Bildern und Vorstellungen spielerisch und phantasievoll. Macht die Gruppe diese Übung zum ersten Mal, dann könnte der oder die Gruppenleiter/in ihr erklären, daß der Empfang von Energie nicht mehr als einen Augenblick benötigt. Der oder die Gruppenleiter/in lenkt die gesendete Energie in die richtigen Bahnen. Sie werden wahrscheinlich fühlen, wie die Energie einen Gipfelpunkt erreicht und dann absinkt. Dies geschieht im allgemeinen innerhalb von 3–5 Sekunden. Sinkt die Energie ab, beendet der oder die Gruppenleiter/in den Vorgang, vielleicht mit einem »Danke«.

▷ Oft sind die Menschen, nachdem sie jemandem Energie geschickt haben, so begeistert, daß sie gerne über ihre Erfahrungen sprechen wollen. Wenn Zeit dazu ist, können Sie vielleicht jedesmal, nachdem jemandem Energie geschickt wurde, eine kurze Gelegenheit zum Austausch von Erfahrungen und Einsichten einräumen. Das kann auch stattfinden, nachdem die Bitten aller Beteiligten magnetisiert worden sind. Der oder die Gruppenleiter/in überwacht die Zeit fürs Feedback, um sicherzustellen, daß die Energieebene nicht abfällt und die Dinge im Fluß bleiben.

▷ Ist die Bitte einer Person samt Magnetisierungsprozeß abgeschlossen, fordert der oder die Gruppenleiter/in die nächste Person zum Sprechen auf. Sie können die Runde und das Magnetisieren der Bitten so oft wiederholen, wie Sie wollen. Wird die Runde von neuem gemacht, dann stellt der oder die Gruppenleiter/in sicher, daß die Energieebene nach wie vor hoch ist.

Bewertung

Nach Beendigung der Gruppensitzung zum Manifestieren werden Sie eine Menge Energie erzeugt haben. Vielleicht wollen Sie diese Energie der Menschheit, der Welt der Tiere, Pflanzen und Minerale oder dem Universum anbieten. Sitzen Sie einfach still da und stellen Sie sich vor, wie Sie die von Ihnen erzeugte überschüssige Energie zum Wohle aller dieser Welten verteilen. Je mehr Energie Sie ausschicken, desto mehr kommt zu Ihnen zurück.

Teil 2

Meisterschaft entwickeln

Kapitel 5
Ihrer inneren Führung folgen

Lernen Sie, Ihrer inneren Führung zu folgen. Nachdem Sie nun mit Energie gearbeitet, und das, was Sie haben wollen, magnetisiert haben, wird Sie Ihre innere Führung auf die schnellste und einfachste Weise dorthin dirigieren. Wenn Sie auf Ihre Führung hören und danach handeln, dann folgen Sie Ihrem natürlichen Energiefluß. Ein müheloser freier Fluß, der Sie zu all den Dingen führt, um die Sie gebeten haben. Diese innere Führung entspringt Ihrem höheren Selbst und spricht zu Ihnen in Form von Gefühlen, Eingebungen und innerem Wissen. Ihre Informationen stammen aus anderen Quellen als die, die Sie mit den physischen Sinnen wahrnehmen können. Wenn Sie innerlich ruhig werden und auf Ihre Gedanken und Gefühle lauschen, können Sie sich in ein sehr viel größeres Informationsfeld einklinken, als gewöhnlicherweise für verfügbar gehalten wird.

Während sich Ihre Gedanken über das, was Sie sich wünschen und erbitten, ins Universum hinaus bewegen, überblickt Ihr Höheres Selbst vergangene, gegenwärtige und künftige Ereignisse. Es überprüft die zu erschaffenden nötigen Verbindungen und Umstände, damit Sie das, worum Sie gebeten haben, erhalten können. Es fängt an, bestimmte Menschen, Gelegenheiten und Ereignisse zu Ihnen heranzuziehen. Es erschafft für Sie die Möglichkeiten der Begegnung mit Menschen, die Ihnen helfen könnten und ihrerseits davon profitieren, wenn sie Sie kennenlernen, denn das Universum arbeitet für das höhere Wohl aller. Ihre Gefühle werden Ihnen signalisieren, welche Aktionen Sie unternehmen sollen. Ihre Bereitschaft, spontan zu sein, inneren Eingebungen und Ahnungen zu folgen, auf starke Gefühle zu hören und ihnen entsprechend zu handeln, wird Sie zu Ihrem Ziel führen.

Ich vertraue und folge
meiner inneren Führung.

Die innere Führung geleitet Sie zu Ihrem höheren Wohl. Sie müssen allerdings lernen, zwischen innerer Führung und Wunschgedanken oder Ängsten zu unterscheiden. Wenn Sie einen inneren Drang verspüren, der sich mit dem Gefühl von Freude oder Entzücken verbindet, dann entspringt er wahrscheinlich Ihrer inneren Führung. Wenn Sie das Gefühl haben, die erhofften Resultate seien zu gut, um wahr zu sein, oder Sie haben selber den Verdacht, sich einem Wunschdenken hinzugeben, dann handelt es sich wahrscheinlich nicht um innere Führung. Respektieren Sie Ihre inneren Sinne und Ihre Intuition und nehmen Sie sich Zeit, die Einzelheiten zu überprüfen. Fragen Sie sich: »Handelt es sich hier wirklich um meine innere Führung? Fühlt es sich richtig und gut an? Oder gebe ich mich nur Hoffnungen hin?«

Da Ihre Seele sich Ihnen über Ihre Gedanken und Gefühle mitteilt, werden Sie, je bewußter Sie sich ihrer sind, um so leichter auf Ihre innere Führung hören und sie ausbauen können. Sollten Ihre Gedanken und Gefühle an den Umständen gemessen sehr ungewöhnlich sein, dann achten Sie auf sie. Sie fördern Ihre innere Führung, indem Sie auf Ihre inneren Botschaften reagieren und dann Feedback erhalten.

Ein Beispiel: Sie wollen sich gerade auf den Weg zu einem bestimmten Geschäft machen und haben plötzlich den Gedanken oder das Gefühl, erst anrufen zu sollen, um festzustellen, ob es geöffnet hat. Normalerweise kommt Ihnen ein solcher Gedanke oder ein solches Gefühl nicht, Sie gehen einfach hin. In diesem Fall aber rufen Sie an und stellen möglicherweise fest, daß das Geschäft wegen Umbau geschlossen ist. Wenn Sie es sich zur Gewohnheit machen, auf Ihre Gefühle und Gedanken zu achten und ihnen entsprechend zu handeln, dann werden Sie mit der Zeit immer leichter unterscheiden können, was innere Führung ist und was nicht.

Wenn Sie Dinge mühelos manifestieren wollen, sogar noch

bevor Sie wissen, daß Sie sie brauchen, dann folgen Sie Ihrem Gefühl und Ihren inneren Botschaften. Fangen Sie im kleinen an. Sagen Sie »nein«, wenn Sie nein meinen, und »ja«, wenn Sie ja meinen. Fragen Sie sich untertags immer wieder: »Ist es das, was ich meinem Gefühl nach tun möchte? Ist das die Aktivität, die mir am leichtesten von der Hand geht und mir am meisten Freude bereitet, oder zwinge ich mich, das zu tun, weil ich meine, es tun zu müssen? Vertrauen Sie darauf, daß Ihr Gefühl von Freude, Entzücken und Selbstliebe stets zu Ihrem höheren Wohl führt.

Es gibt verschiedene Arten der inneren Führung. Eine davon ist ein sich einstellendes negatives oder sogar warnendes Gefühl, während Sie über ein bestimmtes Vorhaben nachdenken. Eine andere Art besteht in Einsichten über künftige Wege und Richtungen, die Sie einschlagen könnten. Eine andere wiederum hilft Ihnen, zur richtigen Zeit am richtigen Ort zu sein und durch Koinzidenz und Synchronizität die nötigen Ereignisse herbeizuführen, die Sie möglichst problemlos an Ihr Ziel gelangen lassen.

Die Art von innerer Führung, die Ihnen Warnsignale schickt, erreicht Sie gewöhnlich über Ihre Emotionen und wird oft als Angstgefühl oder Unbehagen erlebt. Ein Börsenmakler berichtete einmal, daß er immer wußte, wann er sich auf eine schlechte Investition eingelassen hatte, weil er sich im Anschluß stets ungewöhnlich angespannt und besorgt fühlte. Wenn Sie Ihre normale Gefühlslage kennen und auf ungewöhnliche Besorgtheit oder Nervosität achten, dann können Sie sich diese Art von innerer Führung zunehmend bewußtmachen. Jener Börsenmakler kannte seinen normalen Spannungspegel nach einer Investition und wußte somit, wann er außergewöhnlich angespannt war. Ihre Aufgabe besteht darin, allmählich den Unterschied zwischen Ihren normalen Ängsten und den inneren gefühlsmäßigen Botschaften Ihrer höheren Führung zu erkennen.

Ich nehme mir Zeit zu ruhigem Nachdenken.
Ich bin offen für meine innere Führung.

Die innere Führung zu künftigen Wegen und Richtungen erreicht Sie oft, wenn Sie sich in einem ruhigen, besinnlichen Zustand befinden und mit Aktivitäten beschäftigt sind, die Sie aus Ihrem normalen Bewußtseinszustand herausheben. Diese innere Anleitung kann die Form eines Gedankens, Gefühls, Bildes oder Tagtraums über das, was Sie gerne tun würden, annehmen und sich mit Ihrer wachsenden inneren Ruhe zunehmend ausbauen und intensivieren. Sie können sie fördern, wenn Sie sich mehr Zeit nehmen, um still dazusitzen, den Körper zu entspannen und über Ihr Leben nachzudenken. Kreative oder sportliche Betätigungen wie Malen, Zeichnen, Musizieren oder Komponieren, Laufen oder Schwimmen können eine solche plötzliche intuitive Einsicht ebenfalls auslösen. Reagieren Sie auf diese Führung. Wenn Sie es nämlich ständig unterlassen, ihrer Anleitung entsprechend zu handeln, wird es für Sie immer härter werden, sie zu vernehmen oder zu erkennen.

Wenn Ihnen eine Idee kommt, dann analysieren Sie sie nicht allzusehr. Fragen Sie nicht: »Wird mir dieser Einfall meinen neuen Weg aufbauen, ist er profitabel oder wird er mich für den Rest meines Lebens ernähren?« Ideen sind wie Samen, und wenn sie zum erstenmal auftauchen, wissen Sie oft nicht, zu was sie heranwachsen werden. Folgen Sie nur einfach Ihren freudigen Impulsen, und Ihre Ideen werden sich in der Form entfalten, die Ihnen am besten dient.

Ich bin immer zur richtigen Zeit
am richtigen Ort.

Die Form der inneren Führung, die Sie zur richtigen Zeit am richtigen Ort sein läßt, entsteht, wenn Sie Ihre normalen Gedanken kennen und auf jene achten, die sich davon unterscheiden. Ein Beispiel: Normalerweise fahren Sie eine ganz bestimmte Route zu Ihrem Arbeitsplatz, eines Tages aber kommt Ihnen der Gedanke, einen anderen Weg zu nehmen. Sie hatten diesen Gedanken vielleicht schon früher, an diesem Tag aber fühlen Sie eine gewisse Dringlichkeit. Sie nehmen diesen anderen Weg und hören auf der Fahrt im Radio, daß es auf Ihrer normalen Route zu einem Verkehrsstau kam.

Die Ihrem Höheren Selbst entspringenden Gedanken haben eine leicht andersartige Gefühlsqualität. Sie können erkennen lernen, was innere Führung ist und was nicht, wenn Sie diesen feinen Gefühlen und Gedanken entsprechend handeln und auf die Resultate achten.

Ein weiteres Beispiel: Sie wollen einen ganz bestimmten Gegenstand kaufen, konnten ihn aber bisher nicht finden. Sie haben vielleicht schon seit Tagen herumtelefoniert oder in vielen Läden danach gesucht, vergeblich. Eines Tages taucht vor Ihrem geistigen Auge das Bild eines ganz bestimmten Geschäfts auf, und Sie haben das Gefühl, daß Sie dorthin gehen sollten, obwohl Sie normalerweise nie dort einkaufen. Sie achten auf diesen ungewöhnlichen Impuls, gehen zu diesem Geschäft, und siehe da, der von Ihnen gesuchte Gegenstand ist gerade eingetroffen. In der Rückschau merken Sie, daß dieser Impuls oder dieses Bild bei all den anderen Geschäften, die Sie aufsuchten, fehlte. Sie sind dorthin gegangen in der Hoffnung, den Gegenstand dort zu finden, und ignorierten die Tatsache, daß nichts an Gefühlen oder Bildern Sie zu diesen Geschäften hinzog.

Manchmal ist es besser, abzuwarten und nichts zu unternehmen, bis Ihnen ein Gefühl, ein Gedanke oder Bild signalisiert, was Sie tun sollen. Wenn Sie bei Ihren Unternehmungen auf Führung warten, dann erspart Ihnen das unnötige Arbeit. Es hilft Ihnen, zur richtigen Zeit am richtigen Ort zu sein und sich die Dinge, die Sie haben wollen, leicht und mühelos zu erschaffen.

Denken Sie an etwas, das Sie haben wollen. Kommt Ihnen irgend etwas in den Sinn, das Sie unternehmen könnten, um es zu bekommen? Es kann etwas ganz Einfaches sein, ein Telefonanruf oder der Besuch in einem bestimmten Geschäft, falls es sich um etwas handelt, das Sie kaufen wollen. Sind Sie willens, diese Aktion zu unternehmen? Fassen Sie einen Entschluß, wann Sie sie unternehmen wollen. Wenn Sie im Moment keine innere Führung dazu erhalten, dann seien Sie willens, nichts zu unternehmen und folgen Sie Ihrem Gefühl der Freude von Moment zu Moment. Achten Sie stärker als üblich auf Ihre Gedanken im Zusammenhang mit diesem Gegenstand, so daß Sie es auch merken, wenn Ihnen ein Bild kommt, das signalisiert, was Sie unternehmen sollen. Nehmen Sie sich jedesmal, wenn Sie an Ihren Wunsch denken, Zeit, um ruhig zu werden und zu sehen, welche Bilder zu möglichen Aktionen in Ihnen aufsteigen.

Impulse Ihrer Seele, Eingebungen wahrer innerer Führung stehen immer in Zusammenhang mit etwas, das Ihnen bereits direkt oder indirekt vertraut ist. Diese Impulse geben Ihnen sowohl die Ideen wie auch die Energie, sie in Handlung umzusetzen. Wenn Sie plötzlich den Impuls verspüren, etwas zu tun, wovon Sie überhaupt nichts verstehen und Sie Monate bräuchten, um es richtig auszuführen, ohne die Zeit dazu zu haben, dann handelt es sich vermutlich um eine vorübergehende Phantasterei, nicht um innere Führung. Die Handlungen, zu denen Ihre innere Führung Sie drängt, sind die für Sie nächsten logischen Schritte, oder es sind Schritte, die Sie auf der Grundlage Ihres gegenwärtigen Wissensstands unternehmen können. Manchmal werden Sie auch den Impuls verspüren, sich neue Informationen anzueignen, und die inneren Hinweise auf die sich auf diese Informationen gründenden Unternehmungen folgen später. Solche Anweisungen sind selten mit Dringlichkeit verbunden. Sie haben reichlich Zeit, sie in dem Ihnen genehmen Tempo auszuführen.

Sie können sich im Hören auf Ihre innere Führung auch dadurch schulen, daß Sie sich Erfolge aus der Vergangenheit anschauen und fragen: »Welche Gefühle und Gedanken hatte ich, als ich beschloß, diese Aktion zu unternehmen?« Erinnern Sie sich an etwas, das Ihrer Ansicht nach eine exzellente Erwerbung war. Können Sie sich an Ihr Gefühl erinnern, als Sie den Kauf erwogen? Trotz mancher Momente der Unentschlossenheit wurden Sie doch möglicherweise durch ein »inneres« Wissen geführt. Wenn Sie nun an Entschlüsse zum Kauf eines Gegenstands denken, der sich als keine gute Erwerbung herausstellte, dann werden Sie sich wahrscheinlich daran erinnern, daß Sie ein anderes »inneres Gefühl« hatten als bei den erfreulichen Käufen.

Sollten Sie sich mit einer Situation konfrontiert sehen, die Ihnen nicht gefällt, dann überprüfen Sie, ob Sie nicht davor Gefühle und Gedanken hatten, die Sie in eine andere Richtung leiten wollten. Ihr höheres Selbst läßt Ihnen ständig Hinweise zukommen, wie Sie auf möglichst einfache und freudvolle Weise Resultate erzielen können. Seien Sie stets wachsam und hören Sie auf diese Führung. Machen Sie es sich zur Gewohnheit, sehr genau auf Ihre Gedanken und Gefühle zu achten, bevor Sie etwas unternehmen. Machen Sie sich mit Ihren normalen Gedanken und Gefühlen vertraut, damit Sie feine Veränderungen wahrnehmen können. Auf diese Weise werden Sie für die Führung, die Sie ständig erhalten, wacher und bewußter werden.

Ich folge meiner höchsten Freude.

Haben Sie ein Gefühl der Schwere, des Widerstands oder des Widerwillens weiterzumachen, dann ist das ein Zeichen dafür, daß Sie nicht Ihrem höchsten Weg folgen. Ihr Höheres Selbst läßt Sie Freude empfinden, wenn Sie Ihrem höheren Weg folgen, und ein Gefühl des Widerwillens und der Schwere, wenn Sie es nicht tun. Wenn Sie sich dazu zwingen, Dinge gemäß einer Reihe von »Ich sollte«-Befehlen zu tun, dann hören Sie nicht auf den tieferen Teil Ihres Wesens. Ihre Seele sagt selten: »Du mußt das tun. Du solltest das tun.« Ihre Seele sagt: »Ist das nicht herrlich? Bringt dir das nicht große Freude? Würdest du das nicht gern öfters tun?«

Sie alle haben schon die Erfahrung gemacht, daß Sie sich, ohne zu wissen warum, dagegen wehrten, etwas zu tun. Später fanden Sie dann heraus, daß es sich um eine unnötige oder unangemessene Aktion handelte. So hätten Sie vielleicht an einem Projekt arbeiten müssen, konnten sich aber nicht dazu bringen. Sie folgten vielmehr Ihrer inneren Führung und dem Gefühl von Freude, stellten es zurück und arbeiteten an etwas anderem. Einige Stunden später oder in den nächsten Tagen bekamen Sie dann einen Anruf und stellten fest, daß sich die Situation geändert hatte. Das Projekt war unnötig geworden oder mußte anders angegangen werden. Wenn Sie sich »gezwungen« hätten, daran zu arbeiten, hätten Sie alles noch mal machen müssen.

Es empfiehlt sich, ab und zu alle Aktivitäten, die Sie Ihrer Meinung nach unternehmen *müßten,* beiseite zu lassen und sich zu fragen, was Sie *gerne* tun würden. Sie ersparen sich unnötige Arbeit, wenn Sie Ihrer inneren Führung und Ihrem Gefühl von Freude folgen.

Ich achte mich bei allem, was ich tue.

Manchmal kann Widerstand allerdings auch Selbstsabotage bedeuten. Sie entspringt dem Gefühl, daß Sie es nicht wert sind, mehr zu haben, als Sie schon besitzen. Wenn Sie tief im Innern wissen, daß eine gesunde Ernährung, Körperübungen, das Angehen eines Problems oder eine andere Vorgehensweise Ihnen wirklich zugute käme, Sie sich aber dagegen wehren, dann müssen Sie vielleicht lernen, sich selbst mehr zu achten. Unternehmen Sie erst kleine Schritte, um das zu lernen, und konfrontieren Sie sich nicht gleich mit den größeren Problemen. Denken Sie an etwas wirklich Nährendes und Luxuriöses, das Sie sich gerne selbst zukommen lassen würden. Vielleicht ein warmes Bad oder Blumen für Ihre Wohnung oder täglich eine halbe Stunde Zeit für sich selbst.

Wenn Sie sich Zeit für Dinge nehmen, die Ihnen wirklich gut tun, dann schicken Sie Ihrem Unbewußten die Botschaft, daß Ihre Person es wert ist, daß Ihre Ziele in Erfüllung gehen. Es fällt Ihnen, wenn Sie mit kleineren Schritten anfangen, leichter, später größere Schritte zum Aufbau Ihrer Selbstachtung zu unternehmen. Und wenn Sie es sich zur Gewohnheit gemacht haben, Ihre tieferen Bedürfnisse und Gefühle zu respektieren, können Sie auch problemloser den nun auftauchenden inneren Anweisungen Folge leisten.

Es wird Zeiten geben, in denen Ihre innere Führung sagt: »Ich will den ganzen Tag arbeiten. Es ist ein so gutes Gefühl, all das zu leisten, was ich hier leiste.« Doch die innere Führung wird Sie nicht immer zu sofortiger Belohnung führen. Sie verfolgt oft eine längerfristig angelegte innere Erfüllung und Befriedigung. Innere Führung äußert sich auf vielerlei Weise, aber sie spricht stets durch die Empfindung von Selbstliebe und ein Wohlgefühl bei dem, was Sie tun.

Wenn Sie sich zwingen, etwas zu tun, etwa nur aus der Verpflichtung heraus in einem Job arbeiten oder Geld ausgeben, weil Sie meinen, es tun zu müssen, dann hören Sie nicht auf Ihre innere Führung. Wenn Sie in Ihrem Job gezwungenermaßen vieles tun müssen, was Sie nicht tun wollen, dann schauen Sie sich die größeren Zusammenhänge an. Warum arbeiten Sie in einem Job, der Ihnen nicht erlaubt, das zu tun, was Sie gerne tun? Wenn Sie Ihren Job und den Großteil Ihrer Arbeit an sich lieben, einige Dinge aber verabscheuen, dann sehen Sie sich diese Bereiche genauer an. Vielleicht könnten sie mit einer anderen Vorgehensweise besser erledigt werden, vielleicht wäre eine andere Arbeitsteilung zwischen Ihnen und Ihren Mitarbeitern möglich, oder vielleicht könnten Ihnen Ihre Familie, Freunde oder Kinder irgendwie helfen. Achten Sie auf Ihre negativen Gefühle – sie enthalten Botschaften an Sie, wie Sie Ihre Situation verbessern könnten.

Sie achten sich selbst nicht, wenn Sie Stunden mit Aktivitäten verbringen, die Ihnen keine Freude machen. Wenn Sie das tun, was Ihnen Freude macht, werden Sie vielleicht feststellen, daß all die Jobs, die Sie tun, um Geld zu verdienen, unnötig geworden sind. Sie werden auch entdecken, daß Sie auf Dauer gesehen mehr Geld mit Dingen verdienen, die Sie gerne tun, als mit Dingen, die Sie ungern tun.

Je mehr Freude Sie bei Ihren Tätigkeiten empfinden und je mehr Sie Ihren Impulsen, Eingebungen und höheren Visionen folgen, desto rascher und einfacher werden Sie bekommen, was Sie erbeten haben. Wenn Sie Ihrem höheren Weg folgen, dann werden Sie zunehmend feststellen, daß alles auf wunderbare und leichte Weise vonstatten geht. Das heißt nicht, daß Sie nicht mehr mit Herausforderungen konfrontiert werden, denn Herausforderungen helfen Ihnen, an Stärke und Zuversicht zu gewinnen. Ihre Träume werden wahr, wenn Sie Ihren Gefühlen der Freude, des Entzückens und der Selbstliebe folgen.

Übung

Sich mit den höheren Kräften verbinden

Diese Übung brauchen Sie nicht häufig zu machen. Machen Sie sie, wann immer Sie sich mit der inneren Führung Ihres Höheren Selbst oder Ihrer Seele oder mit dem evolutionären Fluß der Menschheit stärker verbunden fühlen oder Sie Ihre Verbundenheit mit den höheren Mächten des Universums stärken wollen. Manche Menschen sehen diese höheren Mächte als Gott, Alles-was-Ist, Buddha, Christus, Universellen Geist oder als höheren Willen. Sie bauen jedesmal, wenn Sie diese Übung machen, eine Lichtbrücke nach oben, und sie wird Ihre Anziehungskraft verstärken, wenn Sie sie anwenden, bevor Sie etwas sehr Großes magnetisieren oder etwas, das für Sie einen Quantensprung darstellt.

Vorbereitung

Finden Sie eine Zeit, in der Sie still für sich sein können. Diese Übung beansprucht nur ein paar Minuten und kann wiederholt werden, wann immer Sie wollen.

Schritte

▷ Schließen Sie die Augen und stellen Sie sich vor, wie Sie eine Lichtbrücke hinauf zu den höheren Realitätsebenen bauen. Sie können sie sich als Lichtstrahl denken, der aus Ihrem Scheitelpunkt austritt und so hoch hinaufreicht, wie Sie sich vorstellen können.

▷ Stellen Sie sich vor, daß Sie eine Verbindung mit der Quelle allen Lebens herstellen, daß Sie Energie und Licht in sich aufnehmen, bis jede Zelle Ihres Körpers von Licht und Energie erfüllt strahlt.

▷ Stellen Sie sich Ihr Bewußtsein wie einen klaren Bergsee vor, und daß jede Ihrer Zellen die höheren Realitätsebenen klar widerspiegelt. Stellen Sie sich nun vor, daß jeder Gedanke und jede Zelle Ihres Bewußtseins mit dem höheren Bewußtsein, dem Universellen Geist, dem Alles-was-Ist verbunden ist. Während Sie nun in Ihrer Vorstellung diese Verbindung aufrechterhalten, lassen Sie sie zur Wirklichkeit werden.

▷ Stellen Sie sich vor, daß Sie Ihren Willen mit dem höheren Willen in Übereinstimmung bringen. Sie könnten sich eine Lichtschnur denken, die aus Ihrem Solarplexus austritt, dem Bereich über Ihrem Nabel, und sich mit der Quelle allen Lebens verbindet.

▷ Stellen Sie sich diese Urenergie als goldene Kugel aus Energie und Licht vor, die etwa 20 Zentimeter über Ihrem Kopf schwebt. Lassen Sie diese Kugel nun langsam in Ihren Körper einsinken, wobei sich die ganze Energie Ihres Körpers mit diesem höheren Licht in Einklang bringt. Lassen Sie diese Kugel weiter durch Ihren Körper wandern, bis Sie auf ihr stehen. Stellen Sie sich vor, wie diese Kugel unter Ihren Füßen Licht und Energie in Ihren Körper zurückstrahlt. Lassen Sie die Kugel dann wieder durch Ihren Körper hinaufwandern und etwa 20 Zentimeter über Ihrem Kopf schweben.

▷ Visualisieren Sie Ihre Seele als kühle blaue Flamme entweder in Ihnen oder außerhalb von Ihnen. Lassen Sie die Flamme stetig größer und heller werden, größer und größer, während Sie von der Energie Ihrer Seele erfüllt werden. Nähern Sie sich in Ihrer Vorstellung dieser kühlen blauen Flamme Ihrer Seele und bitten Sie um eine tiefere und bewußtere Beziehung mit ihr. Ihre Seele hört immer Ihre aufrichtigen Bitten und wird sofort damit beginnen, Ihnen zu einer stärkeren Verbindung mit Ihrer Führung und Weisung zu verhelfen.

▷ Lenken Sie nun Ihr Bewußtsein und Ihre Aufmerksamkeit zu Ihrem Scheitelpunkt und stellen Sie sich vor, Sie hätten eine Antenne. In diesem Energiezentrum findet die telepathische Kommunikation mit den höheren Dimensionen statt. Sie können jede von Ihnen gewünschte Sendung empfangen, indem Sie sich das vornehmen und zur Herstellung der Verbindung Ihre Imagination einsetzen. Es existiert ein telepathisch zu empfangendes Programm über den Weg der höchsten Evolution der Menschheit. Stellen Sie geistig Ihre Antenne auf den Empfang dieses Programms ein. Wenn Sie das tun, werden Sie Ihre Handlungen mit dem Fluß menschlicher Evolution in Übereinstimmung bringen. Alles, was Sie manifestieren, wird sich in tieferem Einklang mit Ihren und den höheren Zielen anderer befinden.

▷ Öffnen Sie die Augen, wenn Sie bereit sind, und erfreuen Sie sich am Gefühl der Verbindung mit den höheren Bereichen.

Bewertung

Seien Sie bei dieser Übung erfinderisch und erschaffen Sie neue Bilder, um Ihre Verbindung mit den höheren Bereichen zu stärken. Während Sie sich diese Verbindung vorstellen, lassen Sie sie Wirklichkeit werden. Wir haben uns vieler Bilder bedient. Denken Sie daran, daß sie entworfen wurden, um Sie eine Erfahrung mit den höheren Energien und Ihrer Seele machen zu lassen. Die Bilder, derer wir uns bedienten, sind hier weniger wichtig, wichtig ist vor allem Ihre Erfahrung mit dieser Verbindung. Wenn Sie sie erst einmal erlebt haben, dann können Sie, um sie wiederherzustellen, alle Bilder, Gedanken oder Vorstellungen benutzen, die Ihnen dabei behilflich sind.

Kapitel 6

Den Erfolg zulassen

Wenn Sie das, was Sie bekommen möchten, magnetisieren und Ihrer inneren Führung folgen, werden Sie auch den Erfolg zulassen wollen, damit sich Ihre Bitte erfüllen kann. Zur Beherrschung des Manifestierens gehört es, daß Sie lernen, die Entschlüsse zu fassen und Entscheidungen zu treffen, die für Ihre Person am meisten Licht in sich bergen und Sie auf Ihren höheren Weg bringen. Wenn Sie den Weg des größten Lichts wählen, wählen Sie auch den Erfolg auf höchster Ebene. Sie erschaffen sich die Realität Ihrer Erfahrungen durch die Wahl, die Sie treffen, und die Entscheidungen, die Sie fällen.

Was Sie gegenwärtig haben und sind, ist das Resultat all Ihrer vergangenen Entschlüsse und Entscheidungen. Viele davon haben Sie passiv und ohne bewußte Überprüfung getroffen. Und viele gründeten sich auf Ihre frühere innere Programmierung und nicht auf Ihr neues Denken ohne Grenzen. Sie können jetzt beginnen, bewußtere Entscheidungen zu treffen. Erkennen Sie die Tatsache an, daß das, was Sie heute sind, aus Ihren früheren Entscheidungen resultiert, und machen Sie sich klar, daß Sie sich in jedem Moment Ihre eigene Realität erschaffen. Wenn Sie mit dem, was Sie sich bisher geschaffen haben, nicht glücklich sind, dann können Sie lernen, andere Entscheidungen zu treffen und Ihr Leben dahingehend zu verändern, daß es Ihnen Freude, Lebendigkeit und was immer Sie wünschen bringt.

Ich wähle stets den Weg
des größten Lichts.

Manche Entscheidungen sind nicht ganz einfach, doch gewöhnlich findet sich eine Alternative, die mehr Licht in sich birgt, die

Sie auf einen höheren Weg bringt und Ihnen hilft, Ihre Essenz mit größerer Klarheit zum Ausdruck zu bringen als die anderen Optionen. Wenn Sie Ihren höheren Weg wählen, werden Sie Ihr Wachstum beschleunigen, Ihre Lebendigkeit intensivieren und Fülle vermehren. Es ist wichtig, daß Sie Ihre Unterscheidungsfähigkeit schärfen und so den Weg des größten Lichts wählen können, um sich Fülle in Ihrem Leben zu erschaffen.

Eine Frau hatte schon sehr lange Schmuck hergestellt und wollte ihn nun besser unter die Leute bringen. Sie plante, ihn überall in Warenhäusern anzubieten. Dieser Schmuck war mit vielen esoterischen Symbolen versehen, und sie wünschte sich, daß möglichst viele Menschen Zugang zu diesen heilkräftigen Symbolen bekamen. Zunächst dachte sie daran, Freunde zu bitten, ihr beim Vertrieb zu helfen, aber sie schien jedesmal auf Schwierigkeiten zu stoßen, wenn sie einen Schritt in diese Richtung unternahm, und sie war nicht mit dem Herzen dabei. Es bedurfte finanzieller Hilfsmittel und Fähigkeiten, über die sie nicht verfügte, und zudem hätte diese Lösung ihr keine Zeit mehr gelassen, neuen Schmuck herzustellen. Da dies keine mit Freude verbundene Möglichkeit zu sein schien, gab sie diese Idee auf und bat um innere Führung für einen besseren Weg. Ihr kam der Gedanke, in Warenhäusern nachzufragen, woher sie den Schmuck anderer Schmuckhersteller bezogen, und stellte fest, daß bereits ein ausgebautes Vertriebsnetz existierte samt Vertretern, die gerne bereit waren, sich ihres Schmucks anzunehmen. Sie fand den höchsten Weg, indem sie eine Wahl traf und Entschlüsse faßte, die sie in ihrer geliebten Tätigkeit unterstützten.

Stellen Sie sich, wenn Sie eine Wahl zu treffen haben und die höchste Option nicht sofort offensichtlich ist, eine Reihe von Fragen. Sollten sich alle Möglichkeiten gleich gut ausnehmen, dann fragen Sie sich: »Welche Entscheidung bringt mir die meiste Freude? Welche spricht mein Herz so an wie eine von mir geliebte Tätigkeit?« Wählen Sie dann die Möglichkeit, die Ihnen am meisten Freude bringt. Selbst wenn dieser Weg anscheinend nicht ganz so viel Geld verspricht, wird er sich auf

Dauer gesehen als sehr viel profitabler erweisen als eine mit weniger Freude besetzte Alternative. Treffen Sie Ihre Wahl nicht auf der Grundlage des anscheinend größten Profits. Es wird Ihnen immer mehr Fülle bringen, wenn Sie dem Weg Ihres Herzens folgen.

Sollten alle Alternativen mit gleich viel Freude verbunden sein, dann fragen Sie sich: »Welche Wahl macht im Moment am meisten Sinn und ist für mich am praktischsten?« Ihr höchster Weg wird immer praktischen Sinn ergeben. Sollten sich auch in diesem Punkt die verschiedenen Möglichkeiten nicht unterscheiden, dann stellen Sie die Frage: »Welche Wahl trägt am meisten zum Wohl der Menschheit bei und bietet mir die umfassendste Möglichkeit, anderen zu dienen?« Halten sich auch hier die Alternativen die Waage, dann denken Sie an die höheren Qualitäten, die Sie in Ihrem Leben erschaffen wollen, wie etwa Wohlbefinden, Liebe und Lebendigkeit. Welche Wahl erlaubt Ihnen, diese Qualitäten umfassender zum Ausdruck zu bringen?

Es ist klüger, sich nicht in eine Lage zu bringen, in der Sie sofort Entscheidungen treffen müssen und keine Zeit zum gründlichen Nachdenken haben. Sollten Sie aber doch einmal rasch eine Entscheidung fällen müssen, dann stellen Sie sich vor, eine Alternative in der rechten und die andere Alternative in der linken Hand zu halten. Bitten Sie die Hand, die die Wahl des höheren Wegs enthält, sich zu heben.

Ich achte meine Integrität in allem, was ich tue.

Die Reinheit und Integrität Ihrer Energie ist sehr wichtig, denn Ihre Integrität leitet Sie an, die Dinge zu erschaffen, die mit dem tiefsten Teil Ihres Wesens übereinstimmen. Ihre Integrität führt Sie zu den Wahlmöglichkeiten und Situationen, die sich für Sie günstig auswirken. Sie wissen, wann Sie Ihre Integrität bewahren und wann nicht. Wenn Sie das Gefühl haben, Ihre Ideale aufs Spiel zu setzen, etwas, das sich nicht wohltuend anfühlt, um des Geldes willen zu tun, dann handeln Sie nicht mehr im Rahmen Ihrer Integrität. Achten Sie Ihre Integrität und Sie werden um ein Vielfaches mit gesteigertem Wohlstand belohnt werden.

Wichtig ist auch, daß Sie bei allem, was Sie tun, ein gutes Gefühl haben, daß Sie Ihren Werten entsprechend handeln, mit den Leuten, mit denen Sie es zu tun haben, ehrlich sind, und aus Ihrer Wahrheit heraus agieren. Ihre Integrität stellt an Sie die Forderung, herauszufinden, was für Sie authentisch und wichtig ist, was Sie dann bei Ihren Entscheidungen über Illusionen, Versprechungen und leeren Glanz stellen sollten. Gehen Sie von Ihren höchsten Idealen aus, folgen Sie Ihrer eigenen Weisheit und nicht der einer anderen Person, und tun Sie die Dinge auf eine Weise, die der Achtung Ihrer Person Rechnung trägt und sich für Sie richtig anfühlt. Achten und respektieren Sie jede Person, mit der Sie zu tun haben, und betrachten Sie alles, was Sie tun, im Licht Ihrer Seele. Ihre Energie und Ihr Sein sind Ihre Geschenke an die Welt. Je klarer und fließender Ihre Energie ist, desto mehr haben Sie anderen zu geben. Geld, das Sie sich aus Ihrer Integrität heraus erschaffen, ist Geld des Lichts und wird Ihnen und anderen Gutes bringen.

Ich bin eine erfolgreiche Person.
Ich gestehe mir zu,
mich erfolgreich zu fühlen.

Wollen Sie, was die Fülle angeht, schneller zur Meisterschaft gelangen, dann erkennen Sie als erstes an, wie erfolgreich Sie bereits beim Manifestieren Ihrer Wünsche sind, respektieren Sie Ihre Integrität und treffen Sie gute Entscheidungen. Bauen Sie auf das auf, was Sie Ihrem Wissen nach schon können. Danken und lieben Sie sich für die Stärke und Vision, die Sie im Moment haben. Nehmen Sie sich einen Augenblick Zeit, um sich zu sagen, daß Sie bereits ein erfolgreicher Mensch sind. Sie können sich schon in diesem Moment erfolgreich fühlen und müssen nicht abwarten, bis Sie bestimmte Ziele erreicht haben. Sie können durchaus all die wunderbaren Dinge anerkennen, die Sie bereits tun.

Erfolg stellt sich mit dem Gefühl ein, im gegenwärtigen Augenblick erfolgreich zu sein. Er ist keine Empfindung, die vielleicht eines Tages, wenn Sie ein Ziel erreicht haben oder ein Wunsch in Erfüllung gegangen ist, in Ihnen aufsteigt. Glauben Sie nicht, daß eine große Summe Geldes Ihnen dieses Gefühl verschafft. Menschen mit viel Geld fühlen sich selten erfolgreich, es sei denn, sie haben gelernt, sich aus dem Innern heraus wertzuschätzen und erfolgreich zu fühlen.

Definieren Sie Erfolg lieber nicht an den materiellen Dingen, die für Sie Erfolg repräsentieren, die Summe, die Sie auf der Bank hätten, das Haus, in dem Sie wohnen, das Auto, das Sie fahren würden. Seien Sie willens, Ihre Definition von Erfolg zu erweitern, und schließen Sie die Ziele Ihres höheren Selbst mit ein. Wahrer Erfolg bedeutet, daß Sie über die richtige Menge an Geld verfügen, Ihre alten Gewohnheiten oder Überzeugungen transformieren, Ängste aufgeben, die Dinge tun, die Sie lieben, und Ihre speziellen Talente erkennen und entwickeln. Von einer höheren Warte aus gesehen heißt Erfolg, etwas zu erschaffen, wenn Sie für andere einen Beitrag leisten und sich selbst und andere lieben und respektieren wollen. Erfolg bedeutet zu wachsen und aus allen Ihren Erfahrungen zu lernen. Messen Sie den Erfolg anderer nicht an ihrem Reichtum, sondern an der Qualität ihres Lebens und der Freude in ihrem Leben. Wenn Sie sich auf diese höheren Qualitäten des Erfolgs konzentrieren, werden Sie merken, daß Sie im Sinne Ihres Höheren Selbst schon viele Erfolge zu verbuchen haben, auch wenn Sie bislang nicht die von Ihrer Person gesetzten finanziellen Ziele erreicht haben.

Ich habe Grund, mich täglich aufs neue zu meinem Erfolg zu beglückwünschen.

Für viele Menschen ist die dem Erfolg innewohnende Essenz ein Gefühl von Selbstliebe, Selbstachtung oder Selbstwertgefühl. Sehen Sie, ob Sie für einen Moment dieses Gefühl einfangen können. Sagen Sie sich: »Ich bin eine erfolgreiche Person.« Was für ein Gefühl haben Sie dabei? Können Sie dieses Gefühl einige Augenblicke lang aufrechterhalten und es durch den ganzen Körper strömen lassen?

Zollen Sie all den erfolgreichen Dingen, die Sie im Moment tun, Anerkennung. Wenn Sie Ihren Erfolg in anderen Lebensbereichen anerkennen, werden Sie sich leichter tun, sich auch in bezug auf Geld als erfolgreich zu betrachten. Ihr Körper ist Ihr Vehikel zur Manifestation, denn er erschafft die Handlungen, die Ihre Gedanken und Emotionen Form annehmen lassen. Wenn Sie dieses Erfolgsgefühl häufiger in Ihren Körper einfließen lassen, wird dieses Gefühl in jedem Lebensbereich weiteren Erfolg anziehen.

Würdigen Sie das, was Sie bisher erreicht haben. Erkennen Sie voller Wertschätzung an, wie weit Sie gekommen sind, statt sich darauf zu fixieren, wie weit Sie noch gehen müssen. Es empfiehlt sich bei der Betrachtung Ihrer langfristigen Ziele, auch kleine, klare Schritte ins Auge zu fassen, die Sie unterwegs unternehmen können. Dann können Sie mit jedem Schritt, den Sie gemacht haben, dem kleinen Kind in Ihrem Innern sagen: »Glückwunsch! Das hast du gut gemacht! Ich hab' schon eine lange Strecke auf dem Weg zu meinem Ziel zurückgelegt.« Wenn Sie ein angestrebtes Ziel erreicht haben, dann lassen Sie sich eine Belohnung zukommen, bevor Sie das nächste Ziel anvisieren.

Manche Leute richten schon den Blick auf den nächsten Berg, ohne sich Zeit zu gönnen, den eben erst erklommenen Berg zu würdigen. Sie erleben nie das Gefühl von Zufriedenheit, das sie eigentlich suchen. Erkennen Sie Ihre Erfolge an, das wird Sie aufbauen.

Betrachten Sie sich sowohl in der Vergangenheit wie auch in der Gegenwart und Zukunft als erfolgreich. Denken Sie an einen Zeitpunkt in der Vergangenheit, wo Sie sich erfolgreich fühlten. Rufen Sie sich die Umstände und Gefühle zurück. Je mehr Sie sich vergangener Erfolge entsinnen, desto mehr Erfolg werden Sie sich in der Zukunft schaffen. Denken Sie darüber nach, wie Sie in der Vergangenheit die Dinge gehandhabt haben und sehen Sie, daß in all Ihren Entscheidungen eine höhere Weisheit lag. Einige Entscheidungen brachten Sie zu Wachstum, einige führten Sie dazu, Ihr Leben zu ändern, und alle waren sie die besten, die Sie nach Ihrem damaligen Wissen treffen konnten. Auch wenn Sie damals vielleicht nicht verstanden, warum Sie bestimmte Entscheidungen trafen, haben Ihnen doch alle geholfen.

Wenn Sie aus der Perspektive Ihres nun weiseren Selbst zurückblicken, dann können Sie erkennen, daß sogar die Entscheidungen, die Sie für schlecht hielten, Sie vieles gelehrt haben und Sie zu der Person machten, die Sie heute sind. Wenn Sie mit Ihren gegenwärtigen Umständen nicht glücklich sind, dann können Sie, wie Sie wissen, von jetzt ab neue Entscheidungen treffen und Ihre Situation zum Besseren wenden.

Ich vergebe mir selbst und weiß,
daß ich zu jedem Zeitpunkt
das mir jeweils Bestmögliche getan habe.

Vergeben Sie sich selbst, wenn Sie in die Vergangenheit zurückblicken und Gedanken haben wie etwa: »Ich bin mit meinem Geld nicht klug umgegangen. Ich hätte dieses Grundstück kaufen sollen, dann hätte ich jetzt eine Menge Geld. Ich hätte mich auf diese Investition nicht einlassen sollen, die ein Flop war. Ich hätte das Geld nicht einem Freund leihen sollen. Ich wußte, daß ich es nie zurückbekommen würde.« Diese Art von Gedanken können Sie von größerer Fülle abhalten. Löschen Sie Ihre Bilder von Situationen in der Vergangenheit, die sich nicht so gut entwickelten, wie Sie es sich gewünscht haben. Schenken Sie derartigen Gedanken, wenn sie auftauchen, keine Aufmerksamkeit, sondern denken Sie statt dessen an

Situationen, in denen Sie Ihr Geld klug ausgaben, glücklich waren mit dem, was Sie bekamen, eine gute Investition tätigten oder das Geld von einem Freund voll und ganz zurückbekamen. Und während Sie sich selbst vergeben und mit Liebe an Ihr vergangenes Selbst denken, sich auf all die Male konzentrieren, die Sie Erfolg hatten, verändern Sie den Lauf Ihrer Zukunft.

Nehmen Sie sich einen Moment Zeit und sehen Sie sich die Botschaften aus Ihrer Kindheit an. Wie haben Ihre Eltern Geld ausgegeben? Haben sie Dinge für sich selbst gekauft? Hatten sie Freude an ihrem Geld oder war es immer ein Kampf ums nötige Geld? Haben sie mit Ihnen frei darüber gesprochen, wieviel sie verdienen oder war dieses Thema ein Tabu? Wie haben sie Geld für Sie ausgegeben? Hatten Sie das Gefühl, daß ihnen Ihre Wünsche wichtig waren? Können Sie eine Verbindung sehen zwischen Ihrer Beziehung zum Geld und der Beziehung, die Ihre Eltern dazu hatten? Haben sich Ihre Eltern gestattet, Geld auf eine Weise auszugeben und zu verdienen, die ihnen Lebendigkeit, Freude, Wohlbefinden und Selbstliebe brachte?

Ich erlaube mir, das zu haben, was ich mir wünsche.

Kinder sind es gewöhnt, von ihren Eltern Dinge zu bekommen, und viele Menschen erwarten, auf dieselbe Weise vom Universum beschenkt zu werden. Wenn Ihre Eltern großzügig und freigebig waren, glauben Sie vielleicht auch an ein großzügiges und freigebiges Universum. Wenn Ihre Eltern Ihnen viele Dinge, die Sie haben wollten, verweigerten, verweigern Sie sich selbst unter Umständen nach wie vor viele Wünsche. Vielleicht verhalten Sie sich so, als ob Sie auf irgendwelche »unsichtbaren« Eltern oder eine äußerliche Autorität warteten, die darüber entscheidet, ob Ihr Wunsch erfüllt wird oder nicht. Verhalten Sie sich so, als hätte das Universum elterliche Funktionen zu erfüllen? Dann seien Sie selbst jetzt die für Sie angemessenen Eltern und geben Sie sich die Erlaubnis, das zu haben, was immer Sie haben wollen.

Sie können sich eine neue persönliche Biographie schaffen, indem Sie Ihr Augenmerk auf all die Zeiten richten, in denen Sie erfolgreich waren und über ein gewisses Maß an Fülle verfügten. Lösen Sie sich von den Geschichten Ihrer Vergangenheit, die dieses neue Bild von Erfolg und Fülle nicht bekräftigen. Die Bilder, die Sie von Ihrer Vergangenheit haben, setzen oft der Ihnen vorstellbaren Zukunft Grenzen und halten Sie so davon ab, Ihr größeres Potential zu verwirklichen.

Wollen Sie sich von Ihrer Vergangenheit befreien, dann schauen Sie sich die Geschichten an, die Sie sich selbst und anderen über Ihre Kindheit und Geld erzählen. Erzählen Sie, daß Sie in Fülle lebten oder Mangel litten? Vielleicht erzählen Sie von Zeiten, in denen es nicht genug zu essen gab. Oder Sie berichten, wie Ihre Eltern zwar Geld ausgaben, aber nicht für Sie. Schauen Sie sich zunächst die Aspekte Ihrer Biographie an, die Sie in Gesprächen mit anderen hervorheben. Für jede Erfahrung, die Sie machten, gibt es auch eine Erfahrung, die mehr oder weniger das Gegenteil beinhaltet. Es gab Zeiten, in denen Sie wundervolle Mahlzeiten erhielten, und es gab Zeiten, in den Sie Dinge bekamen, die Sie wirklich wollten und die für Sie sehr wertvoll waren.

Was für eine persönliche Geschichte der Finanzen hätten Sie gerne? Fangen Sie an, sich eine neue Geschichte zu schaffen. Bauen Sie sich Ihre Kindheit mit Erinnerungen an Wohlergehen und die Erfüllung Ihrer Wünsche neu auf. Was würden Sie nun gerne den Leuten über Ihre Kindheit erzählen? Vielleicht so etwas wie: »Meine Eltern sind mit Geld sehr klug umgegangen. Geld war in unserer Familie kein Thema, wir hatten immer genug.« Wenn Sie das sagen, werden Sie sich vielleicht an Zeiten erinnern, in denen Geld wirklich kein Thema war und Sie tatsächlich genug hatten.

Sie verfügen über die Elemente aller Erfahrungen mit Geld. Sie haben das Gefühl von Fülle schon erfahren, wenn vielleicht auch nur für einen Moment. Möglicherweise haben Sie einmal ein wunderschönes Spielzeug bekommen, das Sie sich wünschten. Vielleicht hat Ihnen jemand ein unerwartetes Geldgeschenk gemacht, oder Sie haben mehr bekommen, als Sie erbeten hatten. Je stärker Sie dieses Gefühl von Freude, Enthusiasmus und Wertschätzung realisieren, desto mehr gute Dinge werden Sie in Zukunft anziehen.

Ich liebe den Weg dorthin ebensosehr,
wie ich es liebe, dort zu sein.

Übungsbogen

Den Erfolg zulassen

▷ Stellen Sie sich etwas vor, das Sie haben wollen und noch nicht haben.

▷ Denken Sie an all die Gründe, warum Sie jetzt Ihrem Wunsch näher gekommen sind als je zuvor.

▷ Nehmen Sie sich einen Moment Zeit und erforschen Sie, wie sich Erfolg für Sie anfühlt. Sie können sich dabei an ein Erfolgserlebnis aus der Vergangenheit oder Gegenwart erinnern oder sich einen künftigen Moment des Erfolgs vorstellen. Lassen Sie diese Erfahrung so körperlich und emotional wie möglich werden. Finden Sie die Körperhaltung und den Atemrhythmus, die der Erfolg für Sie mit sich bringt. Atmen Sie diesen Erfolg einige Momente lang ein. Beglückwünschen Sie sich zu all den erdenklichen Dingen, die Sie im Moment gut machen.

▷ Eine Methode, den Erfolg bei sich zuzulassen, ist die, daß Sie bei der Erzählung Ihrer Biographie all die guten Erfahrungen hervorheben, die Sie gemacht haben. Folgendes Spiel können Sie allein oder mit Freunden spielen. Lassen Sie sich Ihre Antworten innerhalb von 3 oder noch weniger Minuten einfallen. Und während Sie Ihre Vergangenheit auf neue Weise beschreiben, wird das zu Ihrer neuen Realität:

— Erzählen Sie Ihre Biographie so, als seien Sie im Überfluß aufgewachsen. Picken Sie tatsächliche Begebenheiten heraus und konzentrieren Sie sich nur auf Momente, in denen Sie sich von Fülle umgeben fühlten, das bekamen, was Sie sich wünschten oder Ihre Eltern als eine Quelle der Fülle erlebten. Sie werden überrascht sein, an wie viele solcher Momente Sie sich erinnern können.

— Erzählen Sie Ihre persönliche Geschichte aus der Perspektive Ihres Wissens, daß es immer eine göttliche Führung war, die Sie geleitet hat, so als hätten Sie einen Schutzengel. Erinnern Sie sich an zwei oder drei Begebenheiten, die das aufzeigen.

— Erzählen Sie Ihre persönliche Geschichte aus der Sichtweise heraus, daß Sie sich die Dinge, die Sie wollten, mühelos erschaffen haben. Vielleicht können Sie sich daran erinnern, daß Sie einmal etwas haben wollten und es sich rasch und ohne daß Sie etwas dazu tun mußten, manifestierte.

Beobachten Sie, wie gut es tut, wenn Sie sich auf Bereiche in Ihrer Vergangenheit konzentrieren, in denen die Dinge klappten. Je mehr Sie Ihr Augenmerk auf die Fülle richten, die Sie in der Vergangenheit erlebten, desto mehr Wohlstand werden Sie in der Zukunft erschaffen. Die Energie folgt dem Gedanken. Auf was Sie Ihre Aufmerksamkeit richten, das wächst und gedeiht. Wenn Sie Ihre Aufmerksamkeit auf die Erfolge in Ihrer Vergangenheit richten, werden Sie sich eine erfolgreiche, positive Zukunft erschaffen.

Kapitel 7

Transformierung Ihrer Glaubensvorstellungen

Ihre Glaubensvorstellungen erschaffen Ihre Realität. Mit Glaubensvorstellungen sind hier Ihre Grundannahmen über die Natur der Realität gemeint, und da Sie sich das erschaffen, woran Sie glauben, werden Sie viele »Beweise« dafür erhalten, daß die Realität so beschaffen ist und funktioniert, wie Sie denken. Zum Beispiel wird sich eine Person, die an ein Universum der Fülle glaubt, so verhalten, daß sie auch Fülle erfährt. Eine Person, die glaubt, nur mit harter Arbeit zu Geld zu kommen, wird auch nur mit harter Arbeit zu Geld kommen. Beide werden viele Erfahrungen machen, die ihnen beweisen, daß ihre jeweilige »Glaubensvorstellung« von der Realität eine »Tatsache« der Realität ist.

Es liegt an Ihnen, Ihre Glaubensvorstellungen und somit auch Ihre Erfahrungen zu verändern.

Nachdem Sie mit Energie und Magnetisieren an der Erfüllung eines Wunsches gearbeitet haben, werden Ihre Glaubensvorstellungen einen Einfluß darauf nehmen, wie leicht und schnell Ihnen die Dinge zukommen. Sollten Sie eine Ihrer Glaubensvorstellungen einmal ergründen wollen, dann nehmen Sie sich eine Situation aus Ihrer Vergangenheit oder Gegenwart vor. Ein Problem oder eine Herausforderung oder auch etwas Wunderbares, das Sie sich erschaffen haben. Fragen Sie sich, welcher Glaubensvorstellung eine Person anhängen muß, um sich in dieser spezifischen Situation zu befinden. Welche Glaubensvorstellungen von der Realität hegt eine Person, die sich Umstände erschafft, in denen sie ihre Rechnungen nicht bezahlen kann, dauernd Mahnungen wegen fälliger Ratenzahlungen erhält und deshalb schon nicht mehr ans Telefon geht? Sie könnte überzeugt sein, daß sie es nicht verdient, Geld zu haben, daß das Bezahlen von Rechnungen ein ständiger Kampf oder das Leben ganz allgemein hart ist.

Eine häufig anzutreffende Glaubensvorstellung ist die, daß Sie weniger geliebt werden, wenn Sie reich sind, daß die Menschen Sie dann um Ihres Geldes und nicht um Ihrer Person willen mögen. Vielleicht haben Sie Sorge, daß finanzieller Wohlstand Sie irgendwie Ihren Freunden entfremden wird. Doch Sie unterliegen selten in bezug auf die Liebe, die man Ihnen entgegenbringt, einer Täuschung, es sei denn, Sie wollen getäuscht werden. Sie können sich von Ihrer Sorge, daß Ihnen, wenn Sie reich sind, die Liebe entzogen wird, dadurch heilen, daß Sie in jedem Moment Ihre Liebe zu anderen fühlen. Wenn Sie anderen Liebe entgegenbringen, werden Sie umgekehrt Liebe empfangen. Die Menschen lieben Sie auch jetzt, wo Sie über eine gewisse Menge an Geld verfügen. Gibt es eine bestimmte Summe Geldes, von der ab die Leute Sie nicht mehr lieben?

Meine Glaubensvorstellungen erschaffen meine Realität. Ich glaube an meinen unbegrenzten Wohlstand.

Einige von Ihnen glauben, daß eine Menge Geld eine große Last und Verantwortung mit sich bringt und Sie festnagelt. Wenn Sie Ihre Rechnungen nicht bezahlen können und sich um Geld sorgen müssen, kann das ebenfalls eine Last bedeuten und Sie in Ihrer Beweglichkeit erheblich einschränken. Geld wird Sie nicht anbinden, es sei denn, Sie hängen dieser Überzeugung an und fädeln es so ein, daß es so kommt. Was Sie glauben, das erschaffen Sie. Wenn Sie glauben, daß viel Geld eine Last bedeutet, dann sollten Sie diese Überzeugung besser ändern, bevor Sie zu einer Menge Geld kommen, sonst werden Sie die entsprechenden Erfahrungen machen. Falls Sie um eine Menge Geld gebeten und noch nicht bekommen haben, so ist Ihnen Ihr Höheres Selbst möglicherweise dabei behilflich, einige Ihrer negativen Überzeugungen zu ändern, bevor es Ihre Bitte erfüllt.

Ihre Glaubensvorstellungen in bezug auf Geld entscheiden darüber, wie Sie es anziehen, ausgeben und damit umgehen. Halten Sie es für möglich, daß Sie mit einer von Ihnen geliebten Tätigkeit Geld verdienen? Oder glauben Sie, daß Sie nur mit harter Arbeit und großer Mühe zu Geld kommen können? Wenn es etwas gibt, das Sie haben wollen und noch nicht bekamen, dann ist es unter Umständen eine Glaubensvorstellung, die der Erfüllung Ihres Wunsches im Wege steht. In jeder Glaubensvorstellung, die Sie ausleben, existiert ein Keim der gegensätzlichen, von Ihnen noch nicht manifestierten Glaubensvorstellung. In der Überzeugung, daß Sie es nicht verdienen, Geld zu haben, findet sich ihr Gegenteil, nämlich daß Sie es sehr wohl verdienen, Geld zu haben. Wenn Sie Ihre Aufmerksamkeit von der negativen Überzeugung abziehen und die positive Glaubensvorstellung aktivieren, dann verändern Sie Ihre Erfahrungen.

Möglicherweise stellen Sie fest, daß sich einiges an Ihrer Sie einschränkenden Denkweise auf Programmierungen und Überzeugungen zurückführen läßt, die Sie von Ihren Eltern übernommen haben. Ein Großteil Ihrer Gedanken, Bilder und Vorstellungen wurde Ihnen sehr früh durch die Worte, Glaubensvorstellungen und unausgesprochenen Botschaften Ihrer Eltern und anderer Menschen in Ihrer Umgebung eingepflanzt. Finden Sie heraus, welche Glaubensvorstellungen Sie von Ihren Eltern übernommen haben, und entscheiden Sie bewußt darüber, ob Sie sie behalten wollen. Vergeben Sie Ihren Eltern für die Überzeugungen, die sie Sie gelehrt haben und die nicht länger beibehalten wollen. Seien Sie sich klar darüber, daß sie ihr Bestes getan haben. In gewisser Weise waren diese Glaubensvorstellungen damals genau richtig für Sie, da sie Sie zu den Lektionen führten, die Sie für Ihr Wachstum und die Entwicklung Ihres Potentials brauchten. Sie können diese für Sie nunmehr untauglichen Programmierungen und Glaubensvorstellungen ablegen und sich die Prinzipien zu eigen machen, die Ihnen taugen. Sie können sich aussuchen, welche Überzeugungen, Gedanken, Vorstellungen und Bilder Sie haben wollen.

Ich wähle die Überzeugungen, die mir
Lebendigkeit und Wachstum bringen.

Wenn Sie bei sich eine Sie behindernde Glaubensvorstellung entdecken, dann geben Sie sie auf und erschaffen Sie sich eine neue. Das können Sie zum Beispiel dadurch erreichen, indem Sie ruhig werden, die Augen schließen, sich in Ihrer Vorstellung mit Licht umgeben und auf irgendeine symbolische Weise die alte Überzeugung entfernen. So könnten Sie vor sich geschrieben sehen: »Ich verdiene es nicht, Geld zu haben.« Nun löschen Sie diesen Satz Buchstabe für Buchstabe aus. An seiner Stelle sehen Sie nun vielleicht in großen Buchstaben die neue Überzeugung vor sich: »Ich verdiene es, Geld zu haben.« Um diese neue Überzeugung noch tiefer einzuwurzeln, sollten Sie den Satz niederschreiben, ihn dorthin legen, wo Sie ihn häufig zu Hause oder bei der Arbeit sehen, und ihn sich, wann immer Sie daran denken, vorsagen.

Ihre Glaubensvorstellungen werden durch Ihre Emotionen und die Art und Weise, wie Sie Ihre Imagination einsetzen, entweder gestärkt oder geschwächt. Sie sollten Ihre alten Überzeugungen weder ignorieren noch verleugnen. Akzeptieren Sie die alten Glaubensvorstellungen, die Sie bei sich entdecken, als Ihre Gedanken über die Natur der Realität, nicht als Tatsachen der Realität an sich. Stellen Sie sich dann vor, daß Sie die gegensätzliche Glaubensvorstellung vertreten. Wenn Sie überzeugt sind, es sei sehr schwer, Geld zu machen, dann stellen Sie sich vor, daß es leicht ist. Malen Sie sich ein möglichst reales Bild aus, setzen Sie Ihre Visualisierungsfähigkeit ein. Erleben Sie während Ihrer Visualisierung die positiven Gefühle, die mit dem Ausleben dieser neuen Glaubensvorstellung einhergehen. Erinnern Sie sich jeden Tag durch eine kleine Handlung an diese neue Glaubensvorstellung. Wenn Sie davon überzeugt sind, daß Ihnen keine hübschen Dinge zustehen, dann kaufen Sie etwas wirklich Hübsches für sich selbst. Solche Unternehmungen lassen vielleicht ganz neue Gefühle und Überzeugungen in Ihnen aufkommen, mit denen Sie dann arbeiten können.

Meine Glaubensvorstellungen
erschaffen mir gute Dinge.

Sie können neue Glaubensvorstellungen kultivieren, die Ihnen zu finanziellem Wohlstand verhelfen. Zum Beispiel kann Sie die Überzeugung, daß Sie mit einer von Ihnen geliebten Tätigkeit Ihren Lebensunterhalt verdienen können, zu größerer Kreativität motivieren. Vielleicht möchten Sie gerne glauben, daß Geld Freude machen soll, daß es Ihnen hilft, Ihr höheres Ziel zu verwirklichen und einen Beitrag zum Wohle der Menschheit zu leisten. Wenn Sie glauben, daß Sie arm sind, dann wird Ihr Unbewußtes Ereignisse erschaffen, die dieses Gefühl aufrechterhalten. Wenn Sie glauben, daß Reichtum schlecht ist, dann werden Sie sich selbst vom Einsatz all der Talente und Fähigkeiten abhalten, die Ihnen zu Geld verhelfen könnten. Wenn Sie glauben, daß es besser ist, kein Geld zu haben, werden Sie vielleicht schließlich alle Ihre Begabungen und Fähigkeiten unterdrücken, weil sie Ihnen sonst zu finanziellem Erfolg verhelfen könnten.

Möglicherweise müssen Sie, bevor Sie etwas Neues anziehen können, erst Ihre Selbstwahrnehmung sowie bestimmte Glaubensvorstellungen verändern. Da war zum Beispiel eine Frau, die sich eine neue und sehr viel hübschere Wohnung wünschte. Nachdem sie ein Jahr gespart hatten, konnten sie und ihr Mann sich eine sehr viel hübschere Wohnung leisten, und sie zogen um. Weil ihr diese neue Wohnung so viel schöner vorkam, fing sie an, mehr Freunde einzuladen, sich besser zu kleiden und sich selbst in einem besseren Licht zu sehen. Sie glaubte, daß die neue Wohnung für ihr besseres Selbstwertgefühl verantwortlich sei, aber tatsächlich hatte sie ihre Selbstwahrnehmung verändert, bevor sie sie bekam. Sie kam erst zu der neuen Wohnung, nachdem sie ihre Glaubensvorstellung über das, was ihr zustand, geändert hatte. Wenn sie verstanden hätte, daß ihr wahrer Wunsch in der Veränderung ihres Selbstbildes bestand, dann hätte sie gleich die Dinge tun können, die ihr dieses Selbstwertgefühl vermittelten. Das Geld für die neue Wohnung wäre schneller eingetroffen. Sie mußte ein Jahr warten, weil sie so lange brauchte, um in sich die Überzeugung heranwachsen zu lassen, daß sie es wert sei und verdiente, ein schöneres Zuhause zu haben.

Ich verdiene Fülle.

Fragen Sie sich jetzt: »Gibt es irgendeinen Grund, warum ich nicht in Fülle leben kann? Verdiene ich sie? Glaube ich, daß reiche Menschen ihren Reichtum irgendwie mehr verdienen als ich?« Denken Sie an all die Gründe, warum es recht ist, wenn Sie Geld haben.

Denken Sie an etwas, das Sie kürzlich erhalten oder sich geschaffen haben, etwas, das Sie Ihrem Verständnis nach »erreicht« haben. Sie bekamen diesen Gegenstand in der Hoffnung, daß er Ihnen zu Wachstum und Lebendigkeit und einem neuen Selbstbild verhelfen würde. Welches neue Selbstbild hat Ihnen dieser Gegenstand vermittelt? Bevor Sie ihn manifestiert haben, mußten Sie einige Ihrer Glaubensvorstellungen von sich selbst und was Sie haben können, verändern. Welches neue Selbstbild tauchte auf, als Sie diesen Gegenstand kauften oder in Besitz nahmen? Da war zum Beispiel ein Mann, der sich einen Schlafsack und ein Zelt von sehr guter Qualität kaufte, etwas, das er sich schon länger gewünscht hatte. Das neue Selbstbild, das in diesem Zusammenhang in ihm auftauchte, war das eines Mannes, der sich viel in der freien Natur aufhält, der wohlhabend ist und eine gute Ausrüstung verdient. Denken Sie jetzt an etwas, das Sie haben möchten und noch nicht haben. Welches neue Selbstbild erlaubt Ihnen, diese Sache zu besitzen? Welche neue Glaubensvorstellung von sich selbst brauchen Sie, um sie sich zu erschaffen? Wenn Sie diese neuen Glaubensvorstellungen und Gefühle in bezug auf Ihre eigene Person herstellen, werden sich die Ergebnisse Ihrer Magnetisierungsarbeit dramatisch verbessern.

Übungsbogen

Transformierung Ihrer Glaubensvorstellungen

▷ Nehmen Sie sich eine mit Geld verbundene Situation in Ihrem gegenwärtigen Leben vor und fragen Sie: »Welche Glaubensvorstellungen muß jemand haben, um sich diese Situation zu erschaffen?« Zählen Sie mehrere Möglichkeiten auf. Ihr inneres Gefühl wird Ihnen sagen, wenn Sie auf die gestoßen sind, die auf Sie zutreffen.

▷ Schreiben Sie eine neue Glaubensvorstellung in bezug auf Geld auf, die Sie gerne vertreten möchten.

▷ Denken Sie an etwas, das Sie gerne haben möchten. Welche neuen Glaubensvorstellungen von sich selbst brauchen Sie unter Umständen, um es zu bekommen?

Anmerkung

Es ist oft hilfreich, wenn Sie eine neue Glaubensvorstellung auf ein Blatt Papier schreiben und es dann an einem Ort deponieren, wo Sie es häufig sehen. Sie schicken dieser Glaubensvorstellung dann jedesmal, wenn Ihr Blick darauf fällt, Energie, was dazu beiträgt, daß sie Realität wird.

Kapitel 8
Geld fließen lassen

Mit Ihrer Weiterentwicklung werden Sie für immer mehr Aspekte der Erschaffung von Fülle sensibel werden und feststellen, daß der Geldfluß wie die Wasser des Ozeans Gezeiten unterliegt und Sie sowohl Ebbe wie Flut erleben läßt. Euer Universum besteht aus Energie, und Energie bewegt sich in Wellen und Zyklen. Es wird Zeiten geben, in denen Ihr Magnetismus größere Resultate bewirkt, und andere, in denen die Ergebnisse mager ausfallen. In manchen Monaten werden Sie überdurchschnittlich viel Geld einnehmen, in anderen wiederum werden Ihre Rechnungen die Norm überschreiten. In manchen Wochen wird Ihr Unternehmen großartig florieren, in anderen machen sich die Kunden vielleicht rar.

Der Geldfluß unterliegt einem natürlichen Rhythmus, wie alles in Ihrem Leben in einen natürlichen Zyklus eingebettet ist. Jedes Geschäft kennt Ebbe und Flut. Jede Person hat ihre Zyklen im Leben und Zeiten, in denen mehr Geld hereinkommt als rausgeht, und Zeiten, in denen es sich umgekehrt verhält. Die Herausforderung an Sie besteht darin, daß Sie sich nicht von diesem natürlichen Gezeitenrhythmus emotional mitreißen lassen, sondern diese Zyklen vielmehr zur Steigerung Ihres Wohlstands einsetzen.

Geld fließt in mein Leben.
Ich bin wohlhabend.

Innerhalb dieses Zyklus existieren vier Grundzustände. Ruhe, wenn Geld in gleichem Maße hereinkommt wie hinausgeht. Flut, wenn sehr viel mehr Geld hereinkommt als hinausgeht. Ebbe, wenn sehr viel mehr Geld hinausgeht als hereinkommt.

Und Flaute, wenn Geld weder hereinkommt noch hinausgeht. Geld steht für den Energieaustausch zwischen Ihnen und der Außenwelt. Es steht für die Energie, die von Ihnen ausgeht, und die Energie, die zu Ihnen zurückfließt.

Sollten Sie sich in einem Zustand der Ruhe oder Flaute befinden, Geld also in gleichem Maße hereinkommen und hinausgehen oder aber sich gar nichts bewegen, dann überprüfen Sie, an welcher Stelle sich in Ihrem persönlichen Energiefluß nichts bewegt. Sowohl Geld wie auch Ihre persönliche Energie sollten ständig im Fluß bleiben. Sie erschaffen sich mehr Geld, wenn Sie Ihre Energieblocks lösen. Eine Blockierung im Geldfluß kann ihre Ursachen in Bereichen haben, in denen Ihre persönliche Energie nicht fließt, so etwa im Bereich Ihres physischen Körpers, Ihrer Emotionen oder Ihrer Beziehungen mit anderen Menschen. Falls Sie sich in bezug auf Geld in einem Zustand der Ruhe oder Flaute befinden und Ihre Energie wieder in Bewegung setzen wollen, dann beobachten Sie eine Weile Ihr Leben und bitten Sie Ihr Höheres Selbst, Ihnen zu zeigen, wo Ihre Energie wieder stärker zum Fließen gebracht werden muß.

Meine Energie durchfließt frei jeden meiner Lebensbereiche.

Manchmal läßt sich die Ursache für einen blockierten Energiefluß in Ihrem Körper finden. Sollten Sie körperlich nicht so gesund und energiegeladen sein, wie Sie es sich wünschen, dann können Sie, um zu mehr Energie zu kommen, Kontakt mit Ihren inneren Bedürfnissen und Impulsen aufnehmen. Ihr Körper versucht immer, Ihnen seine Bedürfnisse mitzuteilen. Was hat Ihnen Ihr Körper zugeflüstert? Vielleicht möchte er, daß Sie sich mehr entspannen, sich mehr im Freien aufhalten, sich mehr körperliche Bewegung verschaffen oder Ihre Eßgewohnheiten ändern. Folgen Sie diesem inneren Drängen, Sie werden dann einen Zuwachs an physischer Energie und Gesundheit erleben. Und wenn Sie in diesem Bereich die Dinge wieder in Fluß bringen, wird sich das auch auf den Geldfluß auswirken. Nehmen Sie sich einen Moment Zeit und richten Sie Ihr Augenmerk auf Ihren Körper. Fühlen Sie sich irgendwo physisch blockiert? Haben Sie viele innere Impulse, denen Sie nicht nachgeben, wie zum Beispiel eine Veränderung Ihrer Eßgewohnheiten, mehr körperliche Betätigung, eine Massage oder Spaziergänge? Welche ganz einfachen Schritte könnten Sie schon heute unternehmen, die Ihnen helfen, diese Bereiche wieder frei zu bekommen?

Wahrscheinlich fühlen Sie sich manchmal emotional blockiert. Vielleicht sind Sie auf jemanden wütend oder unterdrücken Gefühle, die zum Ausdruck gebracht werden müssen. Emotionale Blockierungen lassen sich lösen, wenn Sie sich vornehmen, sich auf eine höhere Ebene zu begeben und aus dem Mitgefühl heraus die Wahrheit zu sprechen. Auch hier sollten Sie wieder Ihren inneren Impulsen folgen. Hören Sie auf Ihre Gefühle, respektieren Sie sie und reagieren Sie auf sie. Überdenken Sie Ihre persönlichen Beziehungen. Ist da irgendwo eine Stelle, wo sich Geben und Nehmen nicht die Waage halten oder Sie sehr viel Energie hineinstecken und sehr wenig zurückbekommen? Oder erwarten Sie, daß die Menschen Ihnen etwas geben, ohne daß Sie etwas zurückgeben müßten? Schicken Sie anderen Menschen Liebe? Fühlen Sie sich geliebt? Ist Ihr Herz offen?

Wenn Sie in irgendeinem Bereich eine Blockierung feststellen, dann können Sie sich die Frage stellen: »Was genau könnte ich unternehmen, um in diesem Bereich die Dinge wieder in Fluß zu bringen?« Es muß nicht unbedingt eine große Aktion sein. Vielleicht müssen Sie nur einem Freund etwas sagen, das einmal gesagt werden muß. Welchen kleinen Schritt könnten Sie in der nächsten Woche tun, um die Energie zwischen Ihnen und Ihren Mitmenschen wieder zum Fließen zu bringen? Es mag etwas so Einfaches sein wie ein Telefonanruf, eine Veränderung Ihrer Einstellung jemand anderem gegenüber oder die telepathische Übermittlung, daß Sie ihn oder sie so akzeptieren, wie er oder sie ist.

Ein einzelner Bereich, in dem Sie sich nicht glücklich fühlen, kann sich auf alle anderen Lebensbereiche auswirken. Je bewußter Sie sich Ihrer Energieprozesse werden, desto unmöglicher wird es, die nicht funktionierenden Lebensbereiche unter den Teppich zu kehren. Wenn Sie Fülle, Lebendigkeit und Wachstum erfahren wollen, dann müssen Sie alles Ihnen Mögliche tun, um alle Lebensbereiche zum Funktionieren zu bringen. Ist der Geldfluß blockiert, dann ist es vielleicht an der Zeit, mit neuen Aktivitäten zu beginnen, die Ihren Wünschen entsprechen. Suchen Sie nach Unternehmungen, die Ihnen Freude, Lebendigkeit und Energie bringen, und werden Sie aktiv. So setzen Sie Ihre Energie wieder in Bewegung und damit auch den Geldfluß.

Es kommt mehr Geld herein als hinausgeht.

Jeder freut sich auf die Phase des Zyklus, in der mehr Geld hereinkommt als hinausgeht. Sie erleben das jeden Monat viele Male. Wenn Sie Ihren Gehaltsscheck oder irgendeine Summe Geldes in den Händen halten, bevor Sie es wieder ausgeben, haben Sie einen Fluß in Bewegung gebracht. Seien Sie sich klar darüber, daß Sie bereits einen solchen Fluß in Gang gesetzt haben, daß er bereits existiert, und Sie sich lediglich noch mehr solche Tage wünschen, an denen mehr Geld hereinkommt als hinausgeht. Wenn Sie sich jedesmal Bestätigung dafür zukommen lassen, daß Sie, und sei es auch nur an einem einzigen Tag, mehr Geld hereinbekommen haben als Sie ausgegeben haben, wird sich der Energiefluß in Ihrem Leben verstärken. Haben Sie eine Ebene erreicht, wo Sie ständig einen Überschuß an Geld vermerken können, dann gratulieren Sie sich! Sie haben die Ebene der Meisterschaft über die Fülle erreicht. Nehmen Sie sich einen Moment Zeit, um sich dafür Anerkennung zu zollen.

Auf dieser Ebene sind Sie mit ein paar Herausforderungen konfrontiert. Eine davon ist die, daß Sie bei all Ihrem zunehmenden Wohlstand die Ausgaben so niedrig halten, daß Sie auch dann, wenn die natürliche Ebbe einsetzt, noch Ihre Rechnungen bezahlen können. Solange Sie den Manifestierungsprozeß noch nicht ganz beherrschen und sich das, was Sie haben wollen, zum gewünschten Augenblick erschaffen können, möchten Sie vielleicht einiges von Ihrem überschüssigen Geld auf die hohe Kante legen. Es ist auf jeder Ebene des Reichtums ziemlich leicht, mehr auszugeben als man hat und sich ständig pleite zu fühlen. Manche Menschen machen nie die Erfahrung von Fülle, weil sie ständig alles ausgeben, was sie verdienen oder sogar noch mehr oder ihre monatlichen Ausgaben und Fixkosten in eine Höhe schrauben, die sie dann, wenn die Ebbe einsetzt, mit ihren Rechnungen in Verlegenheit bringt. Menschen, die sich reich fühlen, geben gewöhnlich weniger aus als sie einnehmen.

Da war ein Mann, der jährlich 15 000 Dollar verdiente und damit begann, für sich finanziellen Erfolg zu visualisieren. Innerhalb von drei Jahren machte er mit seinen neuen Geschäftsideen, die er auf diese Weise angezogen und umgesetzt hatte, einen jährlichen Gewinn von 150 000 Dollar, wobei er sogar nur drei Tage in der Woche arbeitete. Aber in seinem Enthusiasmus über dieses viele Geld kaufte er ein großes neues Haus, einen großen Wagen und andere teure Gegenstände. Seine monatlichen Ausgaben steigerten sich rasch bis zu einem Punkt, wo er 150 000 Dollar verdienen mußte, um seinen finanziellen Verpflichtungen nachkommen zu können. Und trotz seines gesteigerten Einkommens hatte er noch immer das Gefühl, arm und ständig in Geldnöten zu sein. Als das Geschäft im folgenden Jahr etwas nachließ, geriet er in finanzielle Schwierigkeiten, obwohl er immerhin 130 000 Dollar verdiente.

Ich erlaube mir, noch mehr zu haben, als ich mir je erträumte.

Wenn Sie mehr Einnahmen als Ausgaben haben, Ihr Geschäft besser geht oder Sie zu mehr Geld kommen, als Sie erwartet haben, dann kann auch die weitere Bitte um noch mehr eine

Herausforderung darstellen. Wenn Sie sich sagen: »Das ist zuviel. Wenn das so weitergeht, komme ich nicht mehr mit dem Geschäft, der Verantwortung oder Arbeit zurecht«, dann treten Sie möglicherweise stärker auf die Bremse, als Sie glauben.

Wenn dann die naturgegebene Ebbe einsetzt, könnte es mit dem Geld oder Geschäft sehr viel magerer aussehen, als Ihnen lieb ist. Ziehen Sie nicht die Bremse, wenn Sie das Gefühl haben, von Arbeit, Möglichkeiten oder Geld überhäuft zu werden. Bringen Sie sich dazu, um noch mehr zu bitten. Lassen Sie sich ganz und gar auf ein Denken ohne Grenzen ein und dehnen Sie Ihre Vorstellungen von dem, was zu haben Ihnen möglich ist, noch aus.

Öffnen Sie sich, wenn Sie sich in einer Aufschwungsphase befinden, für immer noch mehr. Machen Sie sich klar, daß Sie, wenn immer noch mehr hereinkommt, auch neue Vorgehensweisen, Formen und Strukturen entwickeln, die Ihnen helfen, damit umzugehen. Eine der Herausforderungen von zunehmender Fülle besteht darin, daß Sie in der Lage sind, all die Optionen, Möglichkeiten und den Überfluß richtig zu handhaben. Sie sind dazu aufgefordert, zu wachsen, mehr Leute zu erreichen, mit Ihrer Arbeit Verbreitung zu finden und mehr Verantwortung, Macht und Fülle zu akzeptieren.

Übungsbogen

Den Geldfluß fließen lassen

▷ Gibt es irgendeinen Bereich in Ihrem Leben, der nicht so funktioniert, wie Sie es sich wünschen? Nehmen Sie sich einen Moment Zeit und malen Sie sich aus, wie dieser Bereich Ihren Wünschen nach aussehen sollte. Werden Sie ruhig und lauschen Sie auf den Rat Ihrer inneren Führung, was Sie in diesem Zusammenhang tun könnten. Welchen mit Freude besetzten

Schritt könnten Sie morgen tun, um dem Rat Ihrer inneren Führung Folge zu leisten?

▷ Werden Sie ruhig und stimmen Sie sich auf Ihren physischen Körper ein. Welchen Rat Ihrer inneren Führung haben Sie erhalten, der Ihnen zu mehr Energie und Gesundheit verhelfen kann? Welchen mit Freude besetzten Schritt könnten Sie morgen tun, um dem Rat Ihrer inneren Führung Folge zu leisten?

▷ Überdenken Sie Ihre Beziehungen, die Beziehung zu sich selbst eingeschlossen. Gibt es da irgend etwas, das nicht so funktioniert, wie Sie es sich wünschen? Malen Sie sich die Erfahrung aus, die Sie gerne machen würden.

Anmerkung

Sie können eine andere Person nicht verändern, nur sich selbst. Oft verändert aber eine andere Person ihre Reaktion auf Sie, wenn Sie an sich selber etwas verändern, Ihre Einstellung, Perspektive, Handlungsweise zum Beispiel. Was also können Sie bei sich selber ändern, um die Situation zu verbessern? Halten Sie einen Moment inne und lassen Sie sich einfallen, was Sie zur Verbeserung dieser Beziehung tun könnten. Seien Sie bereit, Ihre Ideen in die Tat umzusetzen.

Kapitel 9

Mehr als bloßes Überleben

Brechen Sie nicht in Panik aus, wenn Sie in eine Ebbe geraten und mehr Geld rausgeht als hereinkommt. Verlieren Sie nicht Ihr Selbstvertrauen, glauben Sie nicht, Sie hätten irgendwie versagt. Die Herausforderung des Ebbezustands besteht darin, daß Sie fest an Ihren künftigen Wohlstand glauben. Alles auf Erden unterliegt einem zyklischen Wandel, alle Phasen sind temporärer Natur. Auf jede Ebbe folgt eine Flut.

Sinkt Ihr Einkommen kürzer- oder längerfristig, dann denken Sie daran, daß dieser Einbruch vorübergehend ist, und konzentrieren Sie sich auf das, was Sie aus dieser Erfahrung lernen können. Es gibt selten ein Unternehmen, das in seinem Umsatz nicht das durch den naturgegebenen Geschäftszyklus bedingte Auf und Ab erlebt. Sie werden auf einer zunehmend höheren Ebene der Meisterschaft im Manifestieren imstande sein, das anzuziehen, was Sie brauchen, und so immer weniger von den naturbedingten Zyklen beeinflußt werden.

Benutzen Sie die Phase der Ebbe, um mehr Klarheit zum Thema Geld in Ihrem Leben zu gewinnen. Magnetisieren Sie weiter und stellen Sie sich die Frage: »Welchen Vorteil hat diese Situation?« Für eine Wandlung im Fluß gibt es immer einen tieferen Grund. Möglicherweise haben Sie in einer solchen Phase mehr Freizeit und können mit den Dingen beginnen, die Sie sich vorgenommen haben. Sie können sich neues Wissen aneignen, ausspannen, neue Möglichkeiten erkunden oder den schon lange ersehnten Urlaub machen. Vielleicht möchten Sie neue Richtungen erforschen, die sich für Ihre Arbeit auftun könnten, oder neuen Ideen nachgehen. Es gibt immer einen Weg aus der Ebbe. Sie haben Ideen im Kopf, die nur darauf warten, erforscht und ausprobiert zu werden. Achten Sie auf das einladende Flüstern der Dinge, die Sie gerne tun, wie auch auf Ihre Träume und Visionen.

Das Universum arbeitet auf vollkommene Weise. Es dient immer meinem höheren Wohl.

Je mehr Sie die Geschenke wertschätzen können, die Sie in Zeiten der Ebbe erhalten, desto rascher wird die Flut zurückkehren. Konzentrieren Sie sich auf die Fülle in Ihrem Leben, nicht auf Ihre unbezahlten Rechnungen. Achten Sie auf die neuen seelischen Qualitäten, die Sie entwickeln, wie Geduld, Vertrauen und Liebe. Denken Sie daran, daß Sie sich das erschaffen, worauf Sie Ihre Konzentration gerichtet halten, und daß auf ein Tief immer ein Hoch folgt. Denken Sie an eine Situation in Ihrer Vergangenheit, in der Sie finanziell eine harte Zeit durchmachten. Erinnern Sie sich an die Stärke, die Sie dadurch entwickelten, und an die anschließend eintretenden Veränderungen in Ihrem Leben. Dieser Blick auf Ihre Vergangenheit zeigt Ihnen, welche großen Fortschritte Sie nach jeder Ebbe machen.

Manchmal müssen Sie erst Geld ausgeben, bevor Sie Geld verdienen können, so wie es im Geschäftsleben normalerweise der Fall ist. Wenn Sie Geld in Dinge investieren, die Ihnen künftigen Wohlstand bescheren sollen, dann betrachten Sie das als einen Vertrauensbeweis in Ihre Fähigkeit, künftig Geld zu verdienen. Seien Sie allerdings ehrlich mit sich, wenn Sie einschätzen, was Sie zunächst brauchen und was Sie an künftigem Einkommen erwarten können. Beurteilen Sie Ihre Fähigkeiten, Kenntnisse und die Marktlage richtig und treffen Sie dann die entsprechenden Entscheidungen. Es gibt Beispiele für Unternehmungen, die sich gleich hochelegante Büros, kostspielige Apparaturen und eine Menge Personal zulegten, um dann feststellen zu müssen, daß die Geschäftslage derartige Ausgaben nicht trug.

Meine Schulden repräsentieren meinen und
den Glauben anderer an meine Freiheit,
in Zukunft Geld zu verdienen.

Sollten Sie daran denken, Schulden zu machen, dann überlegen Sie das mit Ihrer inneren Führung und fragen Sie, ob dieser Schritt angemessen ist. Machen Sie Schulden, um einen größeren Schritt nach vorn zu finanzieren, dann beinhaltet das die Möglichkeit, zu mehr Geld zu kommen, als Sie ausgeliehen haben. Machen Sie aber Schulden, um Ihren monatlichen finanziellen Verpflichtungen nachkommen zu können, dann deutet das unter Umständen auf ein Grundproblem in Ihrem Finanzhaushalt hin. Sie können sich Geld für die Miete leihen, aber sie wird auch im nächsten Monat wieder fällig sein. Gewöhnlich ist es empfehlsam, sich andere Möglichkeiten als die einer Verschuldung auszudenken, um auf einer verläßlichen Basis zu Geld zu kommen.

Trotzdem scheint es manchmal notwendig zu sein, sich Geld zu leihen, sei es, um über die Runden zu kommen, sei es, um sich dringend notwendige Dinge zu besorgen oder eine neue Unternehmung zu finanzieren. Haben Sie Schulden gemacht, dann lassen Sie sich durch diese Tatsache nicht von einem Gefühl der Wohlhabenheit abhalten. Sollten Ihnen die Schulden über den Kopf gewachsen sein, glauben Sie, daß Sie sich mehr Geld geliehen haben, als Sie je zurückzahlen können, dann kehren Sie zu Ihrem ursprünglichen Glauben zurück, nämlich daß Sie in der Lage sind, diese Schulden mit Leichtigkeit zurückzuzahlen.

Sie hatten, als Sie sich das Geld borgten, das Vertrauen in sich, in Zukunft das nötige Einkommen zu verdienen. Erneuern Sie dieses Selbstvertrauen. Zahlen Sie, statt sich wegen Ihrer Schulden Sorgen zu machen, mit Freude jeden Monat ein wenig zurück. Visualisieren Sie, wie sich die Menge Ihrer Schulden ständig verringert, und sie werden schließlich abbezahlt sein. Es ist unproduktiv, wenn Sie sich wegen Ihrer Schulden Sorgen machen. Zwar mag es Ihnen lieber sein, keine Schulden zu haben, aber Sie werden nicht davon runterkommen, wenn Sie sich nur sorgen, statt kreative Ideen zu entwickeln und damit zu arbeiten. Bleiben Sie in Kontakt mit Ihren Gläubigern, wenn Sie Ihre Rückzahlungen nicht leisten können. Sagen Sie ihnen, daß Sie die feste Absicht haben zu zahlen, schicken Sie ihnen so viel Geld, wie Sie aufbringen können, und sei es auch nur ein kleiner Teil dessen, was Sie zahlen müßten. Ihre Gläubiger sind beruhigt, wenn Sie von Ihnen hören, und werden im Normalfall das, was Sie zahlen können, akzeptieren, sofern die Zahlung auf regelmäßiger Basis erfolgt.

Eine Familie geriet mit den monatlichen Zahlungen gewaltig in den Rückstand, als der Mann arbeitslos wurde. Die Gläubiger riefen an, und die Frau hatte Angst, ans Telefon zu gehen oder die Tür zu öffnen, weil ständig Leute kamen und ihr Geld forderten. Die Situation sah sehr düster aus. Eines Tages sagte ihr jemand, daß die Gläubiger gewöhnlich Zugeständnisse machen, wenn man sie anruft und ihnen die Situation erklärt.

Sie glaubte nicht, daß das in ihrem Fall etwas nützen würde, da die meisten ihrer Gläubiger große Institutionen waren. Doch sie nahm tapfer den Telefonhörer in die Hand, rief jeden einzelnen Gläubiger an, erklärte die Situation und bekundete ihren guten Willen, die ausstehenden Forderungen zu begleichen. Zu ihrer Überraschung war jeder der Gläubiger freundlich und Argumenten zugänglich. Sie bot an, jedem monatlich fünf oder zehn Dollar zu bezahlen, bis sie wieder größere Summen aufbringen konnte, und jeder ließ sich darauf ein.

Wenn Sie Schulden haben und die Situation bereinigen wollen, dann rechnen Sie erst einmal die Gesamtsumme Ihrer Schulden zusammen. Vergeben Sie sich dann selbst, falls Sie Schuldgefühle haben sollten, und machen Sie sich klar, daß Sie sich das Geld geliehen haben, weil sowohl Sie wie auch Ihre Gläubiger an Ihre Fähigkeit glaubten, künftig Geld verdienen zu können. Stellen Sie sich vor, daß Ihre Schulden ganz und gar abbezahlt sind, wie neben jeder Forderung die Eintragung steht: »bezahlt«. Sehen Sie vor Ihrem geistigen Auge, wie Sie die letzte Rate bezahlen, und malen Sie sich die Szene so real wie möglich aus. Erleben Sie das gute Gefühl, das Sie dabei haben.

Machen Sie sich keine Sorgen über die Zeit, die es dauern könnte, bis die Schulden abbezahlt sind. Es wird schneller gehen, als Sie denken. Wenn Sie dabei sind, die nächste Rate einer Schuld zu bezahlen, dann schreiben Sie zuerst einen vorgeblichen Scheck über die gesamte Summe aus. Legen Sie ihn an eine Stelle, wo Sie ihn immer sehen können, wenn Sie sich mit dieser Schuld befassen. Schicken Sie, wenn Sie die Rate bezahlen, Liebe und Dank an Ihren Gläubiger für sein oder ihr Vertrauen in Sie.

Viele Menschen beurteilen ihren Nettowert nach ihren Kontoauszügen. Auch wenn Sie kein Sparguthaben, sondern vielmehr Schulden haben, haben Sie doch einen Nettowert – all Ihre Fähigkeiten, Ihr Wissen, Ihre Einstellung, Ausbildung, Erfahrung und Kontakte. Alles, was Sie gelernt haben, jede Ihrer Fähigkeiten sind Quellen eines künftigen Einkommens. Die Fähigkeiten und die Erfahrung, die Sie in der Vergangenheit erworben haben, sind Ihr Nettowert, und Sie können sie in Geld verwandeln.

Mein Wert steigert sich durch alles, was ich tue.

Wenn Sie für Ihre Arbeit bezahlt werden, dann tauschen Sie Ihre Erfahrung für Geld ein. Sie gewinnen jeden Tag an Erfahrung, die Sie in Geld umsetzen können; Ihr Vermögen, Geld zu verdienen, nimmt zu. Ihr Wissen, Ihre Fähigkeiten und Erfahrungen sind Geld wert, wenn sie richtig eingesetzt werden. Sie werden in Zukunft sogar noch über mehr Fähigkeiten verfügen, die Ihnen Geld einbringen können. Auch wenn Sie Schulden haben, könnten Sie über einen großen Nettowert verfügen; er ist nur noch nicht in bare Münze umgesetzt worden. Sind Sie Student und haben zur Finanzierung Ihrer Ausbildung Schulden gemacht, dann erschaffen Sie einen Nettowert an Fähigkei-

133

ten, der später in Geld umgewandelt wird. Wachsen Sie, erweitern Sie sich, folgen Sie Ihrem Weg, und Ihr Wert wird sich kontinuierlich steigern. Mit zunehmendem Wachstum werden Sie auch künftig mehr verdienen, um die Schulden Ihrer Vergangenheit abbezahlen zu können.

Fühlen Sie sich nicht als Versager, wenn Sie gerade mal so überleben und kaum in der Lage sind, Ihre Rechnungen zu bezahlen. Sie haben ganz einfach diesen Weg gewählt, um viele wichtige Lektionen zu lernen und zur Essenz dessen, was Sie sind, vorzudringen. Es könnte sein, daß Sie durch diese Erfahrung sehr schnell wachsen. Sie lernen möglicherweise durch das Erlebnis von Mangel, daß Sie es verdienen, in Fülle zu leben. Vielleicht entdecken Sie, wie wenig es im Leben braucht, merken, daß Sie gar nicht abhängig sind von all den Dingen, die haben zu müssen Sie glaubten. Vielleicht lernen Sie, daß Sie, auch wenn Sie nur sehr wenig haben, großzügig sein können. Sie eignen sich vielleicht die höheren Qualitäten von Vertrauen, Mitgefühl und Demut an. Möglicherweise erkennen Sie, was in Ihrem Leben wichtig ist, sortieren, was für Sie Bedeutung hat und wesentlich ist und was nicht. Unter Umständen lernen Sie, es zulassen zu können, daß andere Ihnen geben, oder daß Sie sich auch ohne Geld machtvoll fühlen. Wenn Sie diese Lektionen verstehen, in sie einwilligen und sie akzeptieren, dann werden Sie diese Erfahrung nicht länger brauchen.

Alle meine Erfahrungen sind Gelegenheiten, an mehr Kraft, Klarheit und visionärer Stärke zu gewinnen.

Manche von Ihnen leben auf der untersten Einkommensstufe und verwenden fast alle Zeit und Energie auf die Bezahlung ihrer Rechnungen und die Befriedigung der Grundbedürfnisse. Es ist wichtig, daß Sie genug Geld haben, um Ihre Energie in Ihre Lebensaufgabe stecken zu können und sich nicht ständig Sorgen um Geld machen zu müssen. Vielleicht erwägen Sie, vorübergehend und als Notbehelf einen Job anzunehmen, der Sie in die Lage versetzt, Ihre Rechnungen zu bezahlen, während Sie sich darauf konzentrieren, den idealen Job oder die ideale berufliche Laufbahn zu finden. In dieser Phase ist es empfehlenswert, sich im Rahmen Ihrer Integrität nach dem leichtesten Weg umzusehen, um Ihren Grundbedürfnissen Rechnung zu tragen. Auch wenn eine solche Arbeit nicht alle Ihre Fähigkeiten beanspruchen oder Ihrer Vorstellung von einer idealen Beschäftigung entsprechen sollte, kann sie Ihnen doch, sofern die Umgebung und die Aktivitäten des Unternehmens zufriedenstellend sind, helfen, eine Grundlage aufzubauen, während Sie sich zugleich mit anderen Dingen beschäftigen.

Die ständige Sorge um Geld blockiert Ihre Kreativität und Ihr klares Denkvermögen. Wenn Sie sich auf eine Ebene bringen, auf der Sie mit Ihren Rechnungen klarkommen und Ihre Grundbedürfnisse erfüllt werden, dann hilft Ihnen das, Ihre Lebensaufgabe schneller zu finden und anzugehen. Ihrer Seele ist es gleich, welchen äußeren Status Sie in Ihrem Beruf haben. Solange Sie in Ihre Arbeit Liebe und Bewußtsein einbringen, wachsen Sie spirituell. Wenn Sie sich dafür entscheiden, temporär einen Job anzunehmen, dann brauchen Sie nicht zu glauben, daß Sie irgendwie Ihre Ideale geopfert haben. Es könnte sich herausstellen, daß Sie anderen effektiver helfen können, wenn Sie nicht selber ums Überleben kämpfen müssen.

Ein zeitweiliger Job könnte sogar ein paar Überraschungen für Sie bereithalten – eine neue Freundschaft oder eine Fähigkeit, die Ihnen später weiterhelfen wird. Oder er könnte auf eine noch unbekannte Weise ein Schritt hin zu Ihrer Lebensaufgabe bedeuten. Eine solche Beschäftigung bringt Ihnen Geld, neue Fähigkeiten und möglicherweise die nötigen Gelegenheiten, um zu einer Arbeit zu kommen, die Ihnen besser gefällt. Es gibt keine vergeudete Erfahrung. Selbst ein Routinejob lehrt Sie Lektionen, die Sie lernen müssen. Achten Sie darauf, daß eine solche Arbeit nicht Ihre ganze Energie und Zeit beansprucht. Sie wollen noch genug übrig haben, um sich Ihren größeren Zielen widmen zu können.

Manche von Ihnen beschließen vielleicht, noch ein bißchen länger auf dieser untersten Einkommensstufe zu bleiben, weil für sie ein solcher vorübergehender Job einen Kompromiß bedeutet. Sie haben möglicherweise das Gefühl, daß alle Arbeit, die nicht mit Ihrer Lebensaufgabe verknüpft ist, unakzeptabel ist. Sie sind willens, sich mit weniger zu begnügen, bis Ihre Karriere in Gang gekommen ist. Gestehen Sie sich zu, daß Sie sich bewußt für diesen Weg entscheiden. Lassen Sie sich deshalb nicht von anderen Leuten schlechte Gefühle aufoktroyieren. Stellen Sie nur sicher, daß Ihren Grundbedürfnissen so weit Rechnung getragen wird, daß Ihnen genug Zeit für den Aufbau Ihrer Karriere bleibt.

Das Leben gleicht einer Spirale. Sie werden jedes Stadium immer und immer wieder durchlaufen und es jedesmal aus einer höheren und noch höheren Perspektive erleben. Wenn Sie sehr wenig Geld haben, dann lernen Sie viele Lektionen, die Ihnen helfen, mit Geld problemloser umzugehen, wenn es dann kommt. Um diese Ebene zu durchbrechen, müssen Sie möglicherweise, was Geld, Ausgaben, Forderungen und Bedürfnisse angeht, Ihr Leben einfach und unkompliziert halten. Stellen Sie sich vor, Sie sind ein Rosenstrauch, der im Winter zurückgeschnitten wird, um im Frühling kräftig werden zu können. Benutzen Sie diese Zeit, um mit Ihren Grundbedürfnissen in Kontakt zu kommen und legen Sie alles ab, was Ihnen nicht dienlich ist.

Wenn Sie nicht wissen, woher das Geld zur Begleichung Ihrer Rechnungen kommen soll, oder wenn Sie sich davor fürchten, die Schritte zur Veränderung Ihrer gegenwärtigen Situation zu unternehmen, die Ihnen Ihre innere Führung aufgezeigt hat, dann haben Sie es vielleicht mit Angst zu tun. Das Gefühl von Angst läßt sich leichter verwandeln, als Sie denken. Sie müssen nur willens sein und die feste Absicht haben, sich davon freizumachen. Eine Möglichkeit, sich von Ängsten zu befreien ist die, daß Sie ganz genau benennen, wovor Sie sich fürchten. Haben Sie Angst wegen Ihrer Finanzen, dann setzen Sie Ihre Imagination ein und stellen Sie die Frage: »Was kann im schlimmsten Fall passieren, wenn ich diesen Monat meine Rechnungen nicht bezahle?« Nehmen Sie sich jede Antwort vor und fragen Sie erneut: »Was kann im schlimmsten Fall passieren?« Schließlich werden Sie auf Ihre tiefsten Ängste stoßen. Und wenn Sie diese erkennen, können Sie sie loslassen.

Wenn Sie im schlimmsten Fall Ihren Job verlieren, gar kein Geld mehr haben und verhungern könnten, dann befassen Sie sich zuerst mit dieser Angst. Wenn Sie Ihre Ängste benennen, dann können Sie sie verwandeln. Haben Sie sich Ihrer tiefsten Angst gestellt, dann werden Sie sehen, welche geeigneten Aktionen Sie unternehmen können, und auch imstande sein, sie auszuführen. Machen Sie Ihre Ängste, wenn Sie sich damit konfrontieren, nicht größer als sie sind. Haben Sie sich mit dem schlimmsten Fall vertraut gemacht, dann werden Sie wahrscheinlich erkennen, daß Sie damit fertigwerden können und daß es ohnehin ziemlich unwahrscheinlich ist, daß es so weit kommt.

Ein Beispiel: Eine Frau wollte ihr eigenes Geschäft gründen, zögerte aber. Sie wußte, daß sie Angst hatte, und stellte sich die Frage: »Was kann im schlimmsten Fall passieren, wenn ich dieses Geschäft eröffne?« Ihre Antwort war: »Niemand zahlt mir Lohn. Geht das Geschäft nicht, dann kann ich meine Rechnungen nicht bezahlen.« Und sie fragte weiter: »Was kann dann im schlimmsten Fall passieren?« Die Antwort war: »Wenn ich meine Rechnungen nicht bezahlen kann, verliere ich mein Heim. Meine Kinder haben nichts zu essen. Wir werden verhungern.« Und sie fragte noch weiter: »Was kann dann im schlimmsten Fall passieren?« Sie dachte: »Dann werde ich mir wünschen, ich wäre tot.«

Nachdem sie sich so mit ihren Ängsten konfrontiert hatte, wurde ihr klar, daß der schlimmste Fall wohl kaum eintreten würde, da zumindest ihre Geschwister und Eltern sie nicht verhungern lassen würden. Die Tatsache, daß sie ihre schrecklichsten Befürchtungen ans Tageslicht gebracht hatte, schien auch ihre Kräfte zu wecken. Denn für jeden Aspekt in Ihnen, der sich fürchtet, gibt es auch einen Aspekt, der weiß, daß Sie Ihr Ziel erreichen können.

Ich schicke meinen Ängsten Liebe.
Meine Ängste sind die Orte in mir,
die auf meine Liebe warten.

Stellen Sie sich nun vor, was in der gleichen Situation im besten Falle passieren könnte. Jede Furcht in Ihnen steht für einen Bereich, an dem Sie in diesem Leben arbeiten, einen Ort in Ihnen, den Sie ans Licht bringen, wo Sie negative Energie in positive Energie verwandeln. Ängste verlieren ihre Macht, wenn Sie sie ins Licht Ihres Bewußtseins halten. Nur wenn sie unterschwellig lauern, können sie Sie dazu bringen, den Dingen auszuweichen, die zu Ihrem höheren Weg beitragen.

Wenn Sie nach und nach jede Ihrer Ängste erkennen, wird Ihnen Führung zuteil, wie Sie sie loslassen können. Eines der größten Geschenke, das Sie sich selbst machen können, ist die genaue Untersuchung der jeweiligen Situation, die Ihnen Schmerzen oder Konflikte verursacht, und die Aufdeckung der Angst, die dahinter steckt. Das Freisetzen von Angst bringt Ihnen ungeheure Gaben und schließt Ihr größeres Potential auf, denn in jeder Furcht verbergen sich viele neue Bilder, Einsichten und Offenbarungen über Ihr Wesen und das, was Sie sein können. Wenn Sie Angst davor haben, über soviel Geld zu verfügen, daß Sie tun können, was Sie wollen, werden Ihnen wahrscheinlich keine Gedanken über eine Weltreise, ein hübsches Zuhause oder finanzielle Unabhängigkeit kommen. Machen Sie sich von Ihren Ängsten frei, dann wird das ganze Bereiche des Wachstums und Potentials eröffnen.

Eine weitere Möglichkeit, sich von einer Angst zu befreien, wenn Sie sie einmal erkannt haben, ist die, daß Sie sie dem Licht Ihrer Seele aussetzen. Stellen Sie sich vor, daß Sie sich einer kühlen blauen Flamme nähern, die Ihre Seele repräsentiert, und bitten Sie Ihre Seele, Ihre Ängste freizusetzen, zu klären und zu heilen. Lassen Sie alles los, das nicht Ihrem höheren Wohl dient, und bitten Sie es, sich von Ihnen loszumachen. Sie brauchen nur zu bitten, und Ihre Seele wird sofort damit beginnen, Sie zu Dingen zu führen, die Ihnen helfen, sich von Ihren Ängsten zu befreien. Wenn Sie sich bereit fühlen, Ihre Ängste loszulassen, dann bitten Sie jetzt um diese Befreiung. Seien Sie offen für neue kreative Wege, um das zu bekommen, was Sie sich wünschen.

Sie sind nicht Ihre Ängste, sondern das Selbst, das diese Ängste erfährt. Sagen Sie nicht: »Ich fürchte mich«, sondern: »Es durchzieht mich das Gefühl der Furcht, und ich lasse es jetzt ganz leicht gehen.« Denken Sie daran, daß der Teil von Ihnen, der diese Angstgefühle erfährt, nur ein kleiner Teil dessen ist, was und wer Sie wirklich sind.

Sie können lernen, sich mit Ihrem starken Selbst zu identifizieren und zu verbinden, indem Sie Ihren ängstlichen Gedanken Liebe schicken und sie beruhigen wie ein kleines, verängstigtes Kind. Fragen Sie diese Angst, ob sie eine Botschaft für Sie hat oder es etwas gibt, auf das Sie Ihre Aufmerksamkeit richten sollen. Wenn Sie Ihre Ängste lieben und freisetzen, dann können Sie sehr viel schneller voranschreiten und die Fülle in Anspruch nehmen.

Ich spreche von Erfolg und Wohlstand.
Meine Worte richten andere auf
und inspirieren sie.

Wollen Sie Ihren Wohlstand steigern, dann sprechen Sie über Ihre Fülle. Worte sind wichtig. Alles, was Sie sagen, hat das Potential, die Realität zu erschaffen, die Sie erleben. Das Universum reagiert auf Ihre positiven Worte. Selbst wenn Sie gegenwärtig nicht das haben, was Sie sich in Ihrem Leben wünschen, werden Sie doch, wenn Sie in der Gewißheit sprechen und handeln, daß Sie es haben werden, die Umstände anziehen, die Ihren Wunsch in Erfüllung gehen lassen. Worte nehmen

Einfluß auf Ihr Unterbewußtsein. Es hört, was Sie sagen, und macht sich umgehend an die Arbeit, Ihre Worte wahr werden zu lassen. Die Worte: »Ich habe nicht genug Geld«, fließen direkt in Ihr Unterbewußtsein ein und es beginnt, Mangel zu erschaffen. Statt zu sagen: »Ich kann es mir nicht leisten, das zu kaufen«, sollten Sie sagen: »Ich habe mich entschieden, das zum gegenwärtigen Zeitpunkt nicht zu kaufen.«

Es ist besser, wenn Sie zu anderen nicht von Fehlschlägen oder finanziellen Katastrophen sprechen. Haben Sie im Moment kein Geld, dann klagen Sie nicht über Ihren Mangel. Sprechen Sie über Ihre Visionen und Träume. Sprechen Sie über das, was im Moment gut in Ihrem Leben ist und wie positiv Sie an die Zukunft denken. Sprechen Sie zu anderen von Ihrer Zuversicht und Ihrem Selbstvertrauen, heben Sie Ihren Geldmangel nicht hervor. Ihre Freunde haben ein Bild von Ihnen, und wenn Sie an sich selber denken, fangen Sie deren Bild von Ihrer Person auf. Wenn Sie zu anderen von Ihrer Wohlhabenheit sprechen, dann werden diese Sie sich als wohlhabend vorstellen und ein positives geistiges Bild von Ihnen haben, in das Sie sich einklinken können, wann immer Sie wollen. Wenn Sie im Moment kein Geld haben, dann sprechen Sie so, als hätten Sie welches.

Ich lebe in einer Welt der Fülle.
Alles in meinem Universum ist vollkommen.

Denken Sie, daß Sie im Moment nicht genug Geld haben, dann tun Sie so, als hätten Sie alles Geld, das Sie brauchen, und erwecken Sie in Ihrem Körper das Gefühl von Überfluß. Ihr Unterbewußtsein kann nicht zwischen tatsächlichem und imaginärem Geschehen unterscheiden und macht sich folglich glücklich daran, Ihre Phantasie für Sie zu erschaffen. Bedienen Sie sich der Magnetisierungsübung aus Kapitel 4, fahren Sie mit dem Magnetisieren Ihres Wunsches fort und halten Sie sich an die gegebenen Richtlinien. Erschaffen Sie eine Vision der Fülle, und bald wird die Welt sie auf Sie zurückstrahlen.

Vielleicht möchten Sie sich still hinsetzen und Ihr weiseres Selbst bitten, Ihnen eine Botschaft zukommen zu lassen, ob Sie zur Steigerung Ihres Wohlstands irgend etwas tun können. Kommt keine Botschaft, dann gehen Sie davon aus, daß das, worum Sie gebeten haben, schon unterwegs ist, und danken Sie dem Universum und Ihrem höheren Selbst im voraus dafür. Gehen Sie Ihren normalen Aktivitäten nach, so als träfe die Erfüllung Ihres Wunsches tatsächlich ein. Sie trifft ein, ob Sie sich nun darum Sorgen machen oder nicht. Beschäftigen Sie sich mit anderen Gedanken und Dingen. Vielleicht sehen Sie ab und zu nach, ob Ihnen noch etwas zugeflüstert wird oder Sie noch eine Botschaft bekommen, die Sie beachten sollten. Reagieren Sie darauf und wenden Sie sich dann wieder den Dingen zu, die in Ihrem Leben anstehen.

Sie brauchen sich immer nur einen Tag vorzunehmen. Schauen Sie sich an, welche Aktionen Sie heute unternehmen können, um sich Geld zu erschaffen. Viele von Ihnen verlieren sich in der Größe ihrer Visionen und fühlen sich durch sie ständig unter Druck gesetzt. Sie fühlen sich unter Umständen sogar als Versager, nur weil sie ihre Träume noch nicht verwirklicht haben. Das ist ganz unnötig. Konzentrieren Sie sich einfach nur darauf, was Sie heute tun können. Es gibt immer etwas, das Sie gleich jetzt unternehmen können, um Vertrauen in Ihre Zukunft zu demonstrieren. Wenn Sie ständig in der Zukunft leben und sich Sorgen machen, künftig nicht genug zu haben, dann verursacht das oft ein Gefühl der Ohnmacht. Die Zukunft läßt sich nur durch Handlungen verändern, die Sie heute vornehmen. Konzentrieren Sie sich also auf das, was Sie heute tun können, um sich Wohlstand zu erschaffen.

Auch die größten Pläne verwirklichen sich nur, indem man sie einen Tag nach dem anderen lebt. Tatsächlich werden die größten Pläne oft dann am besten umgesetzt, wenn man sie sich Tag um Tag, Monat um Monat anschaut und sich ständig auf den nächsten Schritt konzentriert. Zur Erschaffung Ihrer Träume brauchen Sie Geduld, Beharrungsvermögen und Einsatzbereitschaft. Vertrauen Sie darauf, daß alles, was Sie im

Moment an Erfahrung machen, Ihrem Wachstum auf vollkommene Weise dienlich ist. Selbst wenn Sie um Fülle gebeten haben und gegenwärtig geradezu das Gegenteil erleben sollten, dann seien Sie sich klar, daß diese gegenteilige Erfahrung in Ihnen die nötige Energie erzeugen kann, um einen Quantensprung nach vorn zu machen.

Übungsbogen:

Mehr als bloßes Überleben

▷ Sollten Sie im Moment gerade mal so überleben, dann fragen Sie sich:
— Was lerne ich durch diese Situation?
— In welcher Hinsicht gewinne ich an Stärke?
— Welche Qualitäten entwickle ich?
— Was sind die wirklich wichtigen Dinge in meinem Leben, die ich entdeckt habe?

▷ Wenn Sie gerade so überleben und das Gefühl haben, in einer Kiste zu hocken, aus der Sie nicht herauskönnen, dann stellen Sie sich folgendes vor:
— Tun Sie so, als säßen Sie tatsächlich in einer Kiste oder als starrten Sie auf eine Wand, die zwischen Ihnen und dem, was Sie haben wollen, steht.
— Wie sieht die Kiste aus? Woraus besteht sie? Wie dick ist die Wand?
— Falls Sie sich eine Kiste vorstellen, dann fügen Sie nun Türen und Fenster in sie ein. Lassen Sie so viele Türen und Fenster entstehen, wie Sie wollen und bis Sie sich frei und behaglich fühlen. Oder geben Sie sich ein geeignetes Werkzeug in die Hand und reißen Sie die Wand ein, so daß Sie mühelos und ungehindert auf die andere Seite gelangen können. Wenn Sie mit Symbolen arbeiten, kann das tiefe Veränderungen in

Ihrem Leben bewirken. Jedesmal, wenn Sie diese Übung machen, werden sich die Dinge, für die die Kiste oder die Wand
stehen, weiter verändern, und neue Gelegenheiten werden auf
Sie zukommen.

Kapitel 10

Vertrauen

Vertrauen heißt, daß Sie Ihr Herz öffnen, an sich selbst und an die Fülle des Universums glauben; daß Sie wissen, daß Sie in einem liebenden, wohlwollenden Universum existieren, das Sie in Ihrem höheren Wohl unterstützt; daß Sie sich als Teil des Schöpfungsprozesses begreifen und an Ihre Fähigkeit glauben, das, was Sie haben wollen, anziehen zu können.

Das Universum ist sicher, wohlwollend und voll der Fülle.

Fast jeder Mensch durchlebt Phasen des Zweifels und der Unsicherheit in bezug auf Geld, fragt sich, ob er genug haben wird, ob es immer reicht, oder er in der Lage ist, sein Ziel zu erreichen. Auch Menschen, die sich große Vermögen erworben haben, plagen sich mit solchen Zweifeln, fragen sich, ob es bei ihren Einnahmen bleiben wird oder ihr Vermögen von Dauer ist. Haben Sie keine Schuldgefühle, wenn Sie sich ums Geld sorgen, aber verändern Sie diese Angewohnheit, sonst wird sie zur Dauerbeschäftigung, ganz gleich, wieviel Geld Sie haben.

Viele Menschen machen sich vor allem dann Gedanken um Geld, wenn ihr Blick auf die Summe fällt, die ihnen gerade Probleme macht. Zweifel und Sorgen in bezug auf Geld stehen in keinem Zusammenhang mit der Geldmenge, über die Sie verfügen, noch hat die Zeit, die Sie auf ihre diesbezüglichen Sorgen verwenden, etwas mit dem Geld zu tun, das Sie manifestieren können. Wenn Sie beschließen, nur dann an Geld zu denken, wenn Sie sich zuversichtlich und mit sich eins fühlen, dann steigert das Ihren Magnetismus für den Gegenstand Ihrer Wünsche. Sollten Sie sich Sorgen um Geld machen, dann arbeiten Sie an einem gesteigerten Wohlbefinden, statt an Geld zu denken. Fragen Sie sich nicht: »Wieviel Geld *brauche* ich heute?«, sondern: »Wieviel Geld kann ich mir heute *erschaffen*?« Es besteht ein enormer Unterschied in der Qualität der von Ihnen ins Universum ausgeschickten Energie, wenn Sie sich auf den Vorgang des Manifestierens statt auf Ihren Bedarf an Geld konzentrieren. Ersteres ist für Geld magnetisch, letzteres ist es nicht.

Wenn Sie alles, was Sie angemessenerweise tun konnten, unternommen haben, dann konzentrieren Sie sich auf andere Dinge, bleiben aber doch wach für Eingebungen der inneren Führung hinsichtlich weiterer Aktionen. Fragen Sie sich: »Was kann ich im Moment tun, um mein Wohlbefinden zu steigern?« Bauen Sie sich ein gutes Gefühl auf, denn das wird Sie stärken und geistig in die Lage versetzen, positiv an Ihre Finanzen zu denken. Und wenn Sie sich besser fühlen, können Sie auch leichter auf Ihre innere Führung hören und zu neuen, kreativen Ideen kommen.

Ich erwarte, daß nur das Beste geschieht; und das tut es auch.

Vertrauen – das heißt, Sie erwarten, daß nur das Beste geschieht, glauben an Ihre Fähigkeit, sich das zu erschaffen, was Sie sich wünschen, und wissen, daß Sie es auch verdienen – kann auf vielerlei Weise demonstriert werden. So, wenn Sie an etwas glauben, obwohl die Außenwelt etwas anderes widerzuspiegeln scheint. Oder wenn Sie über Ihre Fülle sprechen, auch wenn Sie sie in Ihrem Umfeld nicht entdecken können.

Vertrauen bedeutet nicht, daß Sie herumsitzen und nur glauben. Demonstrieren Sie Ihr Vertrauen, indem Sie auf Ihre innere Führung hören und entsprechend handeln. Handeln ist, da Sie in einer Welt der Form und Materie leben, das physische Bindeglied zu dem, was Sie haben wollen. Sie können Vertrauen entwickeln, indem Sie Ihre Ideen in Handlung umsetzen, Feedback bekommen und sich Ihre Resultate ansehen. Mit jedem Mal, das Sie bereit sind, ein Risiko einzugehen, stärken Sie Ihre Vertrauensfähigkeit und Ihren Glauben an sich selbst. Zwischen Vertrauen und Hoffnung besteht ein Unterschied. Vertrauen heißt, daß Sie *glauben und wissen,* daß Ihr Wunsch in Erfüllung geht. Hoffen heißt, daß Sie etwas haben wollen, aber an den Erhalt nicht wirklich glauben.

Verhalten Sie sich so, als hätten Sie bereits das Geld, das Sie, für was es auch sei, haben wollen. Wie oft haben Sie sich schon etwas versagt, weil Sie glaubten, nicht das Geld dafür zu haben, um dann, als Sie es doch bekamen, festzustellen, daß Sie es sich schon die ganze Zeit hätten leisten können. Wenn es etwas gibt, das Sie haben wollen, dann machen Sie sich auf und schauen Sie sich um, visualisieren Sie und schreiten Sie zur Tat. Sie werden oft feststellen, daß Sie weniger Geld dafür brauchen als gedacht, oder daß Ihnen ein Freund den gewünschten Gegenstand überlassen kann oder Sie ihn sonst auf unerwartete Weise bekommen.

Unternehmen Sie etwas, um damit dem Universum Ihre Absicht zu demonstrieren, das, was Sie haben wollen, auch zu erhalten. Die Aktion, die Sie unternehmen, ist vielleicht nicht die Aktion, die Ihnen den Gegenstand oder das Geld direkt verschafft, aber Ihre Absicht schickt dem Universum das Signal, den Mechanismus in Gang zu setzen, der Ihnen das Gewünschte bringt.

Nehmen wir an, Sie wollen ein neues Heim, glauben aber, nicht genug Geld dafür zu haben. Geben Sie nicht auf, sondern gehen Sie so vor, als sei das Geld bereits vorhanden. Fangen Sie an, sich Ihr ideales Haus oder Apartment vorzustellen. Schauen Sie sich Häuser an, als hätten Sie das Geld schon. Malen Sie sich Ihr perfektes Heim immer und immer wieder aus. Auch wenn Sie zu Beginn noch nicht über das nötige Geld verfügen, so wird Ihre feste Absicht doch veränderte Umstände in bezug auf das, was möglich ist, herbeiführen. Ihre ins Universum ausgesandte Absicht macht Sie für bestimmte Leute und Ereignisse magnetisch. Sie ziehen Gelegenheiten an, die sich nicht ergäben, wenn Sie nicht klar in Ihrer Absicht wären und etwas zur Erreichung Ihres Ziels unternähmen.

Eine Frau ging in dieser Weise vor, als sie in San Francisco nach einem Apartment suchte. Man sagte ihr, daß sie unmöglich auch nur ein Einzimmerapartment unter monatlich fünfhundert Dollar finden würde. Sie konnte aber nur zweihundertfünfzig Dollar für die Miete aufbringen, wollte ein Zweizimmerapartment, das sich in Gehweite von ihrem Büro in der City befand und zudem ihrer Katze einen gewissen Auslauf bot. (Das, obwohl die meisten Hausbesitzer keine Haustiere duldeten.) Sie achtete nicht auf das Gerede ihrer Freunde, die ungläubig den Kopf schüttelten. Sie hatte nur zwei Wochen für ihre Wohnungssuche und begann sich das, was sie anstrebte, klar und deutlich vorzustellen. Immer wieder sagte sie sich, daß die Sache ganz leicht wäre, sie imaginierte das Apartment und magnetisierte ihren Wunsch.

Eines Tages machte sie einem Impuls folgend einen Spaziergang und traf auf eine Frau, die draußen auf den Stufen eines kleinen Gebäudes saß. Aus irgendeinem Grund fühlte sie sich dazu gedrängt, der Frau von ihrer Wohnungssuche zu erzählen. Wie sich herausstellte, war die Frau die Hausbesitzerin und hatte ein Apartment frei, das genau den gewünschten Bedingungen entsprach. Sie hatte die Vormieter des Apartments nicht gemocht und beschlossen, da sie auf das Geld nicht angewiesen war, es erst wieder zu vermieten, wenn die richtige Person auftauchte. Die beiden verstanden sich gut, die Frau durfte einziehen und mußte nicht einmal eine Kaution hinterlegen. Sie durfte ihre Katze mitnehmen, die Miete betrug monatlich genau zweihundertfünfzig Dollar, und die Wohnung lag in Gehweite von ihrem Büro.

Vertrauen ist das Bindeglied zwischen der mentalen und der physischen Welt. Es stellt die Kontinuität zwischen der Konzeption eines Gedankens und seiner Manifestierung her. Machen Sie sich klar, daß Ihre Träume auf der mentalen Ebene bereits Wirklichkeit sind. Sie warten nur auf den richtigen Zeitpunkt, um in Ihrer physischen Realität in Erscheinung zu treten. Vertrauen Sie darauf, daß Ihnen Ihr Höheres Selbst die richtigen Dinge zur richtigen Zeit bringt.

Ich vertraue auf meine ständig zunehmende
Fähigkeit, Fülle zu erschaffen.

Sie wissen, wann Sie auf dem richtigen Weg sind. Türen öffnen sich, Leute tauchen auf, Koinzidenzen ereignen sich. Befinden Sie sich nicht auf dem richtigen Weg oder verfolgen Sie nicht Ihr höheres Ziel, dann hat es oft den Anschein, als würden Sie durch Klebstoff waten, und nichts funktioniert. Folgen Sie Ihrem Weg und fließt die Energie, dann geht normalerweise alles leicht und gut in Ihrem Leben. Das bedeutet nicht, daß Sie auf keine Hindernisse stoßen könnten. Dann ist es Ihre Aufgabe herauszufinden, ob diese Barrieren ein Hinweis darauf sind, daß Sie Ihren Weg überprüfen und vielleicht eine andere Richtung einschlagen müssen, oder ob sie Ihnen bei der Entwicklung von Geduld und Beharrlichkeit helfen. Es gibt keine leichten Antworten. Das Wissen, wann man sich durchboxen muß und wann ein anderes Vorgehen angesagt ist, ist eine Sache von Erfahrung und Selbstkenntnis.

Wollen Sie herausfinden, ob ein Hindernis Bestandteil Ihres Wachstumsprozesses ist oder aber bedeutet, daß Sie einen anderen Weg einschlagen sollen, dann schauen Sie sich Ihre Ziele an. Erfüllen Sie Ihre Ziele oder der Gedanke an die Überwindung des Hindernisses mit Freude und wissen Sie, daß Sie das Ihrem Ziel näher bringen wird, dann ist es wahrscheinlich richtig, das Hindernis anzugehen. Manche Leute genießen solche Herausforderungen, weil das ihr Gefühl, eine Leistung vollbracht zu haben, steigert.

Konzentrieren Sie sich stetig auf Ihren Wunsch und unternehmen Sie, was Ihnen angemessen erscheint, dann wird sich das Hindernis wahrscheinlich mit der Zeit auflösen. Kostet Sie aber die Überwindung des Hemmnisses größte Mühe, dann bedeutet das vermutlich, daß ein besserer Weg zu Ihrem Ziel existiert. Umstände, die Sie als Barriere empfinden, führen Sie oft in eine andere Richtung, die sich dann als besserer Weg erweist. Hindernisse können auch eine Schutzfunktion haben, Sie vor einer voreiligen Aktion bewahren oder Ihre Aufmerksamkeit auf etwas lenken, das Sie möglicherweise übersehen haben. Sie bieten Ihnen auch die Gelegenheit, sich mit allen anstehenden Problemen zu befassen und sie zu lösen, bevor Sie den nächsten Schritt tun können.

Eine Frau wollte sich ein neues Apartment suchen, weil die über ihr wohnende Frau sehr viel Lärm machte. Sie suchte drei Wochen lang, ohne Erfolg. Sie bestätigte sich immer wieder, daß ihre perfekte Wohnung in diesem Moment in ihrem Leben existiere, und überwand ein Hindernis nach dem andern, obwohl diese darauf hinzuweisen schienen, daß es möglicherweise einen anderen, geeigneteren Weg gab. Einige Wochen nach ihrer ergebnislosen Suche zog die Bewohnerin über ihr überraschenderweise aus, und eine sehr ruhige Person zog ein. Ihr wurde klar, daß alle ihre Versuche, eine neue Wohnung zu finden, blockiert worden waren, und daß ihre Entschlossenheit, alle Hindernisse zu überwinden, nur ständigen Kampf bedeutet hatten. Sie merkte auch, daß sie, vom Lärm abgesehen, ihre Wohnung eigentlich liebte und gar nicht wirklich hatte ausziehen wollen.

Ich lade Wohlstand und Fülle in mein Leben ein.

Wenn Sie um etwas bitten, das alles, was Sie jetzt haben, bei weitem übersteigt, so etwa eine enorme Steigerung Ihres Wohlstands, dann kann es eine Weile dauern, bis sich die Bitte erfüllt, um Sie auf den Umgang mit dieser neuen Situation vorzubereiten. Stellen Sie sich vor, daß Sie eine Schwingung von einer bestimmten Frequenz haben. Stellen Sie sich weiterhin vor, daß sich die Geldmenge, über die Sie gegenwärtig verfügen, mit dieser Schwingung in Übereinstimmung befindet. Wenn Sie ohne angemessene Vorbereitung plötzlich eine enorme Summe Geld in die Hand bekämen, dann befände sich die Schwingung dieser Geldsumme in Disharmonie mit Ihrer eigenen Schwingung. Sie haben schon von Leuten gehört, die eine Riesensumme Geld gewonnen, dann alles innerhalb von wenigen Jahren verbraten haben und finanziell wieder da landeten, wo sie vorher waren. Andere, die eine Menge Geld gewinnen, verändern nur wenig in ihrem Leben und brauchen ein paar Jahre, bis sie mit großen Geldsummen problemlos umgehen und größere Veränderungen vornehmen können.

Es ist wichtig, daß Sie sich auf größere und noch größere Summen Geldes vorbereiten, damit sich ein Gleichgewicht zwischen dieser Menge an Geld und allem anderen in Ihrem Leben herstellen kann. Dieser Prozeß läßt sich beschleunigen, wenn Sie sich schon mal probeweise diese stärkere Geldenergie überziehen und geistig Ihre Energie so einstellen, daß Sie sich mit großen Geldsummen wohl fühlen.

Es mag Zeiten geben, in denen äußerlich anscheinend nichts passiert, Sie aber innerlich große Veränderungen durchmachen, um sich auf das vorzubereiten, worum Sie gebeten haben. Vertrauen Sie, während Sie auf das Eintreffen des Geldes warten, stetig auf Ihre Fähigkeit, die Summe anzuziehen, die Sie haben wollen, und machen Sie sich klar, daß alles, was geschieht, Sie darauf vorbereitet und Ihnen hilft, Ihre Schwingung mit der Schwingung der künftigen Fülle in Übereinstimmung zu bringen.

Ich vertraue darauf, daß alles zur
richtigen Zeit und in der
richtigen Weise kommt.

Das Neue braucht für sein Eintreffen Zeit, und viele von euch geben zu früh auf. Je größer das Ziel, je weiter der Schritt, desto länger kann es dauern, bis Sie bekommen, was Sie haben wollen. Das hat seinen Grund. Es braucht eine gewisse Anzahl von Schritten, und es müssen gewisse Ereignisse eintreten, um Sie von da, wo Sie sich befinden, nach dort, wo Sie hinwollen, zu befördern. Sie können mit Energiearbeit den Prozeß beschleunigen, wie sie in der Übung zum allgemeinen Magnetisieren beschrieben wurde. Bekräftigen Sie Ihr Vertrauen, während Sie auf die Erfüllung Ihres Wunsches warten, entwickeln Sie Mut und lernen Sie, die Schritte und Handlungen zu unternehmen, zu denen Sie Ihre innere Führung anleitet.

Es ist auch wichtig, daß die Dinge zur rechten Zeit in Erscheinung treten – dann, wenn Sie dafür bereit sind. Trifft die Erfüllung Ihres Wunsches zu früh ein, dann kann es sein, daß die gegebene Situation die volle Entfaltung des Potentials nicht zuläßt. Kommt sie zu spät, könnten einige Gelegenheiten zur vollen Entfaltung schon vorübergegangen sein. Das wäre einem Keim vergleichbar, der mitten im Winter aufsprießen will. Es wäre zu früh für die Pflanze, und der Keim wäre vielleicht nicht kräftig genug, um zu überleben. Wartet der Keim mit dem Sprießen bis zum späten Sommer, dann könnte sich die Pflanze vielleicht nicht mehr vor dem Herbst oder Winter voll entfalten. Das Timing ist sehr wichtig, und Ihr Höheres Selbst bringt Ihnen alles zur rechten Zeit.

Wenn es einmal etwas gab, das Sie haben wollten und nicht bekamen, dann handelte es sich vermutlich um etwas, das Ihnen zu jenem Zeitpunkt keine Hilfe gewesen wäre. Einige Dinge können Ihnen im Wege stehen, wenn sie sich zur falschen Zeit oder in der falschen Form manifestieren. Möglicherweise müssen Sie sie dann später wieder loswerden, und die Zeit und Energie, die Sie dafür aufwenden müssen, können Sie von Ihrem Weg ablenken.

Die Entwicklung von Vertrauen ist wichtig. Behalten Sie Ihr Ziel im Sinn und arbeiten Sie stetig daran, statt ein sofortiges Resultat zu erwarten. Sie verstehen vielleicht nicht immer gleich, wohin Sie Ihre innere Führung führt, und einige Aktionen, zu denen Sie sich angeleitet fühlen, erbringen möglicherweise nicht immer das erwartete Resultat. Vertrauen Sie darauf, daß Ihre inneren Botschaften Sie zu Ihrem Ziel geleiten, auch wenn Sie zum gegebenen Zeitpunkt noch nicht wissen, wie.

Vertrauen Sie darauf, daß Ihre Bitte erfüllt wird, da sie Ihrem höheren Wohl dient, und daß alles, was geschieht, zu dessen

Erfüllung beiträgt. Beurteilen Sie die Resultate Ihrer Bemühungen nicht nach dem Geld, das sie Ihnen sofort eingebracht haben, sondern vielmehr nach Ihrer Liebe zu dem, was Sie tun, und nach dem Wert, den Ihre Tätigkeiten in Ihrem Leben haben. Wenn Sie weiterhin Ihrer inneren Führung folgen und Dinge tun, die für Sie Bedeutung haben, dann werden Sie Ihre Träume verwirklichen.

Alles, was Sie auf Ihrer Reise zur Erschaffung größerer Fülle erleben, geschieht, um Ihnen zu helfen, die nötigen Fähigkeiten zur Anziehung und dem Besitz von Geld zu entwickeln. Erinnern Sie sich an einige Situationen, in denen Sie Vertrauen bewiesen haben. Vielleicht waren Sie schon in einer sehr viel schlimmeren Lage als jetzt. Vielleicht hatten Sie wirklich keine Ahnung, wie Sie Ihre Rechnungen bezahlen sollten, hatten aber Vertrauen und schafften es auch. Vertrauen Sie darauf, daß Geld hereinkommen wird, und bleibt es dann doch aus, dann vertrauen Sie darauf, daß dies zu Ihrem höheren Wohl geschieht, auch wenn Sie die Gründe dafür im Moment nicht verstehen. Bekommen Sie etwas nicht, dann kann das den Anstoß zu Wachstum in neuen Bereichen geben.

Möglicherweise ist der Prozeß zur Erfüllung Ihres Wunsches schon eingeleitet, oder Sie haben schon die Essenz erhalten. Alles, was Sie anziehen, kommt, um Sie etwas zu lehren und zu Ihrer Lebendigkeit und Ihrem Wachstum beizutragen. Sie brauchen nicht immer Resultate auf physischer Ebene, um zu solchen Einsichten und Klärungen zu kommen. Manchmal lernen Sie Ihre Lektion, indem Sie sich einfach vorstellen, etwas Bestimmtes zu haben. Sie müssen es nicht in seiner physischen Realität erschaffen. Haben Sie etwas magnetisiert und noch nicht bekommen, dann sehen Sie sich noch mal die Essenz Ihres Wunsches an und stellen Sie fest, ob sie nicht doch schon auf irgendeine Weise eingetroffen ist. Gehen Sie nochmals dem wirklichen Ziel Ihres Wunsches nach und überprüfen Sie, ob es nicht bereits irgendwie realisiert wurde.

Wenn es etwas gibt, das Sie haben wollen oder brauchen und es wirklich Ihrem höheren Ziel dient, dann wird es Ihnen zukomen. Glauben Sie nicht, daß der Fehler bei Ihnen liegt, daß Sie sich nicht stark genug bemühten oder es Ihnen von Natur aus an einer Manifestierungsfähigkeit mangelt. Machen Sie sich vielmehr klar, daß dies ein liebendes Universum ist und nur die Bitten nicht erfüllt werden, die Ihrem höheren Wohl nicht dienlich sind oder eine Form annehmen, die zu diesem Zeitpunkt nicht gut für Sie ist.

Ich unterstelle mich voller Vertrauen meinem höheren Wohl.

Einer der letzten Schritte beim Manifestieren von Geld beinhaltet, daß Sie loslassen und sich Ihrem höheren Wohl unterstellen. Sie müssen jetzt die Dinge auf ihre eigene Weise und zu ihrer eigenen Zeit geschehen lassen. Vertrauen heißt wissen, daß in Ihnen eine höhere Kraft existiert, die Sie darin unterstützt, daß sich Ihre Bitte auf die richtige Weise und zur richtigen Zeit erfüllt. Sich Ihrem höheren Wohl unterstellen heißt, daß Sie nicht Sorgen und Ängste in den Prozeß einfließen lassen, sondern vielmehr die Verantwortung für die Resultate übernehmen und darauf bauen, daß alles nur zu Ihrem Besten geschieht.

Eine gelassene Haltung ist wichtig. Es ist ein Gehenlassen auf mentaler Ebene, so wie das Sichunterstellen oder Hingabe ein Loslassen auf emotionaler Ebene bedeutet. Wenn Sie das Gefühl haben, ohne eine bestimmte Sache nicht leben zu können oder daß Ihr Wohlergehen von ihrem Besitz abhängt, dann stoßen Sie das, wonach Sie verlangen, ab. Sie können erheblich leichter manifestieren, wenn kein dringliches Bedürfnis mit Ihrem Wunsch verbunden ist. Es wurde gesagt, daß Sie erst dann etwas bekommen können, wenn Sie es nicht wirklich brauchen. Das bedeutet aber nicht, etwas nicht zu wollen. Lassen Sie das, worum Sie gebeten haben, völlig los. Vertrauen Sie darauf, daß das, was kommt, Ihnen dient und zu Ihrem höchsten Wohl ist, auch wenn Sie im Moment nicht begreifen sollten, warum.

Das Universum arbeitet auf vollkommene Weise. Sie können mit dieser Vollkommenheit in Berührung kommen und lernen darauf zu vertrauen, daß das Universum liebevoll ist und Sie lehrt, was Sie für Ihr Wachstum und Ihre Entfaltung brauchen. Gleich, was Ihnen in Ihrem Leben geschieht, jede Situation lehrt Sie das Nötige, um an Macht und Kraft zu gewinnen. Alles Geschehen hilft Ihnen auf irgendeine Weise, Ihr größtes Potential zu erreichen, Ihre innere Stärke zu wecken und zu neuen Ebenen der Meisterschaft zu gelangen. Sie können lernen, sich mit dem Lehrinhalt jeder Situation zu identifizieren. Und wenn Sie erkennen, was Sie da lernen, werden Sie jede Situation rascher durchlaufen können, und das mit Freude und nicht in mühevollem Kampf. Dies ist wahrhaftig ein liebevolles, sich annehmendes Universum, voll der Fülle. Und Ihnen wird immer gegeben, was zu Ihrem Besten ist.

Übungsbogen:

Vertrauen

▷ Zählen Sie innerhalb von 3 oder weniger Minuten möglichst viele Dinge auf, die Sie haben wollten, visualisierten oder sich in Ihrer Phantasie vorstellten und bekommen haben.

▷ Erinnern Sie sich im Zusammenhang mit einigen der aufgezählten Dinge an die Vertrauensebene, die sich damit verband. Beschreiben Sie dieses Gefühl von Vertrauen, wie Sie sich fühlten, als Sie auf die Erfüllung Ihres Wunsches warteten, oder was Sie taten, um dieses Vertrauen zu bekräftigen.

▷ Zählen Sie möglichst viele Dinge auf, die Sie jetzt haben wollen. Bei welchen haben Sie das Vertrauen, daß Sie sie sich erschaffen werden?

▷ Wählen Sie einen Punkt aus Ihrer Liste aus. Was können Sie unternehmen, um Ihr Vertrauen zu demonstrieren, daß Sie es bekommen werden?

Kapitel 11

Wunder

Wunder kommen aus der Liebe, werden von der Liebe erschaffen und von Ihnen durch Liebe angezogen. Denken Sie an ein Wunder, das Sie für jemanden anders erschaffen haben. Vielleicht haben Sie jemandem etwas gegeben, das für diese Person sehr wertvoll war oder, wie Sie wußten, dringend von ihr gebraucht wurde. Erinnern Sie sich an das Gefühl von Liebe, die Sie für diese Person empfanden. Das Wunder entsprang der Liebe in Ihrem Innern und schenkte auch Ihnen Liebe. Die andere Person mußte in den Empfang Ihres Geschenks einwilligen, damit sich der energetische Prozeß vollenden konnte. Wäre dieser andere Mensch nicht auf den Empfang eingestellt gewesen, hätte es kein Wunder gegeben. So müssen Sie für den Empfang offen sein, bevor Ihnen das Universum Wunder bringen kann.

Wenn Sie Wunder oder Liebe geben oder erhalten wollen, dann brauchen Sie nur die Absicht dazu zu haben. Streben Sie nach der höchsten und umfassendsten Vision. Erschaffen Sie sich Qualität in Ihren Erfahrungen. Jeder und jede von Ihnen ist ein Bündel liebender Energie und imstande, sich alles zu erschaffen, worauf Ihre Wahl fällt. Wunder entstehen aus Ihrer Liebe. Wenn Sie willens sind, Ihr Herz zu öffnen, sich selbst und andere zu lieben, dann wird das Leben immer ein Wunder sein. In dem Maße, wie Sie offen und liebend sind, werden auch die Wunder zu Ihnen gelangen.

Sie haben vielleicht schon Eltern mit einem physisch oder geistig behinderten Kind erlebt, die durch ihre Liebe zu diesem Kind Wunder bewirkt und Handicaps überwunden haben, die von medizinischer Seite her als unheilbar galten. Wunder geschehen, wenn Sie willens sind, Liebe zu empfangen und zu geben. Ein Wunder ist eine Demonstration der Liebe des Universums und Ihrer Seele zu Ihnen. Wenn Sie sich etwas wünschen, dann visualisieren Sie es im Geiste und öffnen Sie Ihr Herz.

Ich zeige jeden Tag durch mein Handeln Liebe.

Wenn Sie mit Liebe Geld geben und ausgeben, dann eröffnen Sie dem Geld noch mehr Zugangskanäle zu Ihnen. Der Zustand der Liebe ist ein Zustand der Empfänglichkeit für die Fülle des Universums. Je mehr Liebe Sie in die Welt aussenden, desto mehr Fülle und Wunder werden Sie wiederum erhalten. Sehen Sie es jedesmal als ein Geschenk der Liebe an, wenn Sie eine Rechnung bezahlen oder Geld erhalten. Machen Sie jeden Austausch von Geld zu einer Gelegenheit, für die Mitmenschen in Ihrer Umgebung Liebe auszustrahlen.

Manchmal steht der Verstand den Wundern im Wege. Der Verstand ist gut fürs Planen, für die Zielsetzung und das Visualisieren. Wenn Sie nach dem Magnetisieren den Prozeß beschleunigen und Wunder erschaffen wollen, dann öffnen Sie Ihr Herz. Haben Sie Vertrauen in sich, glauben Sie an sich, lieben Sie andere und demonstrieren Sie jeden Tag in Ihrem Handeln Liebe.

Schenken Sie den Menschen soviel Liebe, wie Sie können. Seien Sie sanft und freundlich, sprechen Sie liebevoll, vergeben Sie jenen, die Ihnen keine Achtung entgegenbrachten, denken Sie liebevoll an andere und bezeugen Sie ihnen in allem, was Sie tun, Achtung. Verurteilen oder kritisieren Sie nicht. Finden Sie statt dessen in jedem Moment eine neue Gelegenheit zu lieben. Denken Sie daran, daß es leicht ist zu lieben, wenn Sie von liebevollen Menschen umgeben sind. Die Herausforderung besteht darin, auch dann liebevoll zu sein, wenn die Menschen in Ihrer Umgebung es nicht sind. Bringen Sie anderen Liebe und Mitgefühl entgegen, dann ziehen Sie Möglichkeiten, Geld, Menschen, Wunder und noch mehr Liebe an. Liebe bringt Sie in einen höheren Energiefluß und zieht Dinge an, die gut für Sie sind. Wenn Sie Ihr Herz für neue Bereiche öffnen, werden Sie magnetisch für immer mehr Gutes und Fülle.

Wunder sind unerwartete Begebenheiten, die Ihnen weitaus mehr zukommen lassen, als Sie erwartet haben. Sie sind synchronistische Ereignisse, die gewöhnlich dann eintreten, wenn Sie sich von einer Gebundenheit freimachen und Ihrer inneren Führung vertrauen. Sie kommen oft, weil der tiefste Teil Ihres Wesens einen Hilferuf ausgeschickt hat. Krisen erschaffen häufig Wunder, da sie den tiefsten Teil Ihrer Seele ins Bewußtsein rufen. Ihre Seele wacht immer über Sie, schickt Ihnen Liebe und Führung. Wenn Sie still werden und sich nach innen wenden, verbinden Sie sich mit dem Teil in Ihnen, der die Antworten kennt. Wenn Sie sich nach innen wenden, mit Ihrer Seele in Berührung kommen und um Hilfe bitten, dann bekommen Sie eine Antwort und Wunder geschehen. Sie möchten lernen, wie Sie auch ohne Krise in die Tiefe Ihres Wesens gelangen. Wunder sind das Ergebnis Ihrer inneren Reise zu Ihrer Seele.

Haben Sie einen Wunsch, dann bitten Sie Ihre Seele, Ihnen ein Zeichen ihres Glaubens an Sie und ihrer Liebe zu Ihnen zu geben. Öffnen Sie sich dann dem Empfang und seien Sie auch willens, die Erfüllung Ihrer Bitte anzuerkennen. Sie setzen jedesmal, wenn Sie die Liebe anderer annehmen und wenn Sie dafür offen sind, die Liebe des Universums zu empfangen, die Erschaffung von Wundern in Ihrem Leben in Gang.

Ich bin mit der grenzenlosen Fülle des Universums verbunden.

Sollten Sie kein Geld aus Ihren gewöhnlichen Quellen erhalten, dann bitten Sie um ungewöhnliche Quellen. Lassen Sie es aus anderen Orten der Welt kommen, von anderen Menschen, aus unerwarteten Quellen. Wenn Sie sich umschauen und die Erfüllung Ihres Wunsches nirgendwo entdecken können, dann bitten Sie darum, daß sich alle Geldkanäle für Sie öffnen. Wenn Sie darauf fixiert sind, etwas nur aus einer ganz bestimmten

Quelle zu erhalten, dann schneiden Sie allen anderen Möglichkeiten den Weg ab.

Denken Sie auch daran, daß sich Ihre Lebensumstände über Nacht zum Besseren wenden können. Die Veränderung Ihrer finanziellen Situation muß nicht unbedingt viel Zeit in Anspruch nehmen, es sei denn, Sie glauben, daß es so sein muß. Vielleicht können Sie sich an einen Fall erinnern, als Sie sich Sorgen ums Geld machten und schon am nächsten Tag etwas geschah, das Sie von Ihren Sorgen befreite. Wenn Sie wegen Geldproblemen deprimiert sind, dann bedenken Sie, daß es sich nur um eine vorübergehende Situation handelt und die Umstände sich verändern können.

Erinnern Sie sich an all die Male, die Sie auf völlig unerwartete Weise Geld oder etwas anderes, das Sie sich wünschten, erhielten und es Ihnen wie ein Wunder vorkam. Je mehr Sie dazu bereit sind, positive Gedanken zu hegen, auf Ihre innere Führung zu hören und danach zu handeln, Vertrauen zu haben, an sich zu glauben und sich Ihrem höheren Ziel zu widmen, desto mehr Wunder werden Sie anziehen.

Das größte aller Wunder ist das Leben selbst. Sie sind das Wunder, und Sie können sich alles erschaffen, was Sie wollen, was wiederum ein großartiges Wunder ist. Es gibt keine Barrieren, keine Grenzen für das, was Sie haben können. Die einzige Grenze besteht in Ihrer Vorstellung über das, was Sie sich für sich selbst ausmalen, worum Sie bitten und was Sie glauben, haben zu können.

Wunder sind Liebe in Aktion.

Wunder

▷ Schreiben Sie alle Fälle auf, in denen Sie Ihrer Erinnerung nach Geld oder etwas anderes erhielten, das für Sie etwas Besonderes und wie ein Wunder war, Sie das Gefühl von einer göttlichen Intervention hatten oder es jedenfalls auf völlig unerwartete Weise eintraf.

▷ Gibt es ein Wunder, das Sie sich jetzt wünschen? Sind Sie offen dafür? Bitten Sie jetzt um das Eintreten dieses Wunders.

Teil 3

Die persönliche Lebensaufgabe verwirklichen

Kapitel 12

Sie können das tun, was Sie lieben

Sie sind eine besondere und einzigartige Person und haben einen bedeutungsvollen Beitrag zur Welt zu leisten. Jeder Mensch kommt mit einem Vorsatz, einer Absicht auf die Welt. Es gibt einen Grund, warum Sie hier sind. Sie haben eine Rolle zu spielen, die niemand anders erfüllen könnte. Der besondere Beitrag, den zu leisten Sie gekommen sind, ist Ihre Lebensaufgabe. Wenn Sie diese Aufgabe erfüllen, dann folgen Sie Ihrem höheren Weg, und in Ihrem Leben wird sich immer mehr Freude, Fülle und Wohlbefinden einstellen.

Während ich das tue, was ich liebe,
fließen mir Geld und Fülle ungehindert zu.

Wenn Sie Ihre Lebensaufgabe finden, können Sie sich Fülle und Geld leichter erschaffen. Die Arbeit oder die Aktivitäten, die Ihre Lebensaufgabe darstellen, beinhalten, daß Sie Ihre Zeit und Energie auf das verwenden, was Sie lieben. Lieben Sie Ihre Tätigkeit, dann fühlen Sie sich lebendig, glücklich und erfüllt. Sie strahlen Freude aus und ziehen viel Gutes an. Sie können auch mit einer ungeliebten Arbeit Geld verdienen, aber das verlangt größere Mühe und Anstrengung. Widmen Sie Ihre Zeit und Energie einer ungeliebten Tätigkeit, so mindert das Ihren Fluß der Fülle. Lieben Sie Ihre Tätigkeit, dann fließt Ihnen die Fülle einfacher und müheloser zu.

Denken Sie an einen Gärtner, der sich um seine Pflanzen kümmert. Liebt er seine Pflanzen, wird er stets, wo und wann immer es nötig ist, den Boden bearbeiten, Unkraut jäten und Triebe zurechtstutzen. Er wird seine Pflanzen schützen und auch auf die kleinste Einzelheit achten. Er wird liebevoll über jede Pflanze wachen und alles ihm Mögliche tun, um ihr die Gelegenheit zu geben, zu wachsen und Früchte zu tragen. Natürlich blüht und gedeiht sein Garten besser als der eines Gärtners, der seine Arbeit nur widerwillig tut, sich um seine Pflanzen nur dann kümmert, wenn es unbedingt sein muß, und seinem Garten ein Minimum an Aufmerksamkeit zukommen läßt. Beide werden ernten, aber der Gärtner, der seine Pflanzen liebt, wird die bessere Ernte einbringen. Ihm wird seine Arbeit auch Spaß und Freude machen, wohingegen der andere das Gefühl haben wird, hart arbeiten und kämpfen zu müssen, um auch nur eine armselige Ernte zu produzieren.

Wenn Sie bereits Ihren Lebensunterhalt mit einer von Ihnen geliebten Tätigkeit verdienen, möchten Sie vielleicht direkt zu Teil 4 dieses Buches, *Geld haben*, übergehen. Wünschen Sie sich aber eine bessere, eine sinnvollere Arbeit, wollen Sie sich weiterbilden, Ihr eigenes Geschäft aufbauen, sich freudvollere Aktivitäten erschaffen oder nach Möglichkeiten einer effektiveren Gestaltung Ihrer Lebensaufgabe suchen, dann möchten Sie sich vielleicht mit diesem Teil und seinen Übungsbögen befassen. Sie werden Ihnen zeigen, wie Sie Ihre Energie einsetzen, um leichter eine Arbeit, eine Karriere oder Aktivitäten anzuziehen, die Ihnen Freude machen. Falls Sie zum gegenwärtigen Zeitpunkt nicht an der Erkundung Ihrer Lebensaufgabe interessiert sind, wollen Sie vielleicht einfach mit der Übung »Energetische Aufladung eines Symbols Ihrer Lebensaufgabe« auf Seite 169 arbeiten und dann zu Teil 4 übergehen. Durch die energetische Aufladung eines Symbols Ihrer Lebensaufgabe leiten Sie dann, wenn die Zeit reif ist, einen Prozeß ein, durch den Sie Ihre ideale Arbeit anziehen.

Von Ihnen geliebte Tätigkeiten beinhalten, daß Sie die Talente und Fähigkeiten einsetzen, derer Sie sich auch bei der Verwirklichung Ihrer Lebensaufgabe bedienen. Diese Aufgabe oder Arbeit kann viele Formen annehmen. So mag eine Arbeit zu einem gegebenen Zeitpunkt Ihre Lebensaufgabe repräsentieren, während es zu anderen Zeiten wieder andere Jobs sind.

Die Lebensaufgabe eines Mannes bestand zum Beispiel

darin, andere Menschen zu inspirieren und das Beste in ihnen herauszulocken. In seinen Jobs als Kellner, Busschaffner, Büroangestellter und Lagerverwalter munterte er die Leute stets auf und half ihnen, ihre eigenen Stärken zu entdecken. Später begann er eine Karriere als Schriftsteller und ermunterte die Leute mit seinen sehr inspirierenden Büchern zur Erfüllung ihres Potentials und einem Leben voller Freude. Nachdem seine Bücher auf dem Markt waren, wurde er zu einem sehr gefragten Vortragsredner und reiste überall im Land herum. In jede seiner Tätigkeiten brachte er seine Fähigkeit, andere Menschen zu inspirieren, voll und ganz ein, wenngleich sich die Art seiner Jobs wandelte und sich mit seinem zunehmenden persönlichen Wachstum verfeinerte.

Ich habe einen einzigartigen, besonderen Beitrag zu leisten.

Wenn Sie mit Ihren Tätigkeiten Ihre Lebensaufgabe erfüllen, so merken Sie das am Gefühl von Vitalität und Lebendigkeit, das in Ihnen aufkommt. Sie haben die Empfindung, daß Ihr Leben eine größere Bedeutung hat und Sie einen wertvollen Beitrag leisten. Sie haben eine Vision oder ein Ziel, das unwiderstehlich ist. Sie werden sich in allen Lebensbereichen glücklicher fühlen. Ihre Arbeit oder Aufgabe erlaubt Ihnen, Ihrer Persönlichkeit, Ihrem Wesen vollständig Ausdruck zu verleihen. Sie hilft Ihnen zu wachsen und sich zu entwickeln.

Sie brauchen nicht unbedingt Ihren Job zu wechseln, um Ihre Lebensaufgabe zu erfüllen. Sie können in jeder Rolle, die Sie spielen, in jeder Arbeit, die Sie haben, einen sinnvollen Beitrag leisten, denn Sie können sich in jeder Arbeitssituation darauf konzentrieren, anderen zu helfen, gute Gefühle auszustrahlen und alle, mit denen Sie in Kontakt kommen, mit Ihrem inneren Licht zu berühren. Sie brauchen nicht unbedingt einen Job zu haben oder im Wirtschaftsleben zu stehen, um Ihre Lebensaufgabe zu erfüllen. Sie können ihr auch durch soziale Aktivitäten oder Hobbys Ausdruck geben. Vielleicht ist es Ihre Lebensaufgabe, sich um eine Familie zu kümmern, Kinder großzuziehen und zu helfen, ihre Vitalenergie in höhere Bahnen zu lenken. Ist Ihr Leben mit sinnvoller Aktivität erfüllt, dann strahlen Sie Freude und Liebe aus und sind magnetisch für Fülle.

Sie können eine erfüllende, befriedigende Arbeit finden. Sie können sich jeden Tag Ihres Lebens lebendig fühlen und dabei Geld verdienen. Sie können in einer Sie unterstützenden Umgebung arbeiten, zusammen mit Menschen, die Sie gern mögen, und dabei das tun, was Sie lieben. Setzen Sie Ihre besonderen Talente und Fähigkeiten ein, dann können Sie Möglichkeiten des Geldverdienens anziehen, durch die Sie Ihr Wesen vollständig zum Ausdruck bringen, die Sie herausfordern und stimulieren. Wenn Sie das tun, was Sie lieben, bereichern Sie das Leben der Menschen in Ihrer Umgebung und lassen das Licht der Welt heller strahlen. Wenn Sie sich Ihrer Lebensaufgabe widmen, erreichen Sie das, was zu tun Sie auf die Erde gekommen sind.

Indem Sie tun, was Sie lieben, helfen Sie auch anderen auf irgendeine Weise, denn es liegt in der Natur des Universums, daß Sie, wenn Sie Ihre höchsten Fähigkeiten einsetzen, automatisch einen Beitrag für andere leisten. Dienen Sie anderen, bringen Sie in Ihre Tätigkeit Ihr ganzes Talent und Können ein, dann werden Ihre Arbeit und Dienste gefragt sein und Geld wird Ihnen zufließen. Vertrauen Sie Ihrem Herzen, auch wenn es nicht den Anschein hat, daß Ihnen eine geliebte Tätigkeit mehr Geld einbringt, folgen Sie Ihrem höheren Weg. Schließlich wird Ihnen auf diesem Wege sehr viel mehr Geld und Fülle zufließen als auf irgendeinem anderen.

Alles, was ich tue,
trägt zur Schönheit, Harmonie, Ordnung
und dem Licht des Universums bei.

Erleuchtung tritt ein, wenn Sie lernen, alles mit Gewahrsein und Bewußtsein zu tun und die Energie um Sie herum in größere Harmonie, Schönheit und Ordnung zu bringen. Wenn Sie sich Ihrer Lebensaufgabe widmen, so schafft das ein Vehikel für Ihre Erleuchtung und Ihr spirituelles Wachstum, denn wenn Sie Ihre Tätigkeit lieben, richten Sie ganz natürlich Ihre Aufmerksamkeit und Ihr Gewahrsein auf Ihre Aktivität.

Ihr Höheres Selbst spricht durch Ihre Gefühle, Imagination, starken Wünsche und Träume zu Ihnen. Es zeigt Ihnen Ihre Lebensaufgabe, indem es Sie zu den Dingen führt, die Ihnen Freude bereiten und in Ihnen Bilder von Tätigkeiten aufsteigen lassen, die Sie lieben. Ihre Lebensaufgabe ist etwas, das Sie gedanklich beschäftigt, etwas, mit dem Sie sich verbunden fühlen, vertraut sind, oder etwas, woran Sie schon arbeiten. Vielleicht ist es etwas, das Sie zum Spaß in Ihrer Freizeit tun oder gern tun würden, wenn Sie mehr Zeit oder Geld hätten. Ihre Lebensaufgabe beinhaltet einen Beitrag zur Menschheit, zur Welt der Tiere und Pflanzen und zur Erde selbst.

Auch Ihre Träume und Phantasien über Ihr ideales Leben geben Ihnen Hinweise auf Ihre Aufgabe. Vielleicht träumen Sie davon, sich in der freien Natur aufzuhalten, um die Welt zu segeln, ein Buch zu schreiben, in der Musik oder in einer anderen Kunst schöpferisch tätig zu sein, sich in einer Sportart zu trainieren, eine Familie großzuziehen oder Unterricht zu geben. Vielleicht wollen Sie ein eigenes Geschäft führen oder andere Menschen beraten. Ihr tiefstes Verlangen und Ihre Träume entspringen Ihrer Seele. Ihre Seele ist nicht auf Ihre gegenwärtige Identität beschränkt. Sie sieht ein umfassenderes Bild von Ihrem Wesen und weiß, was zu erreichen Ihnen in diesem Leben möglich ist. Sie zeigt Ihnen Ihr Potential und Ihre Richtung durch Ihre Träume vom idealen Leben. Tun Sie Ihre Phantasien nicht einfach als Wunschdenken ab. Achten Sie sie als Botschaften des tiefsten Teils Ihres Wesens über das, was Sie sein und welche Richtung Sie wählen können.

Möglicherweise gibt es Ihre Lebensaufgabe noch gar nicht als Arbeitsplatz, den Sie finden könnten. Vielleicht müssen Sie ihn sich erst erschaffen. Die Menschheit macht einen Bewußtseinswandel durch. Und es werden neue Formen und Strukturen nötig sein, um diesem Bewußtsein seinen Platz zu geben. Die alten Formen werden sich wandeln. Tausende von Menschen werden die Jobs wechseln und sich neue Karrieren aufbauen. Sie sind jetzt hier, um mitzuhelfen, diese neuen Tätigkeiten und Strukturen zur Unterstützung dieses neuen Bewußtseins aufzubauen. Es liegt an Ihnen, diese neuen Möglichkeiten wahrzunehmen, zu fühlen, wo die Bedürfnisse liegen, und Formen zu erschaffen, die sie erfüllen. Mit zunehmender Ausbreitung dieses Bewußtseins werden Sie einen immer stärkeren Drang nach einer Arbeit verspüren, die Sie und andere bestärkt, zum Wachstum herausfordert und eine Chance bietet, die Sie umgebende Energie einer höheren Ordnung zuzuführen.

Mein Schicksal liegt in meiner Hand. Ich bin die Erbauerin/der Erbauer meines Lebens.

Vielleicht spüren Sie einen inneren Drang, sich im Bereich Ihrer Tätigkeit zu verändern und eine sinnvollere Arbeit zu finden. Viele von Ihnen arbeiten in Stellen, die sie wenig befriedigend finden. Vielleicht haben Sie häufig den Arbeitsplatz gewechselt oder blieben länger an einer Stelle, hatten aber das Gefühl, das irgend etwas fehlt. Vielleicht müssen Sie sich Ihren eigenen Job erschaffen, auch wenn Sie für einen Arbeitgeber arbeiten. Möglicherweise stellten Sie fest, daß Sie Ihrem Unternehmen häufig Verbesserungsvorschläge vortrugen und nach Möglichkeiten suchten, Ihren eigenen Arbeitsplatz besser zu gestalten.

Vielleicht haben Sie in Ihrem Innern ein Flüstern vernommen, daß es nun an der Zeit sei, etwas Neues in Betracht zu ziehen. Vielleicht ertappten Sie sich bei dem Gedanken: »Ich wollte, ich hätte einen besseren Job«, oder: »Ich wollte, meine Arbeit hätte mehr Sinn.« Kann sein, daß die Arbeit, die Ihnen früher Spaß gemacht hat, nun zur Routineangelegenheit geworden ist oder Sie sie nur noch tun, weil Sie das Geld brauchen, nicht weil Sie sie lieben. Was Ihnen einst leichtfiel, ist nun mühsam oder langweilig geworden. Wenn Sie solche inneren Botschaften vernehmen, dann ist es an der Zeit, Ihren Weg zu überprüfen.

Sie müssen nicht meinen, daß Sie zur Erfüllung Ihrer Lebensaufgabe etwas anderes tun müssen oder sollten als das, was Sie jetzt tun. Wenn Sie sich zu etwas zwingen oder drängen, ruft das gewöhnlich Widerstand hervor und keinen Fortschritt. Sie brauchen Ihr Leben nicht völlig umzukrempeln. Sie können sich Ihre Lebensaufgabe allmählich und Schritt für Schritt aufbauen. Das, was Sie jetzt tun, birgt in sich den Keim Ihrer Lebensaufgabe. Sie streben danach, Ihren besonderen Fähigkeiten in größerem Maße Ausdruck zu geben und sie auf eine Weise einzusetzen, die Sie jetzt oder in Zukunft Ihren Lebensunterhalt verdienen läßt. Wenn Sie mehr und mehr das tun, was Sie lieben, werden Sie sich Fülle in der höchsten Form erschaffen – ein Leben, das erfüllend, intensiv, glücklich und voller Liebe ist.

Ich tue das, was ich liebe,
und Geld wird mir zufließen.

Übung:
Energetische Aufladung eines Symbols Ihrer Lebensaufgabe

Sie können Ihre Lebensaufgabe anziehen, indem Sie sich ein Symbol dafür erschaffen und es mit Energie aufladen. Symbole sind sehr mächtig, weil sie alle Ihre Gedanken und Glaubenssysteme umgehen und die reine Energie Ihrer Seele repräsentieren.

Vorbereitung

Finden Sie eine Zeit und einen Ort, wo Sie sich entspannen und ein paar Minuten ungestört nachdenken können. Entspannen Sie sich und bereiten Sie sich vor wie in der Entspannungsübung in Kapitel 1 angegeben.

Schritte

▷ Suchen Sie sich eine Zeit, in der Sie allein sein können. Schließen Sie die Augen und sitzen Sie einen Moment still da. Bitten Sie Ihre Seele oder Ihr Höheres Selbst, Ihnen ein Symbol zu zeigen, das für Ihren Weg des größten Lichts steht, für Ihre Lebensaufgabe. Nehmen Sie das Bild an, das Ihnen kommt, denn es ist das perfekte Symbol, das Sie zum gegenwärtigen Zeitpunkt mit Energie aufladen können. Stellen Sie sich vor, daß Sie dieses Symbol in den Händen halten. Stellen Sie sich dann vor, wie Energie aus Ihrer Seele aufsteigt, direkt in das Symbol einfließt und es auflädt. Stellen Sie sich nun vor, daß Sie dieses Symbol auf den Gipfel eines Berges stellen. Visualisieren Sie einen Pfad, der von Ihnen zu diesem Symbol auf dem Gipfel des Berges führt. Sehen Sie sich selbst voller Freude diesen Pfad hinaufwandern oder -tanzen, während Ihr ganzes Sein darauf konzentriert ist, den Gipfel des Berges zu erreichen.

▷ Haben Sie den Gipfel erreicht, dann beglückwünschen Sie sich für Ihre entschlossene Hingabe an Ihr Ziel und dafür, daß Sie das Ziel so leicht erreicht haben. Lassen Sie in Ihrem Innern die Gefühle aufkommen, die sich einstellen, wenn alles in Ihrem Leben funktioniert, wenn Ihre Umwelt ganz und gar fürsorglich und lebendig ist und sich Ihr höchstes Potential zunutze macht. Nehmen Sie Ihr Symbol in die Hände, legen Sie es an Ihr Herz und lassen Sie es Ihre Person mit Energie erfüllen, Licht in Ihren ganzen Körper ausstrahlen, bis jede Zelle auf Ihr höchstes Ziel und Ihre Lebensaufgabe ausgerichtet ist. Dann entlassen Sie das Symbol in die höheren Kräfte des Universums. Das erfüllt Ihr Symbol mit Energie.

▷ Wenn Sie mit Ihrem Symbol arbeiten, werden Sie speziell Ideen dazu anziehen, was Sie zur Verwirklichung Ihrer Lebensaufgabe tun könnten. Sie werden mit dieser Übung Umstände, Menschen und Ereignisse anziehen, die Sie auf Ihren Weg bringen. Ihre Absicht ist wichtig wie auch Ihr Engagement. Je stärker Ihre Absicht und je fester Sie daran glauben, daß Ihre Lebensaufgabe existiert, desto größer wird Ihr Erfolg sein, während Sie auf Ihre innere Führung hören und entsprechend handeln.

Kapitel 13

Entdecken Sie Ihre Lebensaufgabe

Wollen Sie herausfinden, worin Ihre Lebensaufgabe besteht, dann können Sie einmal beobachten, was Sie sehr gerne und ganz natürlich tun und welche Fähigkeiten Sie mit Vergnügen einsetzen. Ihre Lebensaufgabe beinhaltet den Gebrauch dieser Fähigkeiten. Haben Sie sie identifiziert, dann konzentrieren Sie sich darauf, Sie häufiger einzusetzen und Gelegenheiten anzuziehen, die es Ihnen ermöglichen, mit der Nutzung dieser Fähigkeiten Geld zu verdienen und sich zu ernähren. Sie können auch nach Möglichkeiten suchen, diese Fähigkeiten in anderen Lebensbereichen einzusetzen und alle Ihre Aktivitäten zum Ausdruck Ihrer Lebensaufgabe zu machen.

Alles, was Ihnen Spaß macht – jede Arbeit, jedes Hobby und jede Aktivität – beinhaltet den Einsatz bestimmter Fähigkeiten. Wollen Sie herausfinden, worin diese speziell bestehen, dann stellen Sie sich einige Fragen. Was tun Sie in Ihrem Job gern? Welche Hobbys haben Sie? Welchen Aktivitäten zum Wohle Ihrer Gemeinde gehen Sie nach, weil Sie sie gern tun? Sind Sie an Gesang, Tanz oder anderen Künsten interessiert? Interessieren Sie Schreiben, Channeling, Beratungstätigkeiten oder Körperarbeit? Was macht Ihnen am meisten Spaß? Heilen, Helfen, Organisieren, Anleiten, Verbindungen herstellen und so weiter? Sind Sie von Fähigkeiten angezogen, die man im Geschäftsleben braucht, im Geldmanagement, in der Kunstproduktion oder im Bereich der Wissenschaft und Forschung? Wollen Sie Ihre Kreativität, Imaginationsfähigkeit, Ihre Beobachtungsgabe oder Ihre analytischen Fähigkeiten ausbilden? Wollen Sie gerne mit konkreten Dingen arbeiten wie Ausrüstungsgegenständen, Computern und Maschinen oder lieber mit Informationen wie Zahlen, Statistiken, Forschungsergebnissen? Wollen Sie Spielraum haben, um kreativ zu sein oder ziehen Sie eine geregelte und systematische Arbeit vor? Arbeiten Sie gerne mit den Händen oder der Stimme? Kommunizieren Sie gerne direkt mit Leuten oder am Telefon? Setzen Sie sich einen Moment still hin und bitten Sie um Einfälle im Zusammenhang mit den Fähigkeiten, die Sie gerne einsetzen, und den Talenten, denen Sie ganz natürlich Ausdruck geben.

Eine Frau stellte zum Beispiel fest, daß sie ihre ganze Freizeit damit verbrachte, ihren Freundinnen die Haare zu schneiden. Sie liebte es, mit ihren Händen zu arbeiten, mit anderen Menschen zusammenzusein und ihnen bei der Verbesserung ihres äußeren Erscheinungsbildes zu helfen. Dann kam ihr eines Tages der Gedanke, daß es ihre Lebensaufgabe sei, anderen Menschen zu helfen, über die Verbesserung ihres äußeren Erscheinungsbildes ein gutes Selbstwertgefühl zu entwickeln. Sie arbeitete weiterhin in ihrem Job und ließ sich abends in einem Schönheitssalon ausbilden. Schließlich konnte sie ihre Arbeit aufgeben und ihren eigenen florierenden Friseursalon eröffnen.

Ich ehre und nutze meine besonderen Fähigkeiten und Begabungen.

Vielleicht liegt Ihre größte Begabung in der Beratung anderer Menschen. Sie haben möglicherweise die Fähigkeit, anderen Menschen dabei zu helfen, Lösungen für ihre Probleme zu finden und sich neue Visionen zu erschaffen. In jedem Job finden sich Möglichkeiten, diese Fähigkeiten einzusetzen, was Ihnen ermöglicht, gleich jetzt Ihre Lebensaufgabe umfassender zu erfüllen. Oder diese Begabung führt Sie zu irgendeiner Form von Beratungstätigkeit als Beruf. Je mehr Gelegenheiten Sie haben, geliebten Tätigkeiten nachzugehen, desto größer wird Ihr Beitrag sein, den zu leisten Sie gekommen sind, und um so mehr Fülle werden Sie anziehen.

Eine Frau liebte Hunde und hatte eine große Begabung im Umgang mit ihnen, was ihr Haus zur bevorzugten Pension für die Hunde ihrer Freunde werden ließ, wenn diese verreist waren. Sie merkte, daß ihr diese Fähigkeit mehr Spaß machte als alles andere, und so eröffnete sie eine Hundepension samt Hundesalon. Sie stellte auch fest, daß sie ein besonderes Talent hatte, anderen Menschen zu einer besseren Beziehung mit ihren Haustieren zu verhelfen, und nutzte diese Gabe bei vielen Gelegenheiten. Und weil sie ihre Arbeit liebte und ihre höheren Begabungen nutzte, brachte sie viel Licht in das Leben der Menschen und ihrer Haustiere und verdiente noch gut dabei.

Die Tätigkeit, der Sie zu diesem Zeitpunkt nachgehen, trägt den Keim Ihrer Lebensaufgabe in sich. Wie Sie vielleicht entdeckt haben, bringen Sie in jeden neuen Job, den Sie annehmen, viele Fähigkeiten ein, die Sie bereits entwickelt haben. Es ist so, als ob jeder Job Sie irgendwie auf den nächsten vorbereitete. Jede Fähigkeit, die Sie sich erwerben und gerne einsetzen, ist wichtig für Ihren höheren Weg. Sie begreifen vielleicht nicht, warum Sie einen bestimmten Job angenommen oder ein spezielles Talent oder eine bestimmte Begabung entwickelt haben, aber alle Fähigkeiten, die Sie erlernten, sind für Sie von großem Wert. Vertrauen Sie darauf, daß Ihnen Ihre gegenwärtige Tätigkeit zur Entwicklung von Fähigkeiten verhilft, die bei Ihrer größeren Lebensaufgabe zum Einsatz kommen.

Duane zum Beispiel stellte fest, daß er in seinem vormaligen Beruf als Geologe und jetzt auf seinem Weg als Heiler viele gleiche Fähigkeiten zur Anwendung brachte, obwohl sich doch anscheinend beide Berufe von der Form her stark unterscheiden. Als Geologe hatte er die häufigen Flüge geliebt, auf denen er vom Flugzeug aus die Erde betrachtet und den Verlauf von Erdbebenlinien kartographiert hatte. Das bedeutete, daß er detaillierte Muster und Strukturen der Erdoberfläche erkennen und interpretieren sowie wichtige Daten von unwichtigen unterscheiden mußte, eine Fähigkeit, deren Ausbildung viel Praxis verlangte. Interessanterweise gleicht sie im Kern stark seiner hellsichtigen Fähigkeit, die Energiemuster anderer Menschen wahrzunehmen, was ebenfalls das Erkennen und Interpretieren detaillierter Muster und die Unterscheidung zwischen wichtigen und unwichtigen Daten erfordert.

Sie erlernen im Moment Fähigkeiten, die Sie möglicherweise später auf andere Weise einsetzen. Sanaya hatte früher gern viele Stunden mit Häkeln und Sticken verbracht. Später merkte sie, daß sie durch diese Hobbys die Fähigkeit entwickelte, den Geist zur Ruhe zu bringen und einen entspannten und meditativen Zustand zu erreichen, was sie jetzt beim Channeln nutzt.

Ich entdecke meine Lebensaufgabe durch den Blick nach innen statt nach außen.

Wollen Sie herausfinden, was Sie mit Ihrem Leben anfangen sollen, dann richten Sie den Blick nicht auf die äußere Welt. Fragen Sie nicht: »Was kann ich für die Welt tun?« Richten Sie den Blick auf sich selbst und fragen Sie: »Was möchte ich tun? Was liebe ich zu tun? Was zieht mich an? Was erregt mich? An welchen Themen arbeite ich in meinem Leben? Welche Tätigkeit begeistert mich?«

Ein Mann wollte ein Einzelhandelsgeschäft eröffnen, obgleich er auf diesem Gebiet keine Erfahrung hatte. Er sah sich um, welche Läden erfolgreich waren, und beschloß, sich daran zu orientieren, statt an Produkten, die ihn selbst interessierten. Schließlich entschied er sich dafür, Eiscreme zu verkaufen, obwohl er wenig Erfahrung damit und kein Interesse daran hatte. Der Laden machte ihm keinen Spaß und zog nur wenige Kunden an. Er trug sich kaum, obwohl er Überstunden machte. Schließlich fragte er seine innere Führung, wie er sein Geschäft in Schwung bringen könne, und erhielt die Antwort, daß er Produkte verkaufen müsse, die ihn selbst interessierten.

Er sah sich sein Leben an und überprüfte, wo seine Interessen lagen und womit er sich vertraut fühlte. Er stellte fest, daß er gerne joggte und Sport ihn immer fasziniert hatte. Er erinnerte sich daran, wie mühsam es gewesen war, die richtigen Sportschuhe und anderes Zubehör zu finden, und daß er in vielen Läden nach dem Richtigen hatte suchen müssen. Er entschied, daß er gerne ein Spezialgeschäft für Sportschuhe und anderes Zubehör eröffnen würde, was er nach dem Verkauf seines Eiscremegeschäfts auch tat. Zu diesem Zeitpunkt hatte er keine Ahnung, daß der Joggingboom gerade seinen Anfang nahm. Sein Geschäft war sehr erfolgreich, und er liebte seine Arbeit.

Ich bin reich an wertvollen Fähigkeiten und Talenten.

Sie verfügen über viele Fähigkeiten und Talente und einen erstaunlichen Reichtum an Erfahrungen und Kenntnissen aus der Vergangenheit. Schauen Sie sich, um diese Fähigkeiten auszumachen, die Schulen, Workshops und Seminare an, die Sie besuchten, die Bücher, die Sie gelesen, die Tonbandkassetten, die Sie sich angehört, und die Bildungsprogramme im Fernsehen, die Sie sich angesehen haben. Erinnern Sie sich bei der Einschätzung Ihrer Fähigkeiten an alle Jobs, die Sie hatten, auch an die, die Sie freiwillig übernahmen – vielleicht haben Sie im Kindergarten oder in der Kirche ausgeholfen –, sowie an alle Aktivitäten, die Sie nach der Schule oder in den Sommerferien übernommen haben.

Lieben Sie das Organisieren, das Managen eines Haushalts, die Arbeit in einem Komitee, das Beschaffen von Spenden oder die Koordinierung einer Gruppe und die Aufstellung von Zeitplänen? Sehen Sie sich Ihre Hobbys an. Gehören Sie einem Club an, zum Beispiel einem Bridge- oder Sportclub? Lieben Sie das Theater, die Oper, das Ballett oder Konzerte? Lieben Sie die Künste und das Handwerk? Bauen Sie gerne Dinge, schreiben Sie Gedichte oder erzählen Sie gern Geschichten? Sie verfügen über einen reichen und vielfältigen Hintergrund an Fähigkeiten, wahrscheinlich mehr, als Sie selbst je bemerkt haben.

Wenn Sie herausgefunden haben, welche Fähigkeiten Sie gerne einsetzen würden, dann schauen Sie sich Ihre Träume an. Je mehr an Einzelheiten und Klarheit Sie in Ihre Träume einbringen, desto stärker werden Sie das, was Sie sich wünschen, anziehen können. Wenn Sie Ihre Träume über Ihr ideales Leben, die Dinge, von denen Sie sich angezogen fühlen, die Umgebung, die Ihnen zusagt, und die Art von Menschen, mit denen Sie zusammensein möchten, untersuchen, dann schälen Sie die Elemente Ihrer Lebensaufgabe heraus. Ihre Träume agieren als mentales Modell – ähnlich der Blaupause eines Architekten –, was Ihrem Höheren Selbst hilft, Sie auf Ihren höheren Weg zu bringen.

Ich führe jetzt mein ideales Leben.

Mag sein, daß Ihnen Ihre Phantasien über Ihr ideales Leben weder praktikabel noch profitabel vorkommen. Sie erscheinen vielleicht grandios und sehr fern, und Sie sehen keine Möglichkeit, sie zu verwirklichen, oder bräuchten jedenfalls eine Menge Geld dafür. Möglicherweise glauben Sie, eine Arbeit übernehmen zu müssen, die Sie nicht gern tun, um Geld sparen und später das tun zu können, woran Ihnen liegt. Manche Menschen sagen sich: »Ich mache jetzt diesen Job, bis ich das Geld habe, das tun zu können, was ich tun möchte.« Oft bekommen sie dann nicht das Geld zusammen, das sie ihrer Meinung nach bräuchten, und verbringen ihr Leben mit Tätigkeiten, die ihnen keinen Spaß machen.

Steuern Sie geradewegs das an, was Sie gerne tun. Sie werden sehr viel besser fahren, wenn Sie das tun, was Sie lieben, denn dadurch wird Ihnen Geld zufließen, und das gewöhnlich in sehr viel größerer Menge. Wenn Sie um die Welt reisen wollen, dann fangen Sie mit einem Job an, der das Reisen erleichtert, arbeiten Sie bei einer Fluggesellschaft oder in einem Reisebüro. Sie werden sich lebendiger und erfüllter fühlen und somit magnetischer für die Fülle werden. Was ist Ihr Traum? Nehmen Sie sich einen Moment Zeit und kommen Sie mit ihm in Berührung.

Von welcher Arbeitsumwelt träumen Sie? Vielleicht malen Sie sich aus, im Freien arbeiten zu können, in der Natur und mit Tieren. Oder vielleicht arbeiten Sie lieber drinnen mit anderen

Leuten und mit Apparaturen. Finden Sie heraus, wo Sie lieber arbeiten und besser gedeihen, in der Stadt oder in einer ländlichen Umgebung. Wollen Sie in einem Büro arbeiten, einen Lastwagen fahren, auf dem Bau arbeiten, auf einem Boot, im Flugzeug, an einem Ort oder an vielen Orten? Wie soll Ihre Arbeitsumwelt aussehen? Von welcher Art von Menschen wollen Sie umgeben sein und wie würde Ihre Beziehung zu ihnen aussehen? Wollen Sie Angestellter, Mitarbeiter oder Arbeitgeber sein? Macht es Ihnen Spaß, mit jüngeren oder älteren oder gleichaltrigen, mit vielen oder wenigen Menschen zusammenzusein, oder arbeiten Sie lieber allein?

Haben Sie davon geträumt, im Bereich der Medizin, der Ernährung, des Sports, der Politik, der Wissenschaft oder Erziehung zu arbeiten? Ihre Träume geben Ihnen Hinweise auf den Bereich, in dem Sie möglicherweise Ihre Lebensaufgabe finden. Achten Sie auf die Themen, die Sie betroffen machen und Ihnen ein Anliegen sind, wie etwa der Weltfriede, die Rechte für Tiere, Umweltprobleme, die Obdachlosen, Auslandspolitik, Weltraumforschung und so weiter. Sie können in Ihre Lebensaufgabe das genau richtige Maß an physischer, geistiger und emotionaler Herausforderung einplanen. Lieben Sie die physische Aktivität? Läßt Sie ein geschäftiger, aktiver Tag aufblühen oder ziehen Sie ein geruhsames, friedliches Tempo vor? Seien Sie sehr genau und klar in bezug auf das, was Sie wollen, denn Sie werden es bekommen.

Eine Frau entdeckte in einer Zeitschrift ein Bild, das ihrer Vorstellung von einem perfekten Büro genau entsprach, bis hin zu den Pflanzen, Kunstgegenständen und einer ungewöhnlichen blauen Schreibmaschine auf dem Schreibtisch. Sie heftete das Bild an die Wand und visualisierte ständig ein solches Büroambiente. Einige Jahre später gab sie ihren Job auf und ging zu einem Vorstellungsgespräch für eine neue Anstellung. Zu ihrer Überraschung betrat sie ein Büro, das ganz genauso aussah wie auf dem Bild, nur war die Schreibmaschine gelb. Sie bekam den Job, und als sie sich an ihrem Schreibtisch niederließ, sagte man ihr, es sei eine neue Schreibmaschine für sie bestellt worden – eine blaue. Unglücklicherweise hatte sie vergessen, die Art von Leuten, mit denen sie zusammenarbeiten wollte, die Ebene der Verantwortlichkeit, die Aufstiegsmöglichkeiten und viele andere Einzelheiten zu visualisieren. Sie gab nach ein paar Monaten den Job auf, weil er nicht ihren tieferen Bedürfnissen entsprach.

Ich weiß, welche Tätigkeit ich liebe und gehe ihr nach.

Seien Sie sich über die von Ihnen angestrebte Arbeitssituation klar. Manche von Ihnen arbeiten am besten für ein Unternehmen mit regelmäßigem Gehaltsscheck oder auf Kommissionsbasis, andere bevorzugen ihr eigenes Unternehmen. Manche arbeiten lieber für eine große Gesellschaft, andere ziehen ein kleines Unternehmen vor. Sie können alles haben, was Sie wollen. Sie müssen sich nur klar darüber sein und entscheiden, was Sie wollen.

Sollten Sie schon früher Erfahrungen mit Arbeitssituationen gemacht haben, dann denken Sie darüber nach, ob Sie gut mit Mitarbeitern auskommen, gern im Team arbeiten oder lieber selbständig tätig sind. Manche gehen gerne gemeinsam Risiken ein, andere verantworten alle wichtigen Entscheidungen lieber allein. Treffen Sie einen Entschluß, ob Sie für einen oder mehrere Arbeitgeber tätig sein wollen.

Welches Monatseinkommen erträumen Sie sich? Welche Verantwortungsebene wünschen Sie sich? Vielleicht träumen Sie von einer Arbeit in einer großen Organisation mit wachsender Verantwortung auf der Führungsebene. Denken Sie an das Maß an Sicherheit, das Sie sich in einem Job wünschen, an den Status und die Aufstiegsmöglichkeiten. Wenn Anerkennung Sie aufblühen läßt, dann beziehen Sie das in Ihren Traum ein. Wenn Sie ein großes Maß an Autonomie und Freiheit wollen, dann bitten Sie darum. Fragen Sie sich, ob ein klar definierter und strukturierter Job für Sie gut ist oder ob Sie ständigen Wechsel und Vielfalt vorziehen.

Ich erlaube mir in unbegrenzter Weise zu denken und zu träumen.

Was würden Sie mit Ihren Tagen anfangen, wenn Sie alles tun könnten, was Sie wollen? Wie sähe eine mehrmonatige Periode in Ihrem Leben aus? Würden Sie drei oder vier Tage in der Woche an einer Aufgabe arbeiten und an den anderen Tagen etwas anderes tun? Würden Sie an einer Vielfalt von Projekten arbeiten oder sich auf ein Unternehmen konzentrieren? Würden Sie einen Monat lang intensiv arbeiten und im nächsten etwas anderes tun? Nehmen Sie sich Zeit, um Tagträumen und Phantasien über Ihr ideales Leben nachzugehen.

Legen Sie Ihren Träumen keine Beschränkung auf. Sollten Sie sich beim Gedanken ertappen: »Das wäre ja ganz nett, aber das ist zuviel verlangt«, dann halten Sie inne. Bitten Sie trotzdem darum. Jetzt ist es an der Zeit, sich auf ein Denken ohne Grenzen einzulassen. Meinen Sie nicht, Sie müßten Ihre Träume sofort in die Tat umsetzen. Der erste Schritt zu ihrer Verwirklichung besteht darin, daß Sie ein Bild davon in Ihrem Bewußtsein heraufbeschwören. Ihre Gedanken sind real. Wenn Sie sich ein sehr detailliertes Bild von Ihrem Wunsch machen, wird Ihr höheres Selbst sofort damit beginnen, es für Sie zu manifestieren. Sie müssen nicht wissen, wann oder wie sich Ihr Wunsch realisiert. Sie müssen sich nur sehr klar darüber sein, was Sie wollen, und den Mut haben, in großen Dimensionen zu denken.

Ein Mann beschloß, sich seinen Traum von seinem idealen Job sehr genau anzusehen. Er schrieb alle gewünschten Bedingungen auf. Er liebte es, Nachrichten zu hören und zu lesen, und so entschied er, daß sein idealer Job ihm erlauben würde, sich zu Hause die Fernsehnachrichten anzusehen und Nachrichtenmagazine zu lesen. Außerdem war er ein leidenschaftlicher Spieler und spielte gerne Spiele wie Bridge um Geld, was hieß, daß seine ideale Arbeit auch Elemente des Risikos und hohen Einsatzes beinhalten sollte. Weiterhin liebte er Statistiken, was sein Hauptfach auf dem College gewesen war. Er wollte selbständig und nur stundenweise am Tag arbeiten und die Möglichkeit haben, viel Geld zu verdienen. Er stand gerne früh auf und verbrachte die Nachmittage am liebsten beim Tennisspiel oder mit anderen Sportarten. Er wollte keine Angestellten und auch nicht für jemand anders arbeiten. Und obwohl er nicht glaubte, einen Job finden zu können, der all diesen Wünschen Rechnung trug, schrieb er alles auf und beschloß, die ganze Sache seinem Höheren Selbst zu überlassen. Kurz darauf freundete er sich mit einem Mann an, der sich mit Prognosen der Preisentwicklung auf dem Goldmarkt und anderer Waren beschäftigte. Er war sofort von dessen Tätigkeit fasziniert und verbrachte seine ganze Freizeit mit dem Studium des Marktes. Er fertigte Graphiken von der Preisentwicklung verschiedener Waren an, die er an die Wände hängte, und stellte Prognosen auf. Zudem merkte er, daß die Beobachtung der Fernsehnachrichten und das Studium der Nachrichtenmagazine ein wichtiger Bestandteil seiner Recherchen waren.

Er wurde in seinen Voraussagen über die Preisentwicklung, die auf seinen Statistiken und Graphiken basierten, so genau, daß er anfing, Geld damit zu machen. Der Broker, mit dem er Geschäfte abwickelte, begann, seinen Rat einzuholen, den er dann an andere Klienten weitergab, und fragte ihn schließlich, ob er nicht einige seiner Klienten übernehmen wolle, was er auch tat. Nach einer Weile konnte er seinen Job aufgeben und sich nur noch seinen Börsengeschäften widmen. Das ermöglichte ihm, am Morgen zu arbeiten und den Nachmittag frei zu haben. Er brauchte keine Angestellten und konnte zu Hause arbeiten. Er liebte das Risiko und den hohen Einsatz, die mit seiner Arbeit verbunden waren, und der Job verlangte den Einsatz seiner Kenntnisse über Statistiken.

Bitten Sie um das, was Sie sich wünschen, gleich wie unpraktisch oder weit hergeholt es sich ausnehmen mag. Ihr Höheres Selbst wird sich daranmachen, Ihre Wünsche zur Erfüllung zu bringen. Während Sie sich erlauben zu träumen, erschaffen Sie sich eine neue Realität.

Entdecken Sie Ihre Lebensaufgabe

Stellen Sie sich vor, daß Sie ein Leben voller Freude und Liebe führen. Wie würden Sie die folgenden Fragen beantworten? (Denken Sie daran, daß dies Ihr wunderbares Leben in der Phantasie ist. Setzen Sie Ihre Imaginationsgabe ein.)

▷ Welchen Aktivitäten gehen Sie nach oder welche Art von Fähigkeiten nutzen Sie, wie etwa Lesen, Reden, Verhandeln, Beraten, Denken, Schreiben, Organisieren oder Managen; Arbeit mit Kindern, Joggen oder Sport, Arbeit mit Gegenständen, Bau von Dingen, Reparatur von Maschinen oder Apparaturen; Arbeit mit Pflanzen, Tieren oder Daten? Zählen Sie mindestens fünf Tätigkeiten auf, besser noch mehr.

▷ Wie viele Stunden in der Woche widmen Sie Aktivitäten, mit denen Sie Geld verdienen? In welchen Stunden arbeiten Sie? Wie viele Tage am Stück arbeiten Sie in der Woche oder im Monat?

▷ Arbeiten Sie in einem physisch aktiven, temporeichen Job oder in einer gemächlichen, entspannten Atmosphäre?

▷ Arbeiten Sie jeden Tag mit denselben Leuten? Wie sind diese Personen? Welche Rolle spielen Sie bei ihnen? Wieviel Zeit arbeiten Sie allein?

▷ Wie sieht Ihre Arbeitsumgebung aus? Arbeiten Sie drinnen oder im Freien, zu Hause oder in einem Zentrum oder Büro? Reisen Sie? Wenn Sie reisen, wohin und wie oft? Arbeiten Sie in der Stadt oder auf dem Land?

▷ Welchen Status haben Sie oder welche Rolle spielen Sie? Welche Verantwortlichkeiten haben Sie? Welche Aufstiegsmöglichkeiten? Arbeiten Sie im Team? Arbeiten Sie für ein großes oder kleines Unternehmen oder selbständig? Arbeiten Sie für einen Arbeitgeber oder eine Gruppe oder arbeiten Sie für mehrere Klienten?

Stellen Sie sich dieses von Freude erfüllte Leben immer detaillierter vor, feilen Sie an Ihren Antworten und erweitern Sie sie, denken Sie über noch weitere Möglichkeiten und Optionen nach und malen Sie sich aus, wie Sie noch mehr haben. Sie werden vielleicht feststellen, daß Sie sich über Ihre Wünsche immer klarer werden, wenn Sie sich auf die Antworten konzentrieren und alle Einschränkungen weglassen, mit denen Sie vordem das Mögliche belegt haben. Sie erschaffen sich ein Modell, das Ihrem Selbst mitteilt, wie Ihr ideales Leben aussieht. Während Sie die Antworten auf diese Fragen vervollständigen, beginnt Ihr Höheres Selbst schon Wege ausfindig zu machen, Ihnen Ihr ideales Leben zu beschaffen. Sind Sie bereit, es zu führen?

Kapitel 14

Sie haben, was es braucht

Sie können Ihre Lebensaufgabe rascher anziehen, wenn Sie die inneren Stärken und Ressourcen entwickeln, die Sie zur Ausführung dieser Aufgabe benötigen. Sie brauchen keine großen Risiken einzugehen oder Riesensprünge zu machen, die für Sie unangemessen sind. Wenn Sie mit kleinen Schritten anfangen und Ihre inneren Ressourcen erschließen, werden alle nachfolgenden Schritte leicht sein. Und Sie werden, wenn Sie so vorgehen, feststellen, daß Ihr Traum erreichbar ist und sich leichter verwirklichen läßt, als Sie sich vorstellten.

Ich habe alle Antworten in mir.
Ich folge meiner inneren Weisheit.

Wollen Sie sich Ihrer Lebensaufgabe widmen, dann müssen Sie imstande sein, auf Ihre innere Weisheit zu hören und ihr zu folgen. Sie müssen in bezug auf das, was gut für Sie ist, sich selbst zur Autorität machen und nicht jemand anderen. Die Erschaffung Ihrer Lebensaufgabe ist ein Selbstfindungsprozeß. Und dazu wenden Sie sich nach innen, statt die Antworten im Äußeren zu suchen. Viele von euch glauben, daß andere die gesuchte Antwort hätten, vor allem in Bereichen, mit denen sie nicht vertraut sind. Zu gewissen Zeiten ist es durchaus angemessen, auf äußere Autoritäten zu hören, wie zum Beispiel dann, wenn Sie sich auf etwas Neues einlassen und sich erst sachkundig machen müssen. Haben Sie sich aber die Weisheit und das Wissen anderer Menschen angeeignet, dann sollten Sie sich bei Entscheidungen am besten auf Ihre eigene Weisheit verlassen. Sie mögen glauben, daß andere besser wissen, welche Richtung Sie für Ihre Karriere einschlagen müssen, welche

Investitionen Sie tätigen sollen oder was für Sie funktioniert, aber Sie sind die beste Autorität, wenn es darum geht, wie Sie Ihr Leben leben sollen.

Wenn Sie sich Ihre Lebensaufgabe erschaffen wollen, dann müssen Sie lernen, Ihre Probleme selbst zu lösen, wobei Sie diese vielleicht statt dessen als »Herausforderung« oder »Wachstumsgelegenheit« bezeichnen möchten. Es ist schon recht, wenn Sie Rat von außen einholen, aber die endgültigen Entscheidungen sollten Sie Ihrer Intuition folgend aus dem Herzen treffen. Wenn Sie sich Ihrer Lebensaufgabe widmen, erschaffen Sie sich tagtäglich Ihren eigenen Weg. Niemand gibt Ihnen die Antworten vor oder liefert Ihnen eine Blaupause. Sie spüren, daß Sie selbst die Kontrolle über Ihr Leben haben, daß Sie selbst für Ihr Schicksal verantwortlich sind. Wenn Sie sich Ihrer Lebensaufgabe widmen, dann lassen Sie sich darauf ein, selbst der Erbauer oder die Erbauerin Ihres Lebens zu sein. Sie können Ihre Zukunft entwerfen, indem Sie wach und aufmerksam für Gelegenheiten sind, wissen, wann Sie handeln müssen und wann nicht. Sie können hier jetzt mit kleineren Dingen anfangen.

Gleich, was Sie tun, nehmen Sie sich die Zeit, um über Ihr Leben nachzudenken und halten Sie nach kreativen Möglichkeiten zur Lösung einiger Ihrer Probleme Ausschau. Finden Sie Ihre eigenen Antworten. Wenn Sie die Fähigkeit des kreativen Denkens entwickeln, dann finden Sie effektivere Möglichkeiten, Ihre Arbeit zu tun, und Sie werden mehr Erfolg haben. Üben Sie sich im kreativen Denken, indem Sie mit einigen Ihrer einfacheren Probleme beginnen. Vielleicht wollen Sie Ihren Aufwand bei der Zubereitung der Mahlzeiten reduzieren, um diese Zeit auf andere Aktivitäten verwenden zu können. Sie könnten größere Mengen vorkochen und das, was Sie nicht sofort verwenden, einfrieren.

Wenn Sie darüber nachdenken, wie Sie in kleinen Dingen mehr Harmonie in Ihr Leben und den Fluß besser zum Fließen bringen können, dann entwickeln Sie die Fähigkeit, auf kreative Weise Probleme zu lösen. Stoßen Sie dann auf Ihrem Weg auf Herausforderungen, sind Sie bereits imstande, kreativ mit ihnen umzugehen und Lösungen zu finden. Werden Sie erfinderisch! Suchen Sie nach Wegen, eine ungute Situation zum Besseren zu wenden, statt sich einfach nur mit ihr abzufinden.

Ich bin eine wertvolle Person.
Mein Weg ist wichtig.

Manche von euch haben Schwierigkeiten, eure Lebensaufgabe zu erfüllen, weil ihr zu sehr damit beschäftigt seid, andere bei ihrer Karriere oder in ihrem Lebenswerk zu unterstützen. Vielleicht stellen Sie Ihre eigene Arbeit zurück, bis die andere Person, der Sie helfen, Erfolg hat. Es kann sehr wichtig sein, anderen auf die Füße zu helfen und Teil eines Teams zu sein. Sie werden es wissen, wenn diese Rolle Ihrer Lebensaufgabe entspricht, denn dann wird Sie dieser Dienst an anderen mit Freude erfüllen und Sie werden sich tief im Innern wohl fühlen. Wenn Sie aber anderen nicht aus Freude, sondern aus einem Pflichtgefühl heraus helfen, dann überprüfen Sie, ob es wirklich das ist, was Sie tun wollen.

Einige von Ihnen unterstützen andere aus dem Gefühl heraus, daß ihr eigener Weg, ihre Ideen und ihre eigene Kreativität nicht wichtig genug sind, um sich ihnen zu widmen. Ihre Lebensaufgabe ist ebenso wertvoll wie die irgendeines anderen Menschen, selbst wenn sie nicht so bedeutsam erscheinen sollte. Auch wenn andere Leute augenscheinlich glanzvollere Jobs haben, mehr Geld verdienen oder ein größeres Publikum erreichen, so macht das deren Weg nicht wichtiger oder weniger wichtig als den Ihren. Was zu tun Sie hierher gekommen sind, stellt einen ebenso wichtigen Beitrag dar wie der jeder anderen Person, sei es, daß Sie Ihre Kinder auf die Ihnen bestmögliche Weise großziehen, sei es, daß Sie durch Ihre Arbeit einen Beitrag leisten, andere heilen oder ihnen helfen.

Nehmen Sie sich einen Moment Zeit und fragen Sie den Aspekt in sich, der anderen so gut beistehen kann, ob er bereit wäre, mit seiner Energie Ihnen bei der Entdeckung und Ausführung Ihrer eigenen Lebensaufgabe zu helfen. Gewöhnlich ist er über diese Bitte um Hilfe entzückt.

Meine Zeit und Energie sind mir wertvoll.

Einige von Ihnen müssen die Fähigkeit entwickeln, ihre Zeit und Energie zu respektieren und zu achten. Vielleicht sind Sie ein geborener Berater, Lehrer oder Heiler und verbringen schließlich mehr Zeit damit, Ihren Freunden oder Ihrer Familie bei der Lösung ihrer Probleme zu helfen, als Sie möchten. Möglicherweise halten sie Sie stundenlang am Telefon oder im persönlichen Gespräch fest und suchen Ihre Liebe und Bestätigung. Und Sie sind vielleicht versucht, sich darauf einzulassen, ihnen zu sagen, was sie tun sollen oder es sogar für sie zu übernehmen. Es ist in Ordnung, wenn Sie sich die Zeit nehmen und sich um andere kümmern, solange es wirklich Freude macht, denn darin könnte Ihre Lebensaufgabe bestehen. Doch viele von Ihnen helfen anderen aus einem Pflichtgefühl heraus, nicht aus Freude. Sie glauben möglicherweise egoistisch zu sein, wenn sie ihre Zeit und Energie auf ihr eigenes Leben verwenden. Ihr Weg ist wichtig und kann sich nur entfalten, wenn Sie Zeit und Energie dafür aufbringen.

Denken Sie an die Freunde, in die Sie viel Energie stecken. Machen sie mit Ihrer Hilfe einen echten Wachstumsprozeß durch oder verändern sie sich überhaupt nicht? Fühlen Sie sich, nachdem Sie ihnen geholfen haben, ausgelaugt oder belebt? Wenn Sie sich ausgelaugt fühlen oder diese Personen keine wirklichen Veränderungen vornehmen, dann nutzen sie Ihre Hilfe nicht zu ihrem Wachstum. Wenn Sie Ihre ganze Zeit auf die Beratung Ihrer Freunde verwenden, könnte Ihre Lebensaufgabe in der Beratung anderer Menschen bestehen. Sie könnten Möglichkeiten erkunden, wie Sie die Hilfe, die Sie anderen zukommen lassen, zumindest teilweise zu Ihrem Beruf machen. Dann werden Sie mit Menschen in Kontakt kommen, die Sie aufsuchen, weil sie zum Wachstum bereit sind. Sie werden, wenn Sie ihnen helfen, selbst mit Energie aufgeladen, und durch Ihren Beistand wird sich in deren Leben wirklich etwas ändern.

Mein Weg und meine Lebensaufgabe sind meine höchsten Prioritäten.

Viele von Ihnen übernehmen schließlich so viele kleine Aufgaben, daß sie nicht mehr dazu kommen, sich um ihre Lebensaufgabe zu kümmern. Sie verwechseln Geschäftigkeit mit dem Erreichen ihrer höchsten Ziele. Sie haben tausenderlei Verpflichtungen, sausen herum und sind jeden Moment beschäftigt. Wenn Sie sich Ihrer Lebensaufgabe widmen wollen, dann brauchen Sie Zeit, um einen Anfang zu machen. Manche von Ihnen sagen sich: »Wenn ich all diese Dinge wie Haushalt, Papierkram und so weiter erledigt habe, dann widme ich mich den wichtigen Dingen.« Am Ende des Tages sind sie dann vielleicht zu müde oder haben keine Zeit mehr dazu.

Gehen Sie jeden Tag als erstes oder jedenfalls so bald wie möglich die Aktivitäten an, die Sie Ihrer Lebensaufgabe näher bringen. Denken Sie nach dem Aufwachen fünf Minuten lang an Ihren höheren Weg. Fragen Sie sich: »Gibt es irgend etwas, das ich heute unternehmen könnte, um mich meiner Lebensaufgabe näher zu bringen?« Oder: »Was ist das Wichtigste, das ich heute tun könnte?« Machen Sie das dann zu Ihrer Priorität und tun Sie es, bevor Sie irgend etwas anderes unternehmen. Es kann etwas so Einfaches sein wie die energetische Aufladung des Symbols Ihrer Lebensaufgabe, ein Telefonanruf, die Beschaffung eines Buches über ein Thema, das Sie interessiert, oder daß Sie sich in Ihrem Heim für eine bestimmte Aktivität Raum schaffen. Sie werden erstaunt sein, wie sehr sich Ihr Leben verändert, wenn Sie sich jeden Tag als erstes auf das konzentrieren und etwas tun, das Sie der Verwirklichung Ihrer Träume näher bringt.

Ein sehr wichtiges Prinzip beim Manifestieren Ihrer Lebensaufgabe beinhaltet das richtige »Timing«. Sie kennen vielleicht den Ausdruck: »Die Zeit war reif für die Idee.« Beginnen Sie nun mit der Affirmation, daß Sie zur richtigen Zeit am richtigen Ort sind. Behalten Sie diesen Gedanken im Kopf und vertrauen Sie auf die Empfindungen von Freude oder Widerstand, die Ihnen bei der Realisierung dieser Wahrheit helfen werden.

Da war zum Beispiel eine Frau, die sich abmühte, ein Buch zu schreiben. Sie zwang sich jeden Tag ein oder zwei Stunden an den Schreibtisch, aber ihr fiel nichts ein, und schließlich gab sie es auf. Es vergingen zwei Jahre, in denen sie immer mal wieder einen Versuch unternahm, doch es kam nichts dabei heraus. Sie hielt sich für eine Versagerin, gab sich selbst die Schuld und meinte, daß sie einfach nicht die nötige Disziplin habe.

Ihre Arbeit brachte sie mit vielen kranken Menschen in Berührung, und sie fing an, mit ihnen zu arbeiten und sie die ihr bekannten spirituellen Prinzipien zu lehren. Vielen ging es dadurch allmählich besser, oder sie fanden den ersehnten inneren Frieden. Immer mehr Menschen suchten sie auf, und sie beschloß, Seminare abzuhalten. Da die Nachfrage sehr groß war, nahm sie ihre Vorträge auf Tonband auf, tippte sie ab, band sie und gab sie als Leitfaden an die Seminarteilnehmer weiter. Diese liehen das Skript wiederum an andere aus, und sie mußte ständig weitere Kopien anfertigen.

Eines Tages bekam sie einen Anruf vom Lektor eines großen Verlagshauses. Er hatte das Manuskript von einem Freund erhalten und wollte es veröffentlichen. Das Thema war zur Zeit »heiß«, wie sich herausstellte, und ihr Buch verkaufte sich sehr gut. In der Rückschau auf ihre früheren Schreibversuche wurde ihr klar, daß sie erst noch wachsen und eine Menge hatte lernen müssen, bevor das Buch geschrieben werden konnte. Und auch das Timing wäre falsch gewesen. Hätte sie es irgendwie geschafft, das Buch früher herauszubringen, dann wäre es kein so großer Erfolg geworden.

Denken Sie bei der Arbeit an einem Projekt daran, daß Ihnen Ihre innere Führung immer hilft, etwas zur richtigen Zeit zu tun. Wenn Sie bei einer Unternehmung ständig Widerstand spüren oder kämpfen müssen, dann ist es entweder das falsche Projekt oder nicht der richtige Zeitpunkt. Möglicherweise müssen Sie erst etwas anderes unternehmen, um später wieder darauf zurückzukommen. Stecken Sie Ihre Energie in etwas anderes und folgen Sie Ihrer Freude.

Vielleicht denken Sie schon seit Monaten daran, eine Veränderung vorzunehmen, wissen aber nicht, was Sie tun sollen, oder sehen keine Möglichkeit, aus der gegenwärtigen Situation herauszukommen. Oder Sie wissen, was Sie gerne tun würden, meinen aber, daß es zuviel Geld kostet oder Ihre Fähigkeiten und Ressourcen übersteigt. Seien Sie liebevoll zu sich selbst, wenn Sie bislang noch nichts unternommen haben. Denken Sie daran, daß vor jedem Wandel im Äußeren eine Phase der inneren Arbeit liegt. Sie verändern vielleicht den Lauf Ihrer Gedanken, überdenken Ihr Leben, beobachten die Dinge auf der Suche nach einer neuen Perspektive und sammeln die nötige Energie für den Wechsel. Je größer die von Ihnen geplanten äußeren Veränderungen sind, desto größer sind auch die inneren Veränderungen, die zuerst stattfinden müssen.

Ich akzeptiere und liebe die Person, die ich jetzt bin.

Lernen Sie, die Person, die Sie jetzt sind, zu lieben und zu akzeptieren. Lieben Sie alle Dinge, die Sie bereits erschaffen haben. Sie müssen kein perfekter Mensch sein, bevor Sie mit Ihrer Lebensaufgabe beginnen. Deren allmähliche Verwirklichung wird Ihnen bei Ihrem Wachstum und Ihrer Entwicklung helfen. Wenn Sie sich so, wie Sie jetzt sind, lieben und akzeptieren, dann ermöglichen Sie eine Bewegung in neue Richtungen. Sie haben Ihrem Wissen entsprechend das Beste getan. Fangen Sie an, die Person zu schätzen, die Sie jetzt sind, statt darüber zu grübeln, wer oder was Sie gerne sein würden. So kommen Sie leichter voran.

Haben Sie sich kürzlich für irgend etwas kritisiert? Wenn das der Fall sein sollte, dann danken Sie sich statt dessen einen Tag lang, wann immer Sie an diese Angelegenheit denken, für all die guten Dinge, die Sie tun. Viele von Ihnen haben ein inneres

Gefühl, daß sie in diesem Leben viel erreichen müssen, so als hätten sie eine »Mission« zu erfüllen. Sie machen sich vielleicht Sorgen, weil Sie noch nicht herausgefunden haben, worin sie besteht. Vertrauen Sie darauf, daß alles, was Sie tun, zur Grundlage der Entfaltung Ihrer größeren Aufgabe beiträgt. Manche Menschen haben ihre Lebensaufgabe schon in jungen Jahren erfüllt. Bei anderen Menschen wiederum erfordert sie, bevor sie gemeistert werden kann, jahrelanges Sammeln von Wissen und Erfahrung, und sie beginnen mit ihrer wichtigsten Arbeit erst in den späteren Jahren. Sollten Sie dieses innere Gefühl haben, daß Sie wegen einer wichtigen Arbeit hierher gekommen sind, deren Form Sie aber noch nicht gefunden haben, dann folgen Sie weiterhin Ihrer inneren Führung und treffen Sie Entscheidungen, die Ihnen Freude bringen, denn das führt Sie zu diesem größeren Beitrag.

Seien Sie nicht zu hart mit sich selbst, weil Sie noch nicht mehr bewerkstelligt haben, sondern beglückwünschen Sie sich vielmehr für das, was Sie schon alles erreicht haben und wie weit Sie schon gekommen sind. Zählen Sie Gründe auf, warum es seine Richtigkeit hat, daß Sie da stehen, wo Sie heute stehen, statt sich dafür zu kritisieren, daß Sie nicht mehr getan haben. Konzentrieren Sie sich darauf, daß alles, was Sie tun und lernen, Sie darauf vorbereitet, mehr zu haben. Wenn Sie die Fähigkeit erwerben, mit sich selbst einen positiven Dialog zu führen, dann trägt das zur Entwicklung innerer Stärke und des Vertrauens bei, daß Sie alles unternehmen, was für Ihren Weg nötig ist.

Nehmen Sie sich Zeit, herauszufinden und zu tun, was Ihnen Freude bereitet. Beginnen Sie mit kleinen Dingen und widmen Sie sich ihnen häufiger. Eine Frau, die gerne Essen arrangierte, zog schließlich ihr eigenes Unternehmen auf und arrangiert nun Banketts für Geschäftsleute. Ein Mann, der in seiner Werkstatt gerne Dinge zusammenbaute, startete ein sehr erfolgreiches Geschäft für Möbelensembles.

Wenn Sie mit Tätigkeiten, die Sie lieben, einmal Ihren Lebensunterhalt verdienen möchten, dann können Sie schon jetzt damit beginnen und für Ihre Dienste Geld verlangen. Sie stellen eine Verbindung zwischen der Fülle und der Nutzung Ihrer speziellen Begabungen her, wenn Sie für etwas, das Sie gerne tun, Geld fordern. Sie schicken damit Ihrem Bewußtsein die wundervolle Botschaft, daß Ihre Zeit, Energie und Fähigkeiten wertvoll sind. Manche von Ihnen akzeptieren nur Geld für eine Arbeit, die sie nicht mögen, und fühlen sich schuldig, wenn sie sich für ihre speziellen Talente und Dienste bezahlen lassen. In diesem Fall schicken Sie sich selbst die Botschaft, daß Geldverdienen eine Kette von Tätigkeiten ist, die Sie nicht lieben, und daß Sie unmöglich Ihren Lebensunterhalt mit etwas verdienen können, das Ihnen Spaß macht. Wenn Sie auch anfangs, solange Sie noch Erfahrungen sammeln, kein Geld verlangen wollen, werden Sie schließlich doch für Ihre Talente und Fähigkeiten Geld annehmen müssen, wenn Sie einen Beruf daraus machen wollen. Nehmen Sie kein Geld, dann haben Sie für die Nutzung Ihrer besonderen Gaben weniger Zeit (es sei denn, Sie verfügen über Mittel, die Sie finanziell unabhängig machen) und somit auch weniger Zeit für den Beitrag, den zu leisten Sie gekommen sind. Sollten Sie anfangs nur wenig Geld verlangen, so beinhaltet das immerhin die positive Botschaft an Sie, daß Sie nun die Aktivitäten Ihrer Lebensaufgabe mit der Fülle in Verbindung bringen.

Machen Sie sich keine Sorgen, wenn Ihre Fähigkeiten zunächst noch nicht soviel Geld einbringen, daß Ihr Lebensunterhalt gesichert ist, oder wenn Sie, solange Sie Ihre Fähigkeiten noch ausbilden, weniger verlangen als andere, die Ähnliches tun, oder wenn Sie mehr geben als bekommen. Sie müssen nicht gleich von Anfang an Ihren Lebensunterhalt aus diesem Einkommen bestreiten oder eine Menge Geld verdienen. Es beinhaltet schon einen fairen Austausch für Sie, wenn Sie zunächst Ihre neue Überzeugung, nämlich mit einer geliebten Tätigkeit Geld verdienen zu können, in die Tat umsetzen. Die Zeit wird kommen, da Sie das, was Sie verlangen, mit dem Wert Ihrer Dienste und mit dem, was Sie für Ihren Lebensunterhalt benötigen, in Einklang bringen können.

In dem Maße, wie Sie Erfahrungen sammeln und lernen, Ihrer Tätigkeit Achtung entgegenzubringen, werden auch andere Ihren zunehmenden Wert achten und zu schätzen wissen. Beobachten Sie, womit Sie Ihre Zeit verbringen und was Sie ganz natürlich tun. Ein Mann, der gerade das College absolviert hatte, stand unter dem Druck seiner Eltern, sich eine Arbeit zu suchen, und nahm deshalb einen Bürojob an. Er begann darauf zu achten, was er mit seiner Zeit und Energie anfing, und merkte, daß er es kaum abwarten konnte, nach der Arbeit zu seinen Seminaren für Körperarbeit zu kommen. Er beschloß, sich auf Körperarbeit zu spezialisieren und Übungen zu entwickeln, die sowohl als Therapie für Menschen mit physischen Problemen als auch dem allgemeinen Fitneßtraining dienten. Er reduzierte seinen Job auf eine Halbtagsarbeit und begann mit seiner Ausbildung. Gegenwärtig steht er noch immer in der Ausbildung und fühlt sich lebendiger als je zuvor. Auch sein Halbtagsjob macht ihm wieder Spaß, weil er weiß, daß er damit seine Ausbildung bezahlen kann. Folgen Sie Ihren Interessen, denn was Ihren Enthusiasmus weckt, das führt Sie zu Ihrer Lebensaufgabe.

Eine Frau liebte schöne Handtücher, Bettwäsche und ungewöhnliches Bade- und Schlafzimmerzubehör. Sie durchstöberte alle einschlägigen Läden nach ungewöhnlichen Artikeln und ließ sich sogar einiges aus dem Ausland schicken. Eines Tages kam ihr der Gedanke, daß sie ihr eigenes Geschäft eröffnen könnte, denn sie wußte aus Erfahrung, daß bislang kein Laden so schöne und ungewöhnliche Dinge verkaufte, wie sie sie zusammengetragen hatte. Sie machte einen kleinen, erfolgreichen Laden auf und später auch einen Versand für Menschen, die wie sie nach ungewöhnlichen und schwer zu findenden Dingen suchten. Sie können aus den Aktivitäten, die Sie lieben, ein erfolgreiches Unternehmen machen. Viele Menschen haben das bereits getan.

Ich achte und schätze meine Kreativität
und meine Ideen.

Wenn Sie zwar Ideen haben, was Sie in Ihrem Leben tun könnten, aber auch das Gefühl, nicht gut genug zu sein, dann finden Sie etwas, das Sie in Ihrem Leben wertschätzen, und steigern Sie diese Wertschätzung noch. Sollten Sie zum Beispiel Ihre Fähigkeit schätzen, anderen Menschen zu helfen oder Dinge zu organisieren, dann konzentrieren Sie sich auf diese Begabung. Lernen Sie, sich selbst und Ihre Talente zu wertzuschätzen. Verhalten Sie sich so, als ob sie zählten, denn das tun sie. Fangen Sie an, in kleinen Dingen Ihrem Weg und den Dingen, die Sie lieben, Wertschätzung entgegenzubringen. Sie können etwas ganz Einfaches tun wie zum Beispiel sich zehn Minuten Zeit nehmen, um ohne Störung nachzudenken. Sie können beschließen, weniger Zeit auf Gespräche mit anderen Menschen oder auf ungeliebte Tätigkeiten zu verwenden und statt dessen etwas Besonderes für sich zu tun. Sie können mehr Zeit auf ein Hobby verwenden oder sich eine gute Ausrüstung kaufen, die Sie dazu brauchen. Damit signalisieren Sie sich die Botschaft, daß Ihr Leben und Ihre Arbeit wichtig sind. Lernen Sie, Ihre besonderen Fähigkeiten wertzuschätzen.

Ein Mann fand es leicht, für andere zu arbeiten, konnte aber nur schwer etwas für sich selbst tun. Er hatte viele gute Ideen, was er gerne unternehmen würde, war aber von Zweifeln geplagt und dachte, daß es sich nicht lohnte, Zeit dafür zu opfern. Es fiel ihm leicht, sein ganzes Wochenende und die Abende damit zu verbringen, anderen Menschen zu helfen, aber sehr schwer, auch nur ein bißchen Zeit auf die Verwirklichung seiner Träume zu verwenden. Er beschloß, von nun an seinen Ideen Wertschätzung entgegenzubringen.

Er fing mit kleinen Dingen an, gab sich mehr Selbstbestätigung und brachte mehr Zeit für sich selbst auf. Er hatte das Unterrichten immer geliebt und fühlte sich stark von der freien Natur angezogen. Er ging viel spazieren und las Bücher über Bäume und Blumen. Es machte ihm Spaß, auf seinen Wanderungen die Pflanzen zu identifizieren. Schließlich suchte er das städtische Amt für Parks und Erholungsgebiete auf und stellte fest, daß dort Führungen durch die nahegelegenen Nationalparks angeboten wurden. Er stellte sich an Wochenenden zur Verfügung und verbrachte bald seine ganze Freizeit damit, Erwachsenen- und Kindergruppen durch die Parks zu führen und ihnen die Natur zu erklären. Nach kurzer Zeit bezahlte man ihn für Ausflüge in Gebiete, die noch Wildnis waren, und er war als Wochenendführer sehr gefragt. Ihm wurde klar, daß er durchaus Geld für eine von ihm geliebte Tätigkeit annehmen konnte. Er fing an, seine Zeit zu achten, und begann, sein Wissen und seine Liebe zur Natur wertzuschätzen, wie auch die Menschen, denen er als Führer diente. So fanden sich viele Gelegenheiten, Geld zu verdienen und sich mit dieser Tätigkeit zu ernähren. Schließlich bot man ihm einen Ganztagsjob als Planer und Leiter des Freizeitprogramms in einem Kindercamp an, und nach einiger Zeit wurde er sogar dessen Eigentümer.

Eine Frau hatte sehr intensiv den Zusammenhang zwischen Farben und emotionalem Wohlbefinden studiert. Nicht nur hatte sie ihr ganzes Heim auf harmonische und besänftigende Farben abgestellt, sondern auch ihre Garderobe farblich so ausgewählt, daß sie ihr Wohlbefinden steigerte. Ihre Freunde baten sie ständig um Rat, welche Farben sie für ihr Heim und Kleider wählen sollten, und sie stellte fest, daß diese Beratung ziemlich viel Zeit in Anspruch nahm. Sie fing an, sowohl sich selbst mehr Achtung entgegenzubringen als auch ihre Zeit als wertvoll und ihr Wissen als nützlich zu betrachten.

Sie war zwar anfangs etwas schüchtern, brachte aber doch den Mut auf, ihren Rat suchenden Freunden vorzuschlagen, mit ihr einen Termin auszumachen. Für ein kleines Stundenhonorar würde sie sich dann mit ihnen zusammensetzen, mit ihnen arbeiten und durchsprechen, was sie gerne erreichen wollten, und ihnen bei der Verwirklichung ihrer Pläne beistehen. Ihre Freunde waren von dieser Neuerung zunächst überrascht, merkten aber schnell, daß sie mehr Aufmerksamkeit und somit mehr Hilfe bekamen, wenn sie bezahlten. Weil diese Frau ihren Talenten Achtung entgegenbrachte, konnte sie schließlich einen Ganztagsberuf daraus machen und ihre Fähigkeiten, ihr Wissen und ihre Erfahrungen erweitern. Schließlich begannen auch Geschäftsleute ihren Rat für Büro- und Hotelräume einzuholen, und sie wurde eine professionelle Farbenberaterin.

Ich bin eine besondere, einzigartige Person.

Manche von Ihnen gehen ihrer Lebensaufgabe nicht nach, weil sie fürchten, daß sie nicht gut genug sind oder ihre Fähigkeiten nicht ausreichen, oder daß andere Menschen etwas Besonderes anzubieten haben, das sie nicht anbieten können. Ihnen sind Talente, Wünsche, Fähigkeiten und Neigungen gegeben, weil sie auf irgendeine Weise zu Ihrem Weg gehören und in der Welt gebraucht werden. Viel wichtige Arbeit wartet darauf, daß Sie für Ihr Lebensziel erwachen und an sich selbst glauben. Ihre Arbeit ist wichtig. Ihr Beitrag ist von besonderer Art und wird gebraucht.

Wenn Ihnen Zweifel kommen, wenn eine Stimme Ihnen sagt, daß Ihre Fähigkeiten und Talente es nicht wert sind, Zeit und Energie darauf zu verwenden, dann schicken Sie diesen Gedanken Liebe. Bekämpfen Sie sie nicht, versuchen Sie nicht dagegen zu argumentieren oder sie zu verdrängen. Sagen Sie sich, daß solche Gedanken in Ordnung sind. Lassen Sie sie zu und stellen Sie Ihren Zweifeln zuversichtliche und positive Gedanken an die Seite.

Lesen Sie in Ihrer Freizeit Bücher oder belegen Sie Kurse, die Sie auf einen größeren Erfolg vorbereiten. Vielleicht möchten Sie Ihre Zeit mit Menschen verbringen, die das tun, was Sie gerne tun würden,was eine exzellente Methode ist, Ihren eigenen Erfolg in jeglichem Bereich zu beschleunigen. Das bedeutet vielleicht, daß Sie an deren Kursen teilnehmen oder sie als Lehrer oder Berater aufsuchen. Vielleicht möchten Sie auch über andere Menschen etwas lesen, die mit dem, was Sie vorhaben, Erfolg hatten. Lassen Sie sich inspirieren und erneuern Sie ständig Ihren Enthusiasmus.

Ein Mann wollte zum Beispiel im Bereich der Immobilienprojektentwicklung tätig werden, obwohl er einen Job in einer anderen Branche hatte. Er besuchte Gemeinderatsversammlungen, bei denen es um derartige Projektentwicklungen ging und entsprechende Fachleute anwesend waren, sowie deren berufsständische Treffen. Er hörte zu, nahm freundschaftliche Kontakte auf, erwarb sich in diesem Umfeld allmählich viele Fähigkeiten und entwickelte eigene Ideen. Schließlich hörte er bei einem dieser Treffen von einer kleineren Immobilie, die das perfekte Projekt für den Start seiner Karriere in diesem Bereich war.

Wenn Sie sich Menschen anschließen, die in dem, was Sie vorhaben, erfolgreich sind, dann fangen Sie ihre verbalen und telepathischen Gedanken auf, die mit diesem Erfolg verbunden sind. Damit beschleunigen Sie die Entwicklung Ihres eigenen Selbstbildes von einer erfolgreichen Person. Ihre Gedanken erschaffen Ihre Realität, und deshalb werden Sie, je stärker Ihr Selbstbild von einer erfolgreichen Person, die das tut, was sie liebt, ist, um so schneller an Ihr Ziel gelangen.

Meine Tage sind von Spaß und sinnvollen Aktivitäten erfüllt.

Viele Menschen scheuen vor ihrer Lebensaufgabe zurück, weil sie glauben, daß es ein schwerer Weg werden wird. Sie denken vielleicht daran, wieviel Arbeit die anderen Jobs bedeuteten, die nicht mit ihrer Lebensaufgabe verbunden waren. Beides läßt sich nicht miteinander vergleichen. Selbst eine einfache Arbeit, für die Sie nicht geeignet sind, verlangt sehr viel mehr Energie als die große, komplexe Arbeit, die Ihr wahrer Lebensweg beinhalten mag. Wenn Sie sich Ihrer Lebensaufgabe widmen, dann hilft Ihnen das Universum. Türen werden sich öffnen und Gelegenheiten werden sich ergeben. Sie schwimmen mit dem Strom statt gegen ihn.

Sie können die Verfolgung Ihrer Lebensaufgabe in gewisser Weise mit der Entwicklung einer intimen Beziehung vergleichen. Erfolg verlangt Bindung und Engagement und die Fähigkeit, sich dem hinzugeben, was auf Sie zukommt. Manche von Ihnen glauben, daß ihnen ihr Leben, wenn sie sich erst einmal ihrem Weg verschrieben haben, keinen Spaß mehr machen wird, daß sie dann ständig Verantwortung tragen und ernsthaft sein müssen. Doch Sie müssen nicht ständig ernst sein und auf allen Spaß verzichten, wenn Sie sich Ihrer Lebensaufgabe widmen. Sie werden vielmehr entdecken, daß es nicht viel Freude macht, wenn Sie Ihre Lebensaufgabe nicht erfüllen. Wenn Sie sich erst einmal Ihrer Lebensaufgabe annehmen, werden Ihre Tage mit Spaß und freudvollen Aktivitäten ausgefüllt sein.

Übungsbogen:

Sie haben, was es braucht

▷ Welche hilfreichen inneren Quellen oder Stärken könnten Sie entwickeln, um Ihre Lebensaufgabe rascher anzuziehen? Oder, sollten Sie Ihrer Lebensaufgabe bereits nachgehen, welche hilfreichen inneren Quellen oder Stärken könnten Sie entwickeln, um auf die nächste Ebene zu gelangen?

▷ Welchen einzelnen Schritt könnten Sie in der nächsten Woche unternehmen, um dieser inneren Quelle oder Stärke vermehrt Ausdruck zu geben?

▷ Besinnen Sie sich auf möglichst viele Aktivitäten, denen Sie gegenwärtig nachgehen und die Ihnen Freude bereiten. Vielleicht möchten Sie sich hier auf die Antworten beziehen, die Sie auf die erste Frage im Übungsbogen des vorangegangenen Kapitels »Entdecken Sie Ihre Lebensaufgabe« gegeben haben.

▷ Suchen Sie eine der oben genannten Aktivitäten heraus. Zählen Sie 5 Möglichkeiten auf, wie Sie mit dieser von Ihnen geliebten Tätigkeit Geld verdienen könnten. Zensieren Sie Ihre Ideen nicht. Seien Sie kreativ.

Kapitel 15
An sich selbst glauben

Wollen Sie sich Ihre Lebensaufgabe erschaffen, dann glauben Sie an sich selbst und setzen Sie Ihre Ideen in die Tat um. Wenn Sie darauf warten, daß Ihnen Ihre Freunde, Ihr Mann, Ihre Frau, Ihr Arbeitgeber, Ihre Angestellten oder Mitarbeiter das geben, was Sie wollen, dann geben Sie Ihre Macht an andere ab. Sollten Sie zum Beispiel darauf warten, daß Ihr Arbeitgeber Ihren Job nach Ihrem Gefallen ummodelt oder Ihnen die gewünschte Gehaltserhöhung zukommen läßt, dann werden Sie möglicherweise eine Enttäuschung erleben. Übernehmen Sie die Initiative und verändern Sie Ihren Job selbst innerhalb der Rahmenbedingungen Ihres Unternehmens. Erhöhen Sie Ihre Produktivität und verbessern Sie Ihre Leistung. Fassen Sie den Entschluß, daß Sie, sollten Ihre Bedürfnisse an Ihrem Arbeitsplatz trotz all Ihrer Bemühungen nicht erfüllt werden, eine andere Arbeit finden, die das tut. Überprüfen Sie andere Möglichkeiten und Alternativen, die Ihnen das anzubieten haben, was Sie sich wünschen.

Ich gestatte mir, all das zu sein,
was ich sein kann.

Warten Sie darauf, daß Ihnen jemand Geld gibt oder für Sie entscheidet, daß Sie sich weiterbilden, einen Job bekommen oder eine von Ihnen erwünschte Veränderung vornehmen können? Erlauben Sie sich, das mit Ihrem Leben zu tun, was Ihrem Wunsch entspricht. Beschließen Sie, daß Sie für Ihr Ziel etwas unternehmen werden. Warten Sie nicht darauf, daß Ihnen jemand die Erlaubnis gibt, den Job aufzugeben und das in Ihrem Leben zu tun, was Sie lieben. Wenn Sie Ihre Ziele, Träume und

Lebendigkeit um des Zusammenseins mit anderen Menschen willen aufgeben, tun Sie sich und ihnen keinen wirklichen Gefallen. Es gibt nur eine Möglichkeit, wie Sie andere wirklich lieben und unterstützen können. Sie unterstützen sie in ihrem Wachstum und in ihrer Lebendigkeit, und das tun Sie am besten, wenn Sie sich in Ihrer eigenen Lebendigkeit, in Ihrer eigenen Entwicklung fördern. Erlauben Sie sich, das zu tun, was Sie lieben und tun wollen.

Wahre Liebe heißt, der Seele anderer Menschen, nicht ihrer Persönlichkeit dienen. Ein Mann wollte zum Beispiel nicht, daß seine Frau einen Job annahm, obwohl sie das Gefühl hatte, daß sie auf diese Weise viel Freude und Lebendigkeit erfahren würde. Er meinte, daß er genug Geld für den Familienunterhalt verdiente, und wollte, daß sie zu Hause blieb und sich um den Haushalt und die Familie kümmerte. Sie war durch ihren ständigen Drang, sich anderer anzunehmen, hin und her gerissen und wußte nicht, ob sie nun wieder arbeiten oder zu Hause bleiben sollte. Dann betrachtete sie ihre Situation mit den Augen ihrer Seele und erkannte, daß sie nicht der Seele ihres Mannes, sondern nur seiner Persönlichkeit diente, seinem kleineren, nicht seinem größeren Selbst.

Sie wußte, daß sie, wenn sie wieder zur Arbeit ging, wachsen, glücklich werden, sich lebendiger fühlen und an Stärke gewinnen würde, und daß sie mit ihrer Stärke auch ihm Stärke geben würde, wenngleich er das zu diesem Zeitpunkt nicht einzusehen vermochte. Sie wußte, daß das größte Geschenk, das sie ihm auf der Seelenebene machen konnte, darin bestand, daß sie zu all dem wurde, was sie sein konnte, was wiederum ihn frei machen würde, all das zu sein, was er sein konnte. Ihr wurde klar, daß der Versuch, eine andere Person zu behindern, eine Behinderung der eigenen Person darstellt, und daß ihr Mann bei seinem Versuch, sie zurückzuhalten, sich auf einer Ebene selbst behinderte. Also besorgte sie sich einen Job.

Er war über ihre Entscheidung nicht glücklich, protestierte lautstark und führte viele Gründe ins Feld, warum das nicht funktionieren konnte. Er legte ihr Steine in den Weg, beklagte sich häufig und half ihr in keiner Weise. Sie sagte sich immer wieder, daß sie seiner Seele diente und daß, wenn einer von ihnen beiden zu einer neuen Ebene persönlicher Stärke und höherem Ziel durchbrach, das auch dem anderen helfen würde, das gleiche zu tun. Es gab immer noch Augenblicke, in denen sie sich egoistisch fühlte, weil sie zur Arbeit ging, aber die innere Freude lehrreicher Erfahrungen ließ sie sich so lebendig fühlen, daß ihr klar war, diese Lebendigkeit nicht opfern zu können, ohne die Liebe zu sich selbst oder zu ihm zu verlieren.

Schließlich konnten sie einen Teil ihres Einkommens zur Tilgung von Schulden verwenden und zudem einen schon lange aufgeschobenen und dringend nötigen Urlaub antreten. Er hörte auf, sich zu beklagen und freundete sich sogar mit den Veränderungen in ihrem Leben an. Er konnte etwas von seinem Geld für ein Hobby verwenden, dem er sich hatte widmen wollen, und fühlte sich ebenfalls lebendiger. Ein paar Jahre später beschloß er, seine schon lange ungeliebte Arbeit aufzugeben und sich selbständig zu machen. Und obwohl diese Entscheidung ein Risiko und für den Anfang ein geringeres Einkommen bedeutete, konnten sie sich doch darauf einlassen, weil das Gehalt der Frau zusammen mit einem Darlehen für den Start einer neuen Karriere ausreichten. Ihr Wille, ihrem Weg zu folgen, ermöglichte es schließlich ihrem Mann, sich seiner Lebensaufgabe zu widmen. Ihr Eintreten für ihre Lebendigkeit brachte beiden mehr Lebendigkeit.

Ich verpflichte mich meinem Weg.
Ich wähle Lebendigkeit und Wachstum.

Wenn Sie Schritte in Richtung Ihrer Lebendigkeit und Ihres Wachstums unternehmen, sehen Sie sich möglicherweise mit dem Widerstand einiger Menschen in Ihrer Umgebung konfrontiert. Wenn Sie wachsen oder sich verändern wollen, stellt das oft für Ihnen nahestehende Menschen eine Bedrohung dar. Sie fürchten den Verlust Ihrer Liebe. Fühlen Sie sich durch diesen Widerstand nicht bedroht, schicken Sie besonders viel Liebe und Mitgefühl.

Manchmal kann sich die Opposition eines Menschen geradezu als ein Geschenk erweisen. Sie werden oft in Ihrem Entschluß bestärkt, entwickeln mehr Mut und ein stärkeres Engagement für Ihren Weg, wenn Sie den Widerstand, der Ihnen entgegengesetzt wird, überwinden. Vielleicht haben Sie schon bemerkt, daß die Tatsache, daß jemand sagt, Sie könnten etwas nicht tun, Sie zum Entschluß bringt, den gegenteiligen Beweis anzutreten.

Sollten Sie von wohlmeinenden Freunden hören, daß etwas nur schwer oder gar nicht zu machen ist, dann seien Sie sich klar darüber, daß sie Ihnen nur Ihre eigenen Zweifel aufzeigen und Ihnen den Spiegel vorhalten, so daß Sie sich diese Zweifel bewußter machen und sich ihrer entledigen können. Während Sie sich mit den Ihnen entgegengebrachten Einwänden befassen, arbeiten Sie in Wirklichkeit an Ihren eigenen Zweifeln und Ängsten. Wenn Sie sich über Ihren Weg im klaren sind, spiegeln andere gewöhnlich Ihre Zuversichtlichkeit wider. Werden Sie nicht wütend, wenn andere Ihnen nicht glauben, sondern danken Sie ihnen geistig dafür, daß sie Ihnen Ihre Zweifel aufzeigen und Ihnen helfen, Sie in Ihrem Entschluß und Ihrem Willen zu stärken.

Ein Ehepaar traf Vorbereitungen zur Eröffnung eines Restaurants und beachtete dabei alle Prinzipien des Manifestierens. Sie hatten das Symbol ihrer Lebensaufgabe mit Energie aufgeladen, folgten ihren inneren Botschaften, gingen Schritt für Schritt vor und waren sich sicher, daß die Eröffnung eines Restaurants ihr Weg war. Sie machten Magnetisierungsübungen zur Anziehung von Kunden, visualisierten den perfekten Standort und machten die richtigen Übungen zur Lösung etwaiger innerer Blockierungen, die ihrer Fülle und ihrem Wohlstand hätten entgegenstehen können.

Alle ihre Freunde sagten ihnen, daß es schwierig, wenn nicht gar unmöglich sein würde, damit Erfolg zu haben. Mit einem Restaurant sei selten Geld zu machen, viele gingen pleite, und zudem müsse man zu lange und zu hart arbeiten. Dem Paar wurde klar, daß ihre Freunde ihnen den Spiegel ihrer eigenen Zweifel vorhielten, und benutzten deren Kommentare als Hinweis auf Ängste und Zweifel, derer sie sich entledigen mußten. Sie überprüften immer wieder ihre inneren Botschaften, die weiterhin auf das Restaurant als ihren Weg deuteten.

Sie beschlossen, ein kleines Restaurant zu eröffnen, und fanden eines in einer guten Lage. Sie standen schon mitten in den Kaufverhandlungen, als die Sache platzte, und das, obwohl sie den Besitz dieses Restaurants visualisiert und mit Affirmationen bestätigt hatten. Sie fragten sich, ob ihre Freunde wohl recht hatten und das Universum sie aufzuhalten versuchte. Doch ihre inneren Botschaften besagten, daß sie weitermachen sollten. Sie sahen sich nach einem anderen Lokal um und fanden es auch. Wie sich herausstellte, war dieses für ihre Zwecke perfekt geeignet, und sie waren nur davor bewahrt worden, das andere, das nicht annähernd so gut war, zu kaufen. Es trat ein positives Ereignis nach dem andern ein. Sie bekamen viel unerwartete und hilfreiche Publizität, denn ihr Restaurant war das erste seiner Art in dieser Gegend. Innerhalb von drei Monaten ging das Lokal so gut, daß sie mehr Hilfskräfte einstellen konnten und selbst weniger zu arbeiten brauchten. Sie verdienten mehr Geld, als sie je erwartet hatten, und sammelten eine Menge wertvolle Geschäftserfahrung. Die Frau konnte sich Zeit nehmen, um ein Baby zu bekommen und zu Hause bei dem Kind zu bleiben, etwas, wovon sie immer geträumt hatte.

Ich folge meinem Herzen.

Lassen Sie sich nicht von den Bildern anderer Menschen über Sie und was Sie tun sollten, bestimmen. Sie wollen vielleicht eine musikalische Laufbahn einschlagen, aber Ihre Eltern wünschen, daß Sie Handelskaufmann werden. Machen Sie sich klar, daß sie es gut mit Ihnen meinen und Ihnen Erfolg wünschen, aber nur Sie können wissen, was Ihr Weg ist. Ihre Lebensaufgabe mag sich sehr von den Vorstellungen anderer in bezug auf

Sie unterscheiden. Es ist wichtig, daß Sie Ihrer eigenen Richtung Achtung und Respekt entgegenbringen. Wollen Sie mit etwas Erfolg haben, dann müssen Sie es lieben, und nur Sie können wissen, was Sie lieben. Wenn Sie gegen Ihre inneren Botschaften handeln und versuchen, in einem ungeliebten Beruf Karriere zu machen, nur um anderen einen Gefallen zu tun, dann werden Sie Ihr Gefühl von Freude und Lebendigkeit verlieren. Beschließen Sie, das mit Ihrem Leben zu tun, was Ihnen Ihr innerer Impuls eingibt, auch wenn Sie noch nicht sehen können, wie Sie damit Geld verdienen. Wenn es sich richtig anfühlt, sich mit Ihrer Integrität vereinbaren läßt und Ihnen Freude macht, dann tun Sie es. Der Erfolg stellt sich ein, wenn Sie Ihrem Herzen folgen.

Am besten folgen Sie Ihrer eigenen Weisheit. Entwickeln sich die Dinge gut, dann wissen Sie, daß Sie das bewirkt haben, und gewinnen so noch mehr Zuversicht und Vertrauen in Ihre Zukunft. Entwickeln sich die Dinge nicht so, wie Sie erwartet hatten, dann haben Sie viel an Wissen und Erfahrung gewonnen, was Ihnen hilft, künftig bessere Entscheidungen zu treffen. Wie auch immer, Sie gewinnen sehr viel mehr, wenn Sie Ihrer eigenen inneren Weisheit folgen, statt das zu tun, was andere meinen, daß Sie tun sollten.

Ich kann das haben, was ich will.

Es gibt keine Entschuldigung dafür, daß Sie nichts zur Verwirklichung Ihrer Träume unternehmen. Manche von Ihnen geben anderen die Schuld und sagen: »Ich habe nicht die Freiheit. Mein Mann oder meine Frau lassen mich nicht. Ich habe zu viele Verpflichtungen meinen Kindern oder Eltern gegenüber.« Wenn Sie sich weiterhin immer wieder erzählen, warum Sie nicht haben können, was Sie wollen, dann werden Sie es auch nicht bekommen. Fangen Sie an sich zu erzählen, warum Sie das, was Sie haben wollen, haben *können*. Es gibt immer etwas, das Sie gleich jetzt unternehmen können, um Ihre Träume der Verwirklichung näher zu bringen. Sie haben immer eine Wahl,

denn ganz gleich, wie sehr Sie meinen, in einer Situation festzu-
sitzen oder in der Falle zu hocken, es gibt immer einen Ausweg.

Nehmen Sie sich einen Moment Zeit und überlegen Sie, was
Sie gerne mit Ihrem Leben tun würden. Warten Sie auf jemanden, der Ihnen die Erlaubnis gibt, es zu tun, oder der Ihnen
aushilft, bevor Sie einen Anfang machen? Sind Sie, sollte das
der Fall sein, willens, sich zu erlauben, das zu tun, was Sie
wollen? Dann geben Sie sich jetzt dieses Erlaubnis. Zögern Sie,
weil jemand in Ihrem Leben mit Ihrem Vorhaben nicht einverstanden ist? Ihr Prozeß der Entdeckung Ihrer Lebensaufgabe
und des Lernens, stark genug an sich selbst zu glauben und den
inneren Botschaften gemäß zu handeln, ist ebenso wichtig wie
die Ausführung Ihrer Aufgabe. Wenn jemand käme und Ihnen
alles in den Schoß würfe, dann besäßen Sie nicht die Stärke, die
daraus entsteht, daß Sie die Dinge selbst tun. Sie sind der
Kapitän des Schiffs. Ihr Erfolg wird durch Sie bewirkt.

Ich lade das Gute in mein Leben ein.

Wollen Sie in Ihrem Leben etwas verbessern, dann glauben Sie
zunächst einmal, daß etwas Besseres existiert. Viele Menschen
meinen, daß das, was sie jetzt haben, das Beste ist, was sie sich
erschaffen können, und fürchten sich vor Veränderungen.
Glauben Sie für den Anfang wenigstens, daß die Umstände
besser sein könnten, daß Sie haben können, was Sie anstreben,
und daß es in Ordnung ist, wenn Sie in Ihrem Leben das tun,
was Sie lieben. Es gibt immer eine Möglichkeit, die Umstände
zu verändern. Nehmen Sie sich einen Moment Zeit und denken
Sie an wenigstens drei Gründe, warum Sie haben *können*, was
Sie haben wollen.

Vielleicht müssen Sie sich Zeit schaffen, um Ihre höheren
Fähigkeiten entwickeln und nutzen zu können. Das beinhaltet,
daß Sie den Tag mit den Aufgaben verbringen, die nur Sie
übernehmen können, und sich beim Rest von anderen helfen
lassen. Eine Frau startete ein kleines Schreibbüro für andere
kleine Unternehmen, hatte aber keine Zeit, ihr Geschäft zu

erweitern oder ihren Kunden einen so guten Service anzubieten, wie sie eigentlich wollte. Sie war zu beschäftigt und zu müde, weil sie nicht nur ihr Büro in Gang hielt und selber tippte, sondern sich auch noch um den Haushalt, die Besorgungen, das Kochen und viele andere Dinge kümmerte. Eines Tages wurde ihr klar, daß sie eine Hilfskraft brauchte, hatte aber Sorge, daß sie keinen Profit mehr machen würde, wenn sie ein Gehalt bezahlen mußte. Dann beschloß sie, in der Zeit, in der sie jemanden für die Hilfe bezahlte, ihre höhere Fähigkeit einzusetzen und mindestens doppelt soviel zu verdienen, wie sie für die Hilfskraft ausgab.

Sie machte einen Glaubenssprung und stellte eine Haushaltshilfe ein. In ihrer Freizeit organisierte sie ihr Büro und kümmerte sich um Kunden und deren Bedürfnisse. War sie vorher zu müde gewesen, ihren Service auf einen guten Stand zu bringen und neue Aufträge hereinzuholen, so hatte sie jetzt Zeit dafür. Die Leute bemerkten den exzellenten Service und die Aufmerksamkeit, mit der sie ihren Wünschen entgegenkam, und sie wurde weiterempfohlen und baute sich einen festen Kundenstamm auf. Sie konnte nun nicht nur mehr Menschen dienen und mehr Geld verdienen, sie konnte auch einer anderen Person eine Arbeit verschaffen, die sie brauchte und die das Tippen und die Hausarbeit schätzte.

Manche Menschen haben Sorge, daß sie zu alt sind, um den Beruf zu wechseln oder mit ihrer Lebensaufgabe zu beginnen. Sie sind nie zu alt. Viele Menschen haben ein großes Unternehmen gegründet, nachdem sie schon über sechzig waren. Eine Frau, die schon viele Jahre in ihrem Job gearbeitet hatte, wünschte sich eine sinnvollere Arbeit. Sie stand kurz vor dem Rentenalter und meinte, es notfalls die wenigen Jahre noch aushalten zu können, aber sie hatte sich in ihrer Arbeit schon lange nicht mehr weiterentwickelt und herausgefordert gefühlt und sehnte sich nach einem befriedigenderen Job.

Sie begann, sich jeden Tag auf die Manifestierung ihres höheren Ziels zu konzentrieren. Sie lud sein Symbol, einen Lichtkreis, mit Energie auf, fing an, positiv zu denken und glaubte, daß es möglich sei, einen besseren Job zu finden, wenn sie auch noch nicht sehen konnte, wie. In der Zwischenzeit hatte sie sich mit einem wunderbaren Mann angefreundet, sie gingen miteinander aus und erkundeten gemeinsam viele Dinge. Er hatte ein paar Jahre nach seiner Pensionierung zu seinem Vergnügen ein Unternehmen gegründet und nicht erwartet, daß es so schnell expandieren würde. Ihre Fähigkeiten waren genau das, was er für sein Unternehmen brauchte. Er stellte sie nicht nur ganztags ein, sondern sie heirateten schließlich auch. So bekam sie alles, worum sie gebeten hatte, und sogar noch mehr. Sie liebte ihre Arbeit, war Mitglied eines Teams, fühlte sich herausgefordert und erwarb sich neue Fähigkeiten.

Übungsbogen:

An sich selbst glauben

▷ Stellen Sie sich vor, es wäre heute in 10 Jahren. Sie haben sich erlaubt, all das zu sein, was Sie sein können. Sie haben an sich selbst geglaubt. Sie haben die angemessenen Schritte unternommen, um Ihrem höheren Weg zu folgen. Wie fühlen Sie sich, und wie finden Sie Ihr Leben? Lassen Sie Ihre Erfolge der letzten 10 Jahre in der Phantasie Revue passieren.

▷ Stellen Sie sich den gleichen Zeitraum von 10 Jahren vor. Sie haben sich nicht erlaubt, Ihrem eigenen Weg zu folgen. Sie haben nicht an sich selbst geglaubt. Wie fühlen Sie sich, und wie finden Sie Ihr Leben?

▷ Welchen Weg wollen Sie wählen? Entscheiden Sie sich jetzt.

Kapitel 16

In den ständigen Fluß
Vertrauen setzen

Funktioniert ein Job, eine Karriere, eine Situation, die für Sie bislang in Ordnung war, nun nicht mehr? Vielleicht ist das, was Sie einmal geliebt haben, jetzt zu einem »Muß« geworden und hat seine Frische und Lebendigkeit verloren. Vielleicht sind Ihre Verkäufe zurückgegangen oder die Kunden weniger geworden, oder es fehlt Ihnen an Enthusiasmus für etwas, das Ihnen einmal Spaß gemacht hat. Gleich welche Ebene der Fülle und des Wohlstands Sie erreicht haben, es kommt möglicherweise eine Zeit, in der Ihr gegenwärtiger Standort mit dem, wo Sie Ihrer Vorstellung nach sein wollen oder sein sollten, nicht übereinstimmt. Das kann jedem passieren, denen, die Millionen haben, und denen, die nicht wissen, wie sie zu ihrer nächsten Mahlzeit kommen sollen.

Es ist wichtig zu wissen, wann es an der Zeit ist, den Kurs zu ändern. Kein Job, kein Geschäft und keine Tätigkeit werden ewig vollkommen sein, wenn Sie nicht willens sind, sie immer wieder auf den neuesten Stand zu bringen, da die Dinge in Ihrem Umfeld Ihrem Wachstum entsprechend umgeformt werden müssen. Manchmal reicht eine ganz kleine Veränderung. Ein andermal werden Sie nur dann die nächste Ebene erreichen, wenn Sie alles, was Sie haben, loslassen und völlig neu beginnen.

Ich schwimme mit dem Fluß. Ich weiß,
daß alles zu meinem höheren Wohl geschieht.

Die Schöpfung aller Dinge hat ihre naturgegebenen Phasen. Die erste Phase ist das Stadium der Idee. Sie sprudeln über vor Ideen und neuen Gedanken, haben das Verlangen nach Veränderung, wenn Sie vielleicht auch noch nicht erkennen, wie Sie sie herbeiführen können. Dann kommt die Aufbauphase. Sie sehen Möglichkeiten, Ihre Ideen in die Tat umzusetzen, und tun das auch. Das Manifestieren Ihres Wunsches ist eine aufregende Zeit. Auf diese Phase folgt die Vollendung dessen, was Sie sich aufbauen, eine Konsolidierungsphase, in der Ihre Ideen funktionieren, sich aber nicht mehr erweitern oder ein Wachstum erfahren. Die darauf folgende Phase beinhaltet die Beendigung eines Zyklus und den Beginn des nächsten. Sie fühlen sich vielleicht unzufrieden mit dem, was Sie aufgebaut haben. Möglicherweise kann es nicht länger als Vehikel dienen, das Sie zu neuen, ausgedehnteren Zielen bringt.

Viele von Ihnen sehen in dieser letzten Phase einen Abstieg. In Wahrheit aber ist sie Teil des natürlichen Zyklus von Geburt, Tod und Wiedergeburt. Das Alte geht und macht den Weg für das Neue frei. Wenn die Dinge im Moment nicht mehr so gut funktionieren, wie Sie es gerne hätten, wenn Sie mit Ihrer Karriere nicht mehr so glücklich sind wie einst, dann bereiten Sie sich möglicherweise auf eine Erweiterung vor, auf einen Schritt hinauf zu einer neuen Ebene.

Ihr gegenwärtiger Job und die Fähigkeiten, die Sie dabei einsetzen, waren geeignet, Sie zu Ihrem ursprünglich anvisierten Ziel zu bringen. Wenn Sie aber jetzt um mehr bitten, in größeren Dimensionen denken, dann brauchen Sie vielleicht für Ihr nächstes Ziel ein neues Vehikel. Ein unveränderter Job, unveränderte Gedanken und Fertigkeiten oder eine unveränderte Einstellung bringen Ihnen nur das ein, was Sie jetzt haben. Sie müssen neue Wege des Denkens und Fühlens entdecken, neue Perspektiven, Fähigkeiten und Ideen finden, denn Sie bereiten sich auf den Beginn eines neuen Zyklus vor. Sie haben weder versagt noch einen Rückschritt gemacht. Betrachten Sie sich vielmehr als erfolgreich. Sie bereiten sich auf einen weiteren Sprung nach vorn vor.

Sie geraten auf Ihrem Weg in keine Sackgasse oder werden nicht behindert, wenn es nicht zu Ihrem höheren Wohl ist. Wird Ihr Weg zum Kampf, nehmen die Schwierigkeiten überhand, dann nehmen Sie sich Zeit und überprüfen Sie, was Sie tun. Vielleicht können die Dinge auf eine bessere Weise angegangen werden, oder es taucht etwas ganz anderes auf. Bereitet Ihnen ein Weg große Schwierigkeiten, dann gibt es einen anderen, dem Sie folgen können, und er hält sogar noch mehr Fülle und Lebendigkeit für Sie bereit.

Ich bin wach für meine Gelegenheiten und nutze sie gut.

Denken Sie daran, daß auch der evolutionäre Strom der Menschheit ständig die Richtung wechselt und daß sich Umstände immer verändern. Was die Menschheit im Augenblick will und die Leute heute erregt, ist schon etwas anderes als noch vor einem Jahr. Selbst die besten Pläne müssen ständig revidiert werden. Sie werden überprüfen müssen, ob Ihre inneren Bilder noch immer mit Ihrer inneren Richtung und der Richtung, in die sich die Menschheit bewegt, übereinstimmen. Ein Flugzeug auf dem Weg zu seinem Bestimmungsort muß ständig seine Flugbahn korrigieren, um auf Kurs zu bleiben. Sie stellen vielleicht fest, daß Sie das, was Sie tun, ständig nachbessern müssen, um mit dem Kurs der Menschheit in Übereinstimmung zu bleiben.

Haben Sie etwas erschaffen, dann müssen Sie lernen, es wachsen und sich entwickeln zu lassen. Was heute funktioniert, mag in Zukunft ohne eine gewisse Modifizierung nicht mehr funktionieren. Wozu Sie sich heute angeleitet fühlen, mag nicht das sein, wozu Sie sich in den kommenden Monaten oder Jahren angeleitet fühlen. Sie werden Risiken eingehen, neue Aktivitäten ausprobieren und mit dem Fluß Ihrer Energie in Kontakt bleiben müssen. Wenn Ihnen Ihre Tätigkeit keinen Spaß mehr macht, dann ist das ein Zeichen dafür, daß etwas Neues ansteht. In diesem Fall wird Ihnen die Entwicklung des Neuen mehr Fülle bringen als ein Festhalten am Alten. Sie wachsen und verändern sich ständig, und wenn Sie mit dem in Berührung bleiben, was zu tun Ihnen Freude macht, dann werden Sie neue Formen anziehen, die dem entsprechen, was Sie sind.

Sie erschaffen sich Ihre Lebensaufgabe nicht dadurch, daß Sie Sicherheit und Bequemlichkeit über das Wachstum stellen. Sie erschaffen sie, indem Sie Aktionen auswählen und unternehmen, die Ihnen helfen, an Ihr Ziel zu gelangen. Lernen Sie, Ihre Herausforderungen mit Liebe anzunehmen, statt ihnen auszuweichen. Beginnen Sie mit etwas, das für Sie leicht erreichbar ist. Gehen Sie dann ein Projekt an, das eine etwas größere Herausforderung darstellt, als Sie sie normalerweise bewältigen, oder eignen Sie sich eine neue Fähigkeit an. Wenn Sie sich nach etwas strecken müssen, dann ist der Lohn groß. Sie werden sich hinterher sehr viel stärker und belebter fühlen. Gehen Sie von einer Risikoebene aus, auf der Sie sich wohl fühlen, und heben Sie sie dann um einen Grad an. Sie brauchen keine Schritte zu unternehmen, die Ihnen extremes Unbehagen bereiten, denn das entspricht nicht dem Weg der Freude. Steigern Sie aber Ihre Risikobereitschaft als einen Weg, mehr anzuziehen.

*Ich gebe alles frei, was nicht
meinem höheren Wohl dient, und bitte es,
auch mich freizugeben.*

Ihr Umgang mit dem Aufgeben alter Muster bestimmt darüber, wieviel Schmerz oder Kampf Sie in dieser Phase erleben werden. Manchmal brauchen Sie nur eine Einstellung oder eine Überzeugung aufzugeben. Gelegentlich aber müssen Sie Ihren Arbeitsplatz verlassen und einen neuen finden. Sie können das, was Sie sich geschaffen haben, mit Freude, Bereitwilligkeit und ganz bewußt loslassen, oder Sie können warten, bis die Umstände die Dimensionen einer Krise angenommen haben und Sie »gezwungen« werden, neue Ideen einzuführen. Wenn es Zeit für Veränderungen ist, Sie aber das Alte nur widerwillig gehen lassen, dann steht Ihnen Ihre Seele bei und erschafft Umstände, in denen das Alte nicht mehr funktioniert.

Sie haben sich im Verlauf des Manifestierungsprozesses dessen, was Sie haben wollten, verändert und sind gewachsen. Jetzt sind Ihre Ziele möglicherweise größer oder sehen anders aus, und die Dinge, die Sie sich erschaffen haben, stellen keine Herausforderung mehr dar. Das Leben strebt immer nach einer höheren Ordnung, und wenn Sie ein Ziel erreicht haben, richtet sich der Blick gewöhnlich auf das nächste. Manche Menschen lassen leicht und ganz natürlich los, führen ihre neuen Ideen ein und geben die alten Strukturen auf, wenn es denn so sein soll. Andere versuchen, die alten Strukturen am Funktionieren zu halten und stecken immer noch mehr Mühe hinein, bis sie sich endlich dazu entschließen, nach neuen Ideen und Formen Ausschau zu halten und mit einem neuen Zyklus zu beginnen. Alles Leben strebt von Natur aus nach Wachstum und Lebendigkeit. Haben Sie eine Ebene gemeistert, dann sind Sie reif, zur nächsten überzugehen.

Es liegt an Ihnen, wieviel Mißvergnügen und Unzufriedenheit Sie dazu motiviert, Ihren inneren Botschaften gemäß zu handeln. Manche von Ihnen erschaffen sich ständig den Job und das Leben, die sie haben wollen, streben stets danach, sich das Umfeld zu schaffen, das ihre Lebendigkeit fördert. Sie verändern Ihre Umstände schon, wenn sie auch nur ein Wispern vernehmen, lassen das Alte leicht los und gehen auf die neu auftauchenden Richtungen gerne ein.

Manche von Ihnen nehmen erst dann Veränderungen vor, wenn Unzufriedenheit oder Ängste in ihnen aufsteigen. Sollten Sie zu dieser Kategorie gehören, dann erschafft Ihre Seele möglicherweise immer mehr Probleme, Unbehagen oder inneren Widerstand gegen Ihre jetzige Arbeit oder Ihre gegenwärtige Situation, um Ihre Aufmerksamkeit auf die Tatsache zu lenken, daß Veränderungen fällig sind. Lernen Sie, das Alte loszulassen, oder finden Sie Möglichkeiten, die Dinge dann zu ändern, wenn Sie Ihre Tätigkeit nicht mehr lieben oder Sie dabei stagnieren und sich nicht mehr lebendig fühlen.

Verlassen Sie etwas, das Sie lieben, statt eine Abneigung dagegen zu hegen, dann stellt das eine Herausforderung dar.

Wenn Sie sich auf etwas konzentrieren, das Sie haben wollen, liebend gerne haben wollen, und aktiv danach streben, dann werden Sie es bekommen. Je größer Ihre Abneigung gegen etwas ist, desto stärker werden Sie möglicherweise daran kleben. Je mehr Sie Ihr Geschäft verabscheuen, desto länger werden Sie möglicherweise damit verbunden sein. Eines der Prinzipien des Universums besteht darin, daß jede Situation Ihres Lebens Sie lehrt, zu lieben. Sie können erst dann etwas verlassen, wenn Sie es lieben. Sie sind an Dinge, die Sie verabscheuen, gebunden. Wenn Sie etwas hassen, werden Sie immer wieder davon angezogen werden (mag auch die Person oder Form wechseln), bis Sie es lieben. Wenn Sie es lieben, sind Sie frei davon.

Ich liebe und achte alles, was ich erschaffe.

Ein Mann eröffnete sein eigenes Geschäft und merkte nach einem Jahr, daß er es nicht mochte. Er hatte nicht mit den langen Arbeitsstunden, dem Geldmangel und mit der Art von Personen, mit denen er es zu tun hatte, gerechnet. Er wünschte sich, in einer anderen Branche tätig zu sein. Er begann sein Büro zu meiden, beantwortete Anrufe nicht und geriet, weil das Geschäft nicht gut ging, immer tiefer in Schulden. Durch den wachsenden Schuldenberg wurden seine Optionen, was er mit seinem Geschäft oder Leben anfangen konnte, immer geringer.

Eines Tages sagte ein Freund zu ihm: »Du kannst nicht von etwas loskommen, wenn du es nicht liebst.« In seiner Verzweiflung beschloß der Mann den Versuch zu machen und sein Geschäft zu lieben. Er beantwortete die Anrufe, widmete seinen Kunden zusätzlich Zeit und verbrachte die Tage damit, das Unternehmen in einen exzellenten Zustand zu bringen. Er brachte alle Unterlagen in Ordnung, führte kosten- und zeitsparende Maßnahmen ein und vieles mehr. Binnen zweier Monate warf das Geschäft Profit ab, und innerhalb eines Jahres

hatte er genug Geld, um ein neues Unternehmen in einer anderen Branche aufzuziehen, die ihm besser gefiel. Weil er sein
erstes Unternehmen nun liebte, gedieh es und erwarb sich
einen guten Ruf, und er konnte es schließlich mit gutem Gewinn
verkaufen.

Ich lasse leicht los und vertraue darauf,
daß sich nichts aus meinem Leben entfernt,
wenn nicht etwas Besseres folgt.

Übungsbogen:

In den ständigen Fluß
Vertrauen setzen

▷ Denken Sie an einen Aspekt Ihres Lebens, an einen Job,
eine Karriere, die einmal gut funktionierte und jetzt nicht mehr
so gut läuft oder sich aus Ihrem Leben verabschiedet. Es kann
sich um einen Rückgang im Geschäft oder bei den Verkäufen
handeln, um eine Aufgabe, die jetzt zur Bürde wurde, oder ein
Projekt, das seinem Ende zugeht. Sollte es in Ihrem Leben
nichts geben, das Sie loslassen, verlassen oder beenden müssen,
dann gehen Sie zum nächsten Kapitel über.

▷ Wie sah Ihr Selbstbild aus, als dieser Aspekt in Ihrem Leben
seinen Anfang nahm? Wie hat sich Ihr Selbstbild seither verändert? Sind Ihre Ziele größer geworden, oder haben sie sich
irgendwie verändert? Welche neuen Visionen haben Sie in
diesem Bereich von sich selbst und der Richtung, die Sie einschlagen?

▷ Zu welchen Veränderungen drängt Sie Ihr inneres Selbst? Sie können Ihnen in der Form von Ideen, Träumen, Gedanken oder Bildern von Aktivitäten, die Sie gern unternehmen würden, kommen.

▷ Welche neue Richtung zeichnet sich auf der Grundlage Ihrer neuen Visionen oder der Impulse Ihres inneren Selbst ab? Glauben Sie, daß Sie diese neue Richtung im Rahmen Ihrer gegenwärtigen Strukturen verfolgen können, oder brauchen Sie eventuell eine neue Struktur?

▷ Wählen Sie eine Richtung, die sich da möglicherweise abzeichnet, und stellen Sie sich vor, es sei bereits ein Jahr vergangen. Sie haben die Idee weiterentwickelt, ausgebaut, in Ihr Leben einbezogen und sich von allem, was damit in Konflikt steht, freigemacht. Beschreiben Sie von diesem Aussichtspunkt aus, wie gut Ihr Leben läuft und wie glücklich Sie sind, daß Sie dieser sich neu ergebenden Richtung Aufmerksamkeit geschenkt und entsprechend gehandelt haben.

Kapitel 17
Hin zu Ihrem höheren Weg!

Möglicherweise sind Sie an einem Punkt angelangt, wo Sie bestimmte Entschlüsse treffen und Entscheidungen fällen müssen. Sollte es an der Zeit sein, Altes zu verändern und Neues aufzubauen, dann werden Sie erkunden wollen, was als nächster und bester Schritt zu tun ist. Sollen Sie nun Ihren gegenwärtigen Job aufgeben oder transformieren? Sich eine neue Arbeit besorgen? Sich weiterbilden und sich weitere Kenntnisse und Fähigkeiten aneignen?

Sie brauchen nicht unbedingt Ihren Job aufzugeben, um Ihre neue Arbeit oder Ihre neuen Ideen in die Öffentlichkeit zu bringen. Bleiben Sie, wo Sie sind, während Sie in bezug auf Ihre neuen Einfälle etwas unternehmen. Lassen Sie ihnen Zeit, ihrem eigenen Tempo gemäß zu wachsen und zu reifen. Bleiben Sie in Ihrem jetzigen Job, bis Sie Ihre neue Arbeit auf eine so solide Grundlage gestellt haben, daß Sie damit Ihren Lebensunterhalt verdienen können. Wenn Sie ein neues Haus bauen, dann bleiben Sie möglichst auch in Ihrem alten Haus, bis das neue bezugsfertig ist.

Oft ist es besser, Ihre Überlebensprobleme nicht mit der neuen Richtung, die Sie einschlagen, zu verknüpfen. Lassen Sie sich, während Sie sich auf Ihren neuen Weg machen, nicht durch die Notwendigkeit eines monatlichen Einkommens unter Druck setzen. Finden Sie vielmehr eine Möglichkeit, sich ein ausreichendes Einkommen zu verschaffen, während Sie alles Erdenkliche tun, um Ihre Ideen in die Tat umzusetzen und Ihren neuen Weg so stark wie möglich auszubauen.

Sollte Sie Ihr jetziger Job nicht zufriedenstellen, möchten Sie ihn vielleicht transformieren, aber nicht unbedingt aufgeben. Viele von Ihnen haben einen guten Job, der noch befriedigender sein könnte, wenn Sie bereit wären, ihre Einstellung zu ändern oder an einer Verbesserung der Umstände zu arbeiten. Die Arbeitsstellen, an denen Sie gleich zu Beginn schon alles in Vollkommenheit vorfinden, sind selten. Es ist Teil Ihrer Herausforderung, Ihren Job so umzugestalten, daß er Ihnen entspricht. Sollten Sie sich über Ihre Arbeit beklagen, dann fragt sich, was genau Ihnen nicht behagt. Manche Menschen geben gute Jobs auf, weil ihnen irgend etwas an ihrem Arbeitgeber, an einem Mitarbeiter oder irgendeine Kleinigkeit nicht gefällt. Sollten Sie das Gefühl haben, daß Sie mit Ihrer gegenwärtigen Arbeit einen Beitrag leisten, daß sie sinnvoll ist und Ihnen Wachstumsgelegenheiten bietet, dann lohnt es sich vielleicht, sich für seine Verbesserung einzusetzen. Die Tatsache, daß Ihnen Ihre gegenwärtige Tätigkeit keinen Spaß macht, heißt nicht, daß sie keinen Spaß machen könnte.

Ich verändere meine Umwelt durch eine Veränderung meiner selbst.

Sie können viele mißliebige Situationen verändern, indem Sie in sich selbst etwas verändern. Ihre Einstellung, Energie und Liebe bestimmen darüber, wie andere Menschen Sie behandeln und welche Gelegenheiten auf Sie zukommen. Wenn Sie sich in Ihrem Job nicht gefördert fühlen, dann vielleicht, weil Sie sich selbst nicht fördern. Wenn Sie sich an Ihrem Arbeitsplatz nicht gewertschätzt fühlen, dann vielleicht, weil Sie nicht gelernt haben, sich selbst Wertschätzung entgegenzubringen. Wenn Sie lernen, sich selbst zu fördern und wertzuschätzen, dann werden andere das auch tun. Schauen Sie, bevor Sie einen Job aufgeben, nach, was Sie an ihm nicht mögen und ob Ihre Erfahrungen nicht ein Spiegel Ihres Umgangs mit sich selbst sind. Wenn Sie Ihr Verhalten, das diese Situation heraufbeschwor, nicht ändern, werden Sie möglicherweise in jedem anderen Job eine ähnliche Situation herstellen.

Wollen Sie etwas erhalten, dann geben Sie zuerst etwas. Wollen Sie Respekt, dann bringen Sie erst sich selbst und anderen Respekt entgegen. Wollen Sie Ihren Job verbessern, dann fragen Sie nicht, was Ihr Arbeitgeber für Sie tun kann; fragen Sie vielmehr: »Welchen Beitrag kann ich leisten?« Die Dinge könnten sich dramatisch verändern, wenn Sie Ihr Höchstes und Bestes geben, mit einer positiven Einstellung arbeiten, mehr tun, als von Ihnen verlangt wird, und von allein das, was getan werden muß, angehen.

Diejenigen, die anderen dienen und eine Menge Geld verdienen, sind zugleich Menschen, die mit Freude und Liebe zu ihrer Tätigkeit zur Arbeit gehen, bereit sind, Überstunden zu machen und sich um das Wohlbefinden derer, denen sie dienen, kümmern. Arbeiten Sie daran, immer und überall Ihr Bestes zu geben, das wird Ihnen größere Fülle bringen.

Eine Frau, die für ein großes Unternehmen arbeitete, hatte ursprünglich viel Freude an ihrem Job, fühlte sich aber schließlich von der großen Arbeitsmenge überfordert und entwickelte eine Abneigung gegen ihre Arbeit. Sie dachte daran zu kündigen und besprach ihren Kummer mit ihrem Chef. Der war klug und bat sie, eine Liste mit allen Aufgaben, die ihr Job beinhaltete, anzufertigen und festzustellen, welche sie mochte und welche nicht. Als sie ihre Aktivitäten durchging, merkte sie, daß sie den Großteil ihrer Zeit mit kleineren, belangloseren Aufgaben verbrachte, statt mit den größeren und sinnvolleren, die ihr Spaß machten. Sie wollte anderen keine Ungelegenheiten bereiten und hatte deshalb keine Arbeiten delegiert oder Hilfe angefordert.

Sie erkannte, daß sie anderen die Schuld an ihrer Überlastung gegeben hatte und lernen mußte, erst sich selbst mit Fürsorglichkeit zu behandeln, bevor sie diese von anderen erwarten konnte. Sie beschloß daher, ein paar Veränderungen vorzunehmen.

Sie schaute sich an, welche mit ihrem Job verbundenen Aufgaben sie liebte und welche nicht. Ihr wurde klar, daß die ungeliebten Tätigkeiten nicht ihre höheren Fähigkeiten in Anspruch nahmen und sehr gut an jemand anders delegiert werden konnten, für den diese Aufgaben Spaß und eine Herausforderung bedeuteten. Als sie losließ, nicht mehr versuchte, alles allein zu machen und sich vielmehr auf den Einsatz ihrer höheren Fähigkeiten konzentrierte, wurde sie zu einem größeren Gewinn für ihr Unternehmen und brachte viele kreative und innovative Ideen ein. Sie liebte ihren Job wieder. Sie war darauf bedacht, sich selbst zu fördern und fand sich nun auch durch ihre Arbeit gefördert. Sie veränderte einiges an sich selbst und transformierte so ihren Job in einen, der ihr Freude machte.

Wenn es Ihnen nicht gefällt, jeden Tag zur Arbeit zu gehen, wenn Sie mit den Zielen und der Philosophie Ihres Unternehmens nicht einverstanden sind, wenn Sie nicht wirklich engagiert sind, Ihr Bestes zu geben, Ihnen Ihre Tätigkeit keinen Spaß macht oder Ihre Mitarbeiter Ihnen nicht behagen, dann leistet Ihr Job keinen sinnvollen Beitrag zu Ihrem Leben. Dann ist es an der Zeit, sich nach einem anderen umzusehen. Seien Sie ehrlich mit sich selbst. Mögen Sie im Grunde Ihren Job, haben aber eine Abneigung gegen bestimmte Aspekte, die er beinhaltet? Wenn Sie jeden Tag mit dem Gedanken zur Arbeit gehen, daß Sie Ihren Job verabscheuen, wenn Sie die Probleme in Ihrem Büro nicht mehr lösen können, dann hören Sie nicht auf die Stimme Ihrer inneren Führung, daß nämlich etwas Besseres auf Sie wartet. Viele Menschen harren in ihrem Job aus, obwohl sie schon lange nicht mehr darin wachsen und sich lebendig fühlen, weil sie meinen, daß es nichts Besseres für sie gibt.

Ich bringe in alles, was ich tue,
Liebe und eine positive Einstellung ein.

Lernen Sie, ob Sie nun in dem für Sie perfekten Job arbeiten oder nicht, alles, was Sie tun, mit Liebe und einer positiven Einstellung zu betrachten. Sie werden feststellen, daß Sie sich dann entweder an Ihrer gegenwärtigen Arbeitsstelle eine bessere Situation schaffen oder anderswo Gelegenheiten finden. Jede unbehagliche Situation lehrt Sie Lektionen, die Sie zu lernen haben. Lernen Sie diese Lektionen nicht in Ihrem jetzigen Job, dann werden Sie sich in Ihrem neuen eine ähnliche Situation schaffen, die Sie die gleichen Lektionen lehrt.

Finden Sie heraus, was Sie an Ihrem gegenwärtigen Job nicht mögen, und beginnen Sie gleich jetzt, daran zu arbeiten im Wissen, daß Sie, wenn Sie die unangenehme Situation an dieser Stelle meistern, sie sich nicht noch einmal erschaffen müssen. Sehen Sie sich Ihren Job an und fertigen Sie eine Liste von all den Gaben an, die Sie durch ihn erhalten, von all den Lektionen, die er Sie lehrt, und all den Fähigkeiten, die Sie dabei einsetzen. Wenn Sie Ihren gegenwärtigen Standort lieben und schätzen, dann läßt sich der nächste Schritt leichter bewerkstelligen.

Nachdem Sie Ihren gegenwärtigen Job durchleuchtet haben, kommen Sie eventuell zum Schluß, daß es Zeit für einen Wechsel ist. Vielleicht wollen Sie für ein anderes Unternehmen auf ähnlichem Gebiet arbeiten, das Ihnen mehr Wachstumsgelegenheiten bietet. Oder Sie wollen in einen ganz anderen Bereich überwechseln. Sollten Sie derzeit keine Anstellung haben, dann möchten Sie sich vielleicht jetzt eine besorgen. Haben Sie sich einem Hobby gewidmet oder ein anderes Interesse entwickelt, dann könnte es an der Zeit sein, einen Beruf daraus zu machen.

Sie brauchen sich nicht ungeheuer anzustrengen, um den Job zu bekommen, den Sie haben wollen, aber Sie müssen sich über das, was Sie anstreben, klar sein. Wenn Sie das Symbol Ihrer Lebensaufgabe mit Energie aufladen und sich klar über die Essenz Ihres für Sie perfekten Jobs sind, dann wird sich Ihr Höheres Selbst aufmachen, alle Mosaiksteinchen zusammensetzen, Ihnen Koinzidenzen, Menschen, Gelegenheiten und gewöhnlich den Job selbst zutragen.

Ich erschaffe mir das, was ich will, leicht und mühelos.

Erinnern Sie sich, wenn Sie einen Job suchen, daran, daß eine Fülle guter Jobs zur Verfügung steht. Es stimmt nicht, daß es nicht genügend gute Jobs gibt. Es stimmt allerdings, daß die meisten Menschen nicht wissen, wie sie sie finden sollen. Sind Sie sich über Ihre Wünsche klargeworden, dann bestehen die wichtigsten Schritte, die Sie unter anderem unternehmen können, darin, daß Sie sich an die Energiearbeit und das Magnetisieren des gewünschten Jobs machen und sich vorstellen, daß Sie ihn bereits haben.

Sie brauchen nicht die genaue Berufsbezeichnung zu kennen, um Ihre ideale Arbeit zu finden. Fangen Sie einfach an, indem Sie darauf achten, was Sie leicht und natürlich tun, und ziehen Sie die Arbeit an, die Ihnen erlaubt, Ihren geliebten Tätigkeiten nachzugehen. Haben Sie sich eine ganz klare Vorstellung davon gemacht, was Ihnen Ihr Job geben wird, dann können Sie zu seiner Anziehung mit der Energiearbeit beginnen. Ihr höheres Selbst wird sich auf die Suche machen und Ihnen den Ihnen angemessensten Job bringen. Es kann einer sein, an den Sie gar nicht gedacht haben oder von dessen Existenz Sie nichts wußten.

Achten Sie, um diesen Job zu finden, auf Ihre Intuition. Werden Sie still und hören Sie auf Ihre inneren Botschaften. Manche Leute werden hektisch und nehmen sich nicht die Zeit, auf ihre innere Stimme zu hören. Sie könnten sich aufmachen, in den Stellenanzeigen nach Ihrem neuen Job suchen und sich großen Anstrengungen unterziehen, um ihn zu finden. Oder Sie können, da Sie zuerst Energiearbeit geleistet haben, Ihrer Intuition folgen und Ihren Job auf die leichtestmögliche Weise finden, indem Sie nur das unternehmen, wozu Sie Ihre innere Führung anleitet. Es kann sein, daß Ihnen Ihre Intuition sagt, Sie sollten zum Arbeitsamt gehen oder die Stellenanzeigen durchsehen. In diesem Fall werden Ihre Bemühungen Früchte tragen und Sie zu Ihrem Job führen statt in die Frustration.

Eine Frau suchte nach einer Anstellung und war sich über ihre Wünsche sehr klar – die Anzahl von Arbeitsstunden, die Art der Arbeit, das Umfeld und die Mitarbeiter. Sie hatte ständig Schuldgefühle, weil sie sich nicht stärker um den neuen Job bemühte, aber eine innere Stimme schien ihr zu sagen, daß sie nichts weiter unternehmen sollte. Sie blieb noch ein bißchen länger an ihrer gegenwärtigen Arbeitsstelle und begann, ihre Einstellung zu ändern. Sie beschloß, sollte sie weiterhin an diesem Arbeitsplatz bleiben, fröhlich zu sein und ihre Tätigkeit zu lieben, auch wenn sie sie bisher ermüdend und langweilig gefunden hatte.

Und als sie anfing, sich auf Freude zu konzentrieren, wurde sie für andere Menschen anziehender. Einige gute Dinge ereigneten sich in ihren anderen Lebensbereichen. Und obwohl sie nun mit dem Herzen bei der Arbeit war, behielt sie doch die Tatsache im Auge, daß sie einen anderen Job wollte. Eines Tages lud sie ein alter Freund, den sie schon lange nicht mehr gesehen hatte, zum Mittagessen ein. Sie hatte an diesem Tag viele Verpflichtungen, aber ihre innere Stimme riet ihr, der Einladung Folge zu leisten. Wie sich herausstellte, hatte dieser Freund inzwischen sein eigenes Unternehmen und kürzlich mit einem Kunden verhandelt, der seinerseits nach jemandem für eine bestimmte Position Ausschau hielt. Der Job war genau das, was die Frau sich vorgestellt hatte. Sie nahm Kontakt mit jenem Kunden auf und bekam die Arbeit.

Möglicherweise fassen Sie den Entschluß, ein eigenes Unternehmen zu starten, statt für jemand anderen zu arbeiten. Kann sein, daß Sie sich den Job, den Sie wünschen, erst erschaffen müssen. Die von Ihnen, die am besten mit einem eigenen Unternehmen fahren, lieben die Verantwortung und treffen gern Entscheidungen, sie wünschen sich viel Unabhängigkeit und Freiheit, lieben die Herausforderung und das Risiko und arbeiten gerne allein. Sie sind erfinderisch, selbständig, flexibel, zupackend, gründlich und können sich einer Vielfalt von Aufgaben widmen. Sie setzen gerne viele verschiedene Fähigkeiten ein in Bereichen wie etwa dem Management, dem Verkauf, der Buchhaltung, der Einstellung und Ausbildung von Leuten, der Organisation und der Einführung und dem Ausbau neuer Systeme und Strukturen. Sie gehen gern ihrer eigenen Vision und Richtung nach und genießen bis zu einem gewissen Grad die Ungewißheit.

Ich bin magnetisch für mein höheres Wohl,
und es ist magnetisch für mich.

Falls Sie daran denken, ein eigenes Unternehmen aufzuziehen, so haben wir in diesem Buch in Teil 1 Energieübungen aufgeführt, mit deren Hilfe Sie Kunden anziehen können und zunehmend mehr Gelegenheiten, um einer wachsenden Anzahl von Menschen zu dienen. Wir ermuntern Sie auch dazu, sich über die Geld und Finanzen betreffenden Regeln und Gesetze Ihrer Gesellschaft sachkundig zu machen. Es gibt viele gute Bücher zum Thema wirtschaftliche Unternehmungen. Lesen Sie die, die den Weg zu Ihnen finden.

Der Aufbau Ihres eigenen Unternehmens erfordert von Ihnen Wachsamkeit, Aufmerksamkeit und Gewahrsein. Es werden sehr rasch neue Ideen auf Sie zukommen, und Sie werden neue Dinge ausprobieren und in neuer Weise denken müssen. Auch wenn Sie meinen, das Erreichen Ihres Ziels kaum abwarten zu können, sollten Sie sich doch daran erinnern, daß der Weg dorthin ebensoviel Spaß macht. Genießen Sie diese Aufbauphase, denn sie ist ein aufregendes Abenteuer und führt Sie auf neue Wege des Wachstums und der Lebendigkeit. Sollten Sie Ihr eigenes Unternehmen gründen wollen, dann denken Sie an all die Gründe, warum Sie Erfolg haben werden. Beginnen Sie bei Ihrer Persönlichkeit, Ihren Fähigkeiten und Ihrer Motivation. Glauben Sie an sich selbst, denn Sie können haben, was Sie sich wünschen.

Wenn Sie anfangen, die Dinge zu tun, die Sie lieben, dann werden Sie möglicherweise feststellen, daß Sie sich für den Job, für den Sie sich entschieden haben, zusätzliche Fähigkeiten und Kenntnisse aneignen müssen. Sie haben vielleicht das Bedürfnis, sich auf irgendeine Weise weiterzubilden und damit den nächsten Schritt im Rahmen Ihrer Lebensaufgabe zu tun. Gehen Sie nicht davon aus, daß Sie, um einen bestimmten Job zu bekommen, unbedingt ein Zertifikat oder einen Titel brauchen. Untersuchen Sie erst einmal die Jobmöglichkeiten im Bereich Ihrer Wahl, bevor Sie automatisch annehmen, daß Sie ein

College oder eine Universität besuchen müssen. Unter Umständen finden Sie einen Job, wo Sie an Ihrer Arbeitsstelle ausgebildet werden. Fragen Sie sich, ob Ihnen die Vorstellung eines Studiums und des Lernens Freude macht. Oder ist es vielmehr der im Anschluß angestrebte Job, auf den Sie sich freuen? Würden Sie das Studium nur auf sich nehmen, um zu dem erwünschten Job zu kommen?

Wenn Ihnen der Gedanke an ein Studium Spaß macht, wenn Sie diese Vorstellung lieben, dann ist es angemessen, diesen Schritt zu tun. Wenn Sie im Grunde kein Interesse daran haben, darin aber die einzige Möglichkeit sehen, zu einem gutbezahlten Job zu kommen, dann verlangt Ihre Lebensaufgabe nicht einen derartigen Schritt. Ihre Seele verweist Sie über Ihren Mangel an Enthusiasmus auf einen anderen Weg. Sie können auch ohne die Zertifikate, die Sie zu benötigen meinen, anfangen, das zu tun, was Sie tun wollen.

Denken Sie daran, daß die Arbeitgeber sich Angestellte wünschen, die gewissenhaft, loyal, enthusiastisch und ebenso engagiert sind wie Sie in Ihrem Wunsch nach einem Job. Gute Angestellte sind wie Gold. Sie sind sehr geschätzt und stehen hoch im Kurs. Ihre Einstellung ist eine der wichtigsten Qualitäten, die Sie in Ihren Job einbringen, in vielen Fällen wichtiger als Ihre Zertifikate oder Erfahrung. Die meisten Unternehmen stellen lieber eine weniger erfahrene Person ein, die rasch lernt und vor Enthusiasmus übersprudelt, als eine hochqualifizierte Person ohne Enthusiasmus.

Wollen Sie kein Studium der einen oder anderen Art aufnehmen, dann gehen Sie der Essenz nach, die es Ihrer Ansicht nach beinhaltet, und beginnen Sie, sie anzuziehen. Eine Frau wollte zum Beispiel Ärztin werden, hatte aber keine große Lust, so viele Jahre auf die erforderliche Ausbildung zu verwenden. Sie erforschte die Essenz ihres Wunsches und fand heraus, daß sie in der Heilung von Menschen lag. Sie schuf ein Symbol dafür und lud es mit Energie auf. Dann folgte sie ihren inneren Botschaften und fand sich von Körperarbeit angezogen. Sie nahm an entsprechenden Kursen teil, die ihr soviel Spaß machten, daß sie alles mitnahm, was sie in diesem weiten Feld finden konnte. Sie studierte bei einigen der besten Lehrer und Lehrerinnen und eröffnete nach einigen Jahren eine eigene erfolgreiche und wachsende Praxis. Sie arbeitete mit Menschen, half ihnen, sich selbst zu heilen, und ihre Arbeit machte ihr große Freude.

Sollten Sie zu dem Entschluß kommen, daß die Aufnahme eines Studiums Ihr Weg ist, dann fragen Sie sich vielleicht, woher Sie das nötige Geld oder die nötige Zeit nehmen sollen. Es steht eine Menge Geld zur Verfügung, um Sie in Ihrer Weiterbildung zu befördern, aber die meisten Menschen wissen nicht, daß es zur Verfügung steht, oder sind nicht bereit, sich die Zeit zu nehmen und alles Nötige darüber herauszufinden. Nehmen Sie sich Zeit, um das Geld zu magnetisieren, und handeln Sie dann gemäß Ihrer inneren Botschaften. Denken Sie daran, daß es immer einen Weg geben wird, wenn Ihre innere Botschaft lautet, daß Sie sich weiterbilden sollen.

Ein Mann war von der High School abgegangen, arbeitete einige Jahre als Lagerhausverwalter und entschied dann, daß er wieder zur Schule gehen und am College Ingenieurwesen studieren wollte. Er wußte nicht, wie er das Studium bezahlen oder ohne High-School-Abschluß überhaupt an einem College zugelassen werden sollte, aber er glaubte daran, daß es möglich sei. Er visualisierte sich beim Studium, schuf sich ein Symbol und lud es mit Energie auf. Er suchte sich ein College aus und beschloß, sich für das kommende Herbstsemester einzuschreiben, das in sechs Monaten begann.

Er ließ sich ein Vorlesungsverzeichnis schicken und begann seine Kurse zu planen. Er beschloß, die Dienste der Berufsberatung dieses Colleges in Anspruch zu nehmen und freundete sich mit einem der Berater an. Dieser half ihm, die Möglichkeiten für ein Stipendium zu erkunden, und er fand heraus, daß dieses College ein besonderes Förderprogramm für Leute ohne High-School-Abschluß hatte. Die Bedingung dafür war, daß sie mehrere Jahre gearbeitet haben mußten, was auf ihn zutraf. Dieses Programm beinhaltete sogar die erforderlichen Kurse für ein High-School-Abschlußzeugnis. Er konnte seinen Job kündigen und sich ab Herbst ganz und gar seinem Studium widmen, genau wie er es sich vorgestellt hatte. Er machte sein Diplom im Ingenieurwesen und bekam danach eine sehr gute Arbeit.

Während ich meinem Weg folge, ist für mich in Fülle gesorgt.

Lassen Sie sich nie durch den Gedanken, daß Sie eine Menge Geld für den Aufbau eines Unternehmens, Ihre Weiterbildung oder den Start einer Karriere brauchen, von Ihrem Vorhaben abhalten. Tun Sie die Dinge, die Sie gleich jetzt unternehmen können, so als verfügten Sie rechtzeitig über alles Geld, was Sie brauchen. Eine Frau wollte Sängerin werden. Sie meinte, daß sie dazu eine außerordentlich kostspielige Ausrüstung und sehr viel Geld auf der Bank haben müßte, um davon leben zu können, während sie sich einen Namen machte. Lange Zeit arbeitete sie in Jobs, die ihr keinen Spaß machten, in der Hoffnung, auf diese Weise genug Geld sparen zu können.

Eines Tages wurde ihr klar, daß sie sich auf diese Weise immer weiter von ihrem Traum entfernte, daß sie nie eine Sängerin werden würde, wenn sie nicht jetzt damit anfing. Sie nahm ab da abends Gesangsunterricht und schloß sich Menschen an, die bereits auf diesem Gebiet Erfolg hatten. Nach einem Jahr verlor eine der Bands, mit denen sie sich angefreundet hatte, ihre Sängerin, und sie luden sie ein, deren Stelle einzunehmen. Sie brauchte kein Geld für Ausrüstungsgegenstände und verdiente genug, um ihren Job kündigen und sich ganz ihrem Beruf als Sängerin widmen zu können.

Wenn Sie alles Ihnen Mögliche getan haben, um Ihre angestrebte Arbeit mit Energie aufzuladen, dann kommt sie ganz sicher auf Sie zu. Laden Sie Ihr Symbol kontinuierlich mit Energie auf und bitten Sie Ihr weiseres, tieferes Selbst, Ihnen neue Ideen zu schicken. Seien Sie bereit, auf diese Einsichten zu hören und zu reagieren. Warten Sie nicht auf Geld. Es ist nicht der Mangel an Geld, der Sie aufhält. Möglicherweise haben Sie noch kein Geld angezogen, weil Sie nicht an sich selbst glauben oder meinen, Sie verdienten es nicht, daß Ihr Wunsch in Erfüllung geht. Schreiben Sie Ihre Ideen auf. Wenn Sie Ihre Pläne zu Papier bringen, sie entwickeln und ausbauen, werden Sie finanziellen Beistand und Menschen anziehen, die Ihnen behilflich sein können. Es steht mehr Geld zur Verfügung, als es gute Investitionsprojekte gibt. Sie werden sich durch Ihre Absicht und Vision alle notwendigen Kontakte, Schritte und Ereignisse erschaffen. Sie werden feststellen, daß alles, was Sie brauchen und Ihrer Lebensaufgabe dient, auf Sie zukommt. Wenn Sie auf dem Weg zur Verwirklichung Ihrer Lebensaufgabe sind, dann werden Sie mit allem Nötigen reichlich versorgt.

Übungsbogen:

Hin zu Ihrem höheren Weg

▷ Sollten Sie im Moment eine Entscheidung bezüglich Ihrer Karriere treffen müssen (wie zum Beispiel, ob Sie sich weiterbilden, einen Job finden, einen Berufswechsel vornehmen wollen), dann schreiben Sie das auf.

▷ Führen Sie alle Ihnen möglichen Optionen und Entscheidungen auf. Denken Sie in großen Dimensionen. Denken Sie an Ihr Phantasieleben.

▷ Werden Sie still und wenden Sie sich nach innen. Welche dieser Optionen vermittelt Ihnen das stärkste Gefühl von Lebendigkeit und Freude? Machen Sie sich keine Sorgen, wie Sie sie verwirklichen.

▷ Nehmen Sie sich die Option vor, die Ihnen das stärkste Gefühl von Lebendigkeit und Freude vermittelt, und führen Sie in einer Spalte alle Gründe auf, warum Sie sie wählen können, und in einer anderen Spalte alle Gründe, warum Sie sich nicht auf sie einlassen können.

▷ Nehmen Sie nun alle Gründe, die Ihrer Meinung nach gegen diese Option sprechen, und verwandeln Sie sie in positive Affirmationen. Zum Beispiel kann der Satz: »Ich kann kein Studium aufnehmen, weil ich nicht das Geld dafür habe« umgeformt werden in: »Ich kann ein Studium aufnehmen und habe jetzt das Geld dafür.« »Ich kann keinen Job bekommen, weil ich keine verwertbaren Fähigkeiten habe« kann umgeformt werden in: »Ich kann einen Job bekommen, weil meine Erfahrungen, Fähigkeiten und Talente aus der Vergangenheit nützlich und wertvoll sind.« Während Sie sich an diese Aufgabe machen, erschaffen Sie sich Ihre eigenen positiven Affirmationen.

Teil 4

Geld haben

Kapitel 18

Ihren Wert und Ihr Verdienst in Ehren halten

Es ist wichtig, daß Sie den Ihrer Meinung nach angemessenen Gegenwert für Ihre Dienste erhalten, entweder in Form von Geld oder etwas anderem, das für Sie von Wert ist. Wenn Sie Ihre Zeit und Energie nicht wertschätzen, schneiden Sie sich vom Fluß der Fülle ab. Ihre Energie entscheidet darüber, ob bei Ihnen der Geldfluß ungehindert, harmonisch und mühelos fließt oder nicht. Sie bewirken automatisch einen glatten Fluß an Geld und Fülle, wenn Sie sich und andere achten und Sie im Austausch für Ihre Zeit und Dienste den entsprechenden Gegenwert erhalten.

Viele Menschen sind von der Bezahlung oder dem erhaltenen Gegenwert für ihre Dienste enttäuscht, weil sie sich selbst nicht darüber klar sind, was ihre Dienste wert sind. Sie hoffen, daß andere Menschen ihren Wert erkennen und ihnen mehr geben. Viele hoffen auf eine Gehaltserhöhung oder darauf, daß ihnen ihre Kunden mehr geben, als verlangt wurde, ohne sich aber je über ihre Gefühle zu äußern. Wenn Sie Ihre Dienste wertschätzen, werden andere das auch tun. Bestimmen Sie selbst, was Ihre Zeit wert ist und welches Einkommen oder welchen Gegenwert Sie für sinnvoll halten. Warten Sie nicht darauf, daß andere das für Sie übernehmen. Wichtig ist, daß sowohl Sie wie auch die Person, die Sie bezahlt, das Arrangement als fair ansehen. Jeder Mensch möchte gerne das Gefühl von einem fairen Tausch haben.

Viele von Ihnen sagen sich: »Ich werde mein Honorar oder meine Preise senken, damit ich mehr Kunden anziehe oder mehr verkaufe.« Gehen Sie sicher, daß Sie Ihre Dienste nicht ständig unter Wert verkaufen, denn wenn Sie das tun und sich nicht wohl dabei fühlen, schneiden Sie den Geldfluß in zweier-

lei Hinsicht ab. Zum einen mag auf diese Weise ein unter-
schwelliger Ärger oder ein ungutes Gefühl entstehen, das, sei es
auch nur geringfügig, den Rückfluß von Geld stoppen wird.
Zum anderen sagen Sie damit Ihrem Unterbewußtsein, daß
Ihre Arbeit nicht so sehr viel wert ist, und es wird aufhören,
Ihnen Gelegenheiten zu verschaffen. Lernen Sie, liebevoller zu
sich selbst zu sein, indem Sie darauf achten, daß Ihr Wert
entsprechend gewürdigt wird.

Ich kenne meinen Wert.
Ich achte meinen Verdienst.

Wenn Sie selbst ein Geschäft betreiben, dann ist es besser für
Sie, wenn Sie zwei Kunden haben, die Sie für Ihre Dienste
angemessen bezahlen, als vier, die das nicht tun. Erhalten Sie
einen fairen Gegenwert für Ihre Tätigkeit, dann fühlen Sie sich
mit sich selber wohl. Sie strahlen Enthusiasmus aus. Und eine
Geschäftsperson, die Enthusiasmus, Wohlstand und Erfolg aus-
strahlt, leistet effektivere Dienste als eine, die sich arm, ausge-
beutet und erfolglos fühlt.

Fassen Sie den Entschluß, daß Sie das bekommen, was Sie
wert sind. Machen Sie sich keine Sorgen, daß Sie bankrott
gehen, wenn Sie Ihre Preise anheben, oder nicht genug Kunden
anziehen, die Ihre Arbeit wertschätzen. Menschen, die in Wi-
derspiegelung ihres Wertes ihre Preise erhöhen, verlieren selten viele Kunden. Sie stellen sogar oft fest, daß sie mit ihrem
wiederbelebten Enthusiasmus und Antrieb den Menschen
mehr bieten als zuvor. Gehen Sie sicher, daß Sie, ob Sie nun
Ihre Preise erhöhen oder nicht, Ihre Kunden so gut wie möglich
bedienen. Geben Sie Ihnen einen guten Gegenwert für ihr
Geld.

Erhalten Sie Ihrer Meinung nach, falls Sie ein Gehalt beziehen oder auf Kommissionsbasis arbeiten, das, was Sie wert
sind? Welches Einkommen würden Sie gerne beziehen? Welchen Gewinn hätten Sie gerne? Möglicherweise müssen Sie für
ein solches gesteigertes Einkommen Ihrem Unternehmen mehr

geben, Ihre Fähigkeiten irgendwie ausbauen oder zusätzliche Dienste anbieten. Vielleicht möchten Sie sich auch selbst stärker motivieren, Arbeit übernehmen, ohne darum gebeten worden zu sein, Bedürfnisse, noch bevor sie ausgesprochen wurden, erkennen und ihnen Rechnung tragen. Sollten Sie all diese Dinge tun und dann immer noch nicht erhalten, was Ihnen Ihrer Ansicht nach zusteht, dann treffen Sie den Entschluß, daß Sie zu Ihrem höheren Einkommen kommen werden, und schreiben Sie ein Datum in Ihren Kalender, wann dies der Fall sein soll. Warten Sie nicht darauf, daß es Ihnen irgend jemand gibt, denn dann legen Sie Ihr Schicksal in die Hände anderer. Seien Sie bereit, die Arbeitsstelle zu wechseln, wenn Sie in Ihrem jetzigen Job nicht erhalten können, was Sie sich wünschen. Ein Einkommen, das Ihrem Empfinden nach Ihrem Wert entspricht, steigert Ihr Gefühl von Lebendigkeit und Ihre Freude und kommt auch Ihren Mitmenschen zugute.

Mit der größte Lohn besteht im Wissen, daß Sie einen sinnvollen Beitrag zur Gesellschaft leisten und anderen Menschen helfen, sich ein besseres Leben zu erschaffen. Viele Menschen nehmen schlechter bezahlte Jobs an, die ihnen aber die Gelegenheit bieten mitzuhelfen, aus der Welt einen besseren Ort zu machen. Sollten Sie sich in den Dienst der allgemeinen Wohlfahrt gestellt haben oder in einem Arbeitsbereich weniger verdienen, als Sie in einem anderen verdienen könnten, werden Sie vielleicht auf eine nicht finanzielle Weise belohnt, die allen finanziellen Lohn, den Sie anderswo erhalten könnten, übertrifft.

Die Energie, die zu Ihnen zurückfließt, wenn Sie einen sinnvollen Beitrag zu Ihrer Umwelt leisten, ist ein größerer Lohn als Geld, denn sie erlaubt Ihnen ein spirituelles Wachstum. Sie erlaubt Ihnen, Ihr Herz zu öffnen, Ihr Mitgefühl zu stärken und ein nützliches und lohnenswertes Leben zu führen. In diesem Fall besteht Ihre Achtung vor Ihrem Wert darin, daß Sie Ihre Zeit auf das verwenden, was am meisten Gutes schafft. Ihr Wertmesser ist das Gute, das Sie erschaffen, und die positive Veränderung, die Sie in der Gesellschaft oder im Leben anderer Menschen bewirken.

Manche von Ihnen, die mit spiritueller Beratung oder Heilen befaßt sind, fragen sich, ob es aus spiritueller Sicht richtig ist, Geld für Ihre Dienste zu nehmen, da Ihr Talent eine Gabe der höheren geistigen Macht ist. Jedes Talent, das irgendwer hat, ist eine solche Gabe – eine schöne Singstimme, eine Begabung für Mathematik, ein schriftstellerisches Talent. Die von Bauern angebaute Nahrung ist eine Gabe der Erde, und doch können sie im Austausch für ihre Arbeit, Zeit und Mühe, die dazu beiträgt, daß Menschen sich Nahrungsmittel kaufen können, Geld verlangen. Die Menschen bezahlen Sie für die Zeit, Mühe und Energie, die Sie aufwenden müssen, um ihnen Ihre Talente zur Verfügung stellen zu können. Wenn Sie Geld für Ihre monatlichen Ausgaben brauchen, dann muß auch Ihre Bezahlung in der Form von Geld geschehen. Sollten Sie kein Geld brauchen, werden Sie doch von anderen etwas im Austausch für Ihre Dienste verlangen wollen, denn der Energiefluß kann sich in seinem Zyklus nicht vollenden, wenn sie Ihnen nichts zurückgeben. Es kann etwas so Einfaches sein wie die Wertschätzung und Nutzung Ihres Geschenks zu einer Veränderung in ihrem Leben oder daß sie ihrerseits sich ein paar Stunden Zeit nehmen, um Ihnen bei etwas zu helfen.

Meine Mitmenschen schätzen und achten meine Arbeit.

Bieten Sie Ihre Arbeit nur jenen an, die sie auch zu schätzen wissen. Wenn Sie für einen Arbeitgeber arbeiten, der Ihre Arbeit nicht zu schätzen weiß, dann untergraben Sie Ihr Selbstvertrauen. Fragen Sie sich, bevor Sie den Job wechseln, ob Sie glauben, eine achtenswerte und wertvolle Person zu sein, deren Dienste wichtig sind. Dann schauen Sie sich an, was Sie aus Ihrer gegenwärtigen Situation lernen können. Haben Sie Ihre Lehrinhalte und die Glaubensvorstellungen, die diese Situation herbeiführten, erst einmal erkannt und verstanden, dann werden Sie einen Job finden, in dem Sie geachtet werden, und möglicherweise wird Ihnen nun auch Ihr gegenwärtiger Arbeitgeber mehr Respekt entgegenbringen.

Sollten Sie einen Arbeitgeber haben, der Sie nicht achtet, können Sie doch gleichzeitig viele Kunden oder Klienten haben, die Ihre Dienste zu schätzen wissen. Beurteilen Sie, ob das Gute, das Sie für andere Menschen bewirken, schwerer wiegt als die Tatsache, daß Ihre Arbeit von Ihrem Unternehmen nicht so gewürdigt wird, wie Sie es gerne hätten. Es ist wichtig, daß die Klienten, Kunden, Geschäfte, Einzelpersonen und so weiter, denen Sie Ihre Arbeit anbieten, Ihre Dienste so nutzen können, daß sie auf irgendeine Weise zum höheren Wohl in ihrem Leben beitragen. Erhalten Sie nicht die Bezahlung, die Sie Ihrem Gefühl nach verdienen, und haben Sie auch nicht den Eindruck, daß Sie mit Ihrem Job einen sinnvollen Beitrag leisten können, dann möchten Sie vielleicht die Qualität entwikkeln, Ihren Wert und Ihre Zeit zu achten und wertzuschätzen.

Bieten Sie Ihre Dienste oder Arbeit Personen an, die sie nicht zu würdigen wissen, dann kann das Ihre Zweifel an Ihrem Wert verstärken, den Fluß Ihrer Energie und somit Ihrer Fülle kappen. Eine Malerin beschloß, ein Porträt einer ihrer Freundinnen zu malen und es ihr zu schenken. Sie wußte, daß diese Freundin eine sehr negativ eingestellte Person war, unglücklich und ewig jammernd. Sie glaubte, mit diesem Porträt ihrer Freundin, die sich selbst für unattraktiv hielt, helfen zu können, denn dieses Bild würde ihr zeigen, wie strahlend und schön sie in Wirklichkeit war. Es war ein ziemlich aufwendiges Unterfangen, denn sie konnte nur nachts malen, wenn ihre Kinder schliefen. Doch nach einigen Monaten hatte sie ein wunderschönes Porträt fertiggestellt und gerahmt.

Ihre Freundin nahm das Geschenk mit gewohnter Undankbarkeit in Empfang. Sie fand sich nicht besonders gut getroffen und beschloß, es nicht in ihrem Haus aufzuhängen. Alle Menschen in ihrer Umgebung liebten das Bild, fanden sie erstaunlich gut getroffen und meinten, daß es in Wahrheit ihre Schönheit zum Ausdruck brachte. Die Malerin hingegen war tagelang deprimiert und war sich sogar unsicher, ob sie mit ihrer Malerei weitermachen sollte. Ein paar Monate später erhielt sie den Anruf einer anderen Freundin, die von ihr gegen Bezahlung porträtiert werden wollte. Sie war versucht abzulehnen, aber da diese Freundin ihre Arbeit so sehr mochte, beschloß sie doch, sich darauf einzulassen. Sie malte das Bild, und die Freundin war entzückt.

Das erste Porträt hatte die Malerin eine wertvolle Lektion gelehrt, denn sie hatte davor am Wert ihrer Arbeit gezweifelt. Ihre negativ eingestellte Freundin brachte diese Zweifel an die Oberfläche, wo sie bewußt mit ihnen arbeiten und sich von ihnen befreien konnte. Außerdem erkannte sie allmählich, daß sie sich nicht mit negativen Menschen abzugeben brauchte, die nicht an ihre Lebensaufgabe glaubten und ihr das Selbstvertrauen nahmen. Sie schwor sich, nur noch für Menschen zu malen, die ihre Arbeit achteten und wertschätzten. Dies bedeutete einen Wendepunkt in ihrer Karriere, denn im Verein mit diesem neuen Entschluß erhielt sie befriedigendere und besser bezahlte Aufträge. Vielleicht haben auch Sie einmal einen Dienst angeboten, der nicht gewürdigt wurde, und fühlten sich danach eine Zeitlang abgelehnt. Diese Erfahrung mag eventuell auch zu einem Wendepunkt in Ihrer Einschätzung Ihrer Arbeit und Person geführt haben. Widmen Sie Ihre Arbeit nur denen, die sie zu würdigen und nutzen wissen.

Ich gebe stets mein Bestes.

Viele von Ihnen haben sich zu einem Austausch von Dienstleistungen entschlossen, statt Geld zu nehmen. In diesem Fall sollten Sie sich über Ihre Erwartungen klar sein. Das Geld wurde eingeführt, damit sich beide Parteien über einen gleichwertigen Austausch präzise einigen können. Möglicherweise finden Sie es leichter und die Angelegenheit ist für Sie klarer, wenn Sie für Ihre Dienste Geld erhalten, statt Dienstleistungen auszutauschen. Ein Tauschhandel verlangt Liebe, eine Bereitschaft, beide Parteien zu Gewinnern zu machen, und den aufrichtigen Wunsch, der anderen Person zu geben, damit die Energie am Fließen bleibt.

Wenn Sie mit anderen Gütern oder Dienstleistungen direkt tauschen, möchten Sie einen Weg für Vereinbarungen finden, der beide Parteien befriedigt und zwischen ihnen einen klaren, liebevollen Energiefluß herstellt. Wenn Sie im Grunde das, was eine andere Person anzubieten hat, gar nicht brauchen können, dann sollten Sie besser »nein« sagen, statt es mit einer gewissen Verärgerung oder dem Gefühl eines ungleichwertigen Tauschs anzunehmen.

Wenn Sie ein Tauschangebot akzeptieren, dann ohne Vorbehalt. Geben Sie Ihr Bestes und lieben Sie das, was Sie dafür bekommen. Sollten Sie hinterher das Gefühl haben, daß der Tausch doch nicht ganz fair war, dann schicken Sie trotzdem der anderen Person Ihren Dank und Ihre Liebe. Seien Sie sich bewußt, daß Sie dadurch, daß Sie Ihr Bestes gegeben haben, Ihren Energiekreislauf aufrechterhalten haben. Es wird aus einer anderen Quelle um ein Vielfaches zu Ihnen zurückkehren, wenn nicht gar von der betreffenden Person selbst. Tun Sie alles, um sicherzugehen, daß Sie alle beide von diesem Austausch profitieren und durch ihn bestärkt werden, und die Integrität Ihrer Absicht wird Ihre Fülle stetig und um ein Vielfaches vermehren.

Übungsbogen:

Ihren Wert und Ihr Verdienst
in Ehren halten

▷ Was könnten Sie gleich jetzt tun, um Ihren Wert besser zu
würdigen? Sie könnten zum Beispiel Ihre Arbeit anderen Menschen anbieten oder den Preis für Ihre Dienste erhöhen.

▷ Suchen Sie einen der oben aufgezählten Punkte heraus und
erschaffen Sie sich ein Bild von den Umständen, die Sie gerne
erfahren möchten. Malen Sie sich dieses Bild so real und detailliert wie möglich aus.

Kapitel 19
Freude und dankbare Anerkennung

Geld ist magnetisch; es fließt und zirkuliert. Je mehr es fließt und zirkuliert, desto reicher ist eine Gesellschaft. Wenn Sie Geld in Ihr Leben bringen, dann »erschaffen« Sie es nicht im eigentlichen Sinne, sondern Sie klinken sich in einen schon vorhandenen Fluß ein. Erschaffen Sie sich Reichtum, dann nehmen Sie ihn nicht jemand anderem weg, Sie werden Teil eines Geldstroms. Klinken Sie sich in seinen Kreislauf ein. Denken Sie daran: Je mehr das Geld zirkuliert, desto reicher ist jeder, so wie auch ein Geschäft um so besser floriert, je höher der Warenumsatz ist. Wohlstand stellt sich ein, wenn Geben und Nehmen ungehindert im Fluß sind.

Alles Geld, das ich ausgebe,
bereichert die Gesellschaft und
kommt vermehrt zu mir zurück.

Wenn Sie sich Geld erschaffen, dann geben Sie es auch aus. Sie kaufen Produkte, Dienstleistungen, Nahrung und Dinge, die Ihnen Freude bereiten. Je mehr Sie Ihr Geld in Umlauf bringen, desto mehr tragen Sie zum Reichtum Ihrer Gemeinde bei. Je besser Sie sich fühlen, wenn Sie Ihr Geld hinausschicken, desto magnetischer wird es. Zahlen Sie Ihre Rechnungen mit einem guten Gefühl und großzügig gestimmt. Mit jeder bezahlten Rechnung tragen Sie zum Geldkreislauf bei. Sie bereichern die Gesellschaft.

Stellen Sie sich vor, daß viele Strömungen des Universums in Sie einfließen und jede davon die Möglichkeit bietet, Ihnen Geld zukommen zu lassen. Jedesmal, wenn Sie einen Zweifel haben, jedesmal, wenn Sie mit Widerwillen eine Rechnung bezahlen, jedesmal, wenn Sie nicht an Ihren Wohlstand glauben, verstopfen Sie einen dieser Kanäle. Und jedesmal, wenn Sie Ihr Geld mit Freude und Liebe hinausschicken, eröffnen Sie dem Universum einen weiteren Weg, Ihnen Geld zu schicken. Wenn Sie das nächste Mal eine Rechnung bezahlen, dann stellen Sie sich vor, daß die ausgegebene Summe mindestens zehnfach vermehrt zu Ihnen zurückkommt. Sehen Sie vor Ihrem geistigen Auge, wie Ihr Geld zum Wohlstand der von Ihnen bezahlten Person oder Institution beiträgt.

Alles Geld, das ich ausgebe und verdiene, bringt mir Freude.

Freude ist eine sehr wichtige geistige Haltung, die Ihren Wohlstand steigern wird. Lernen Sie, Geld, und seien es auch nur kleine Summen, so auszugeben, daß es Ihnen Freude bringt. Sie werden dann auch größere Summen mit Freude auszugeben wissen. Sie wollen, daß Ihnen Ihr Geld Glück und Freude bringt. Wissen Sie nicht, wie Sie auch nur ein paar Mark so ausgeben, daß Ihr Glücksgefühl gesteigert wird, dann wird es schwer sein, Tausende von Mark in dieser Weise auszugeben. Sorgen Sie dafür, daß Ihr Geld Ihnen ab jetzt Freude bringt, und wenn sich dann die Menge, über die Sie verfügen, steigert, wird sich auch Ihre Freude vermehren.

Denken Sie an eine kleine Summe, die auszugeben Sie sich gleich jetzt leisten könnten, und zwar auf eine andere Weise, als Sie es normalerweise tun. Denken Sie sich nur zum Spaß wenigstens fünf Dinge aus, für die Sie das Geld ausgeben könnten, Dinge, die Ihnen Vergnügen machen. Ihre Ideen können so verwegen und unpraktisch sein, wie Sie wollen. Seien Sie so erfinderisch wie möglich. Eine Person dachte sich viele kleine Kerzen aus, die sie überall im Haus aufstellen und dann für eine besondere Meditation anzünden würde. Eine andere dachte daran, kleine Kärtchen in Umschlägen unter die Scheibenwischer von alten Autos zu stecken, mit einer Botschaft der

Anerkennung und Wertschätzung an die Leute. Suchen Sie sich einen Ihrer Einfälle heraus und geben Sie dafür in dieser Woche Geld aus.

Wenn Sie Geld ohne Freude und Liebe, aus dem Gefühl der Verpflichtung heraus, mit Ärger, Sorge oder dem Gedanken, daß Sie sich den Kauf eigentlich nicht leisten können, ausgeben, dann schließt Sie das aus dem überreichlichen Geldfluß aus. Achten Sie darauf, wie Sie Ihr Geld ausgeben und merken Sie sich, welches Gefühl Sie dabei haben. Stellen Sie fest, wann sich ein Gefühl der Freude einstellt und wann nicht. Geben Sie im Moment für irgend etwas Geld aus Pflichtgefühl und nicht aus Freude aus? Dann kritisieren Sie sich nicht dafür. Konzentrieren Sie sich einfach auf die Ausgaben, die Ihnen Freude machen. Wenn Sie immer häufiger Ihr Geld in dieser Weise ausgeben, werden Sie es immer seltener aus einem Pflichtgefühl heraus tun.

Die Dinge, die Sie kaufen, signalisieren Ihrem Unterbewußtsein eine Botschaft über das, was Ihnen Ihrer Meinung nach zusteht. Kaufen Sie das, was Sie wirklich wollen. Kaufen Sie ein gutes Kleidungsstück, das Ihnen, wenn Sie es tragen, ein wunderbares Gefühl vermittelt, statt mehrere billigere Stücke, die Sie eigentlich nicht mögen. Das signalisiert Ihrem Unterbewußtsein, daß Sie das haben können, was Sie wollen, und es wird sich sofort daranmachen, Ihnen mehr zu beschaffen. Konzentrieren Sie sich nicht darauf, wieviel Geld Sie durch einen Kauf, der Sie nicht sonderlich begeistert, sparen, sondern kaufen Sie etwas, das Ihnen viele Momente intensiven Vergnügens bereitet und Ihren Geist, Ihren Körper und Ihre Emotionen anspricht. Wenn Sie natürlich etwas billiger kaufen können, das Ihnen ebensogut gefällt, dann sollten Sie das tun. Die Kosten sind weniger wichtig als die Tatsache, daß Sie das, was Sie kaufen, auch lieben.

Genießen Sie es, wenn Sie etwas gekauft haben, das Ihnen eine Menge bedeutet. Spielen Sie damit herum wie ein Kind, das gerade ein besonderes Spielzeug bekommen hat, das es sich gewünscht hat. Schätzen und würdigen Sie das, was Sie haben.

Machen Sie sich damit vertraut, bringen Sie sich damit in Übereinstimmung, finden Sie alles darüber heraus. Tun Sie das einen Tag, eine Woche, einen Monat lang, bis Sie eine innige Beziehung hergestellt haben, und stecken Sie Ihre Energie hinein. Wenn Sie Ihre Energie mit Ihren neuen Dingen in Übereinklang bringen, dann vollendet das die Beziehung mit Ihrem Kauf, was Ihnen ein Gefühl größerer Erfüllung vermittelt.

Ich umgebe mich mit Dingen, die meine Lebendigkeit und Energie widerspiegeln.

Gegenstände haben Energie. Da Sie die Energie der Gegenstände in Ihrer Umgebung auf einer feinstofflichen Ebene wahrnehmen, sollten Sie sich nur mit Dingen umgeben, die Sie lieben und mit denen Sie sich verbunden fühlen. Zerbrochene oder nutzlose Besitztümer befrachten Ihre Energie, und Sie tun gut daran, wenn Sie die Dinge in Ihrem Umfeld in gutem Stand halten und Ordnung und Harmonie um sich schaffen.

Eine Frau beschloß, einen Flohmarkt zu veranstalten und all die unerwünschten Besitztümer loszuwerden, die sie und ihr Mann über viele Jahre hinweg angesammelt hatten. Sie ging alles in ihrem Haus durch und behielt nur die Gegenstände, zu denen sie eine tiefe Beziehung hatte – Dinge, die sie schätzte, benutzte und die ihr Freude machten. Nachdem sie alles andere verkauft hatte, konnte sie kaum glauben, wie leicht und voller Energie sie sich fühlte. Es war, als wäre eine Bürde von ihr genommen – eine Energiebürde. Sie hatte mehr Energie und ein positiveres Gefühl als je zuvor. Umgeben Sie sich nur mit den Dingen, die Sie schätzen und lieben, und sie werden diese höhere Energie auf Sie zurückstrahlen.

Nehmen Sie sich gleich jetzt einen Moment Zeit und sehen Sie sich in Ihrem Heim um. Behalten Sie noch Gegenstände, die Ihnen nicht mehr dienlich sind? Suchen Sie sich einen dieser Gegenstände heraus und lassen Sie ihn los – geben Sie ihn einem Freund, bringen Sie ihn zur Wiederverwertung oder verkaufen Sie ihn. Sie haben sich gerade Raum für etwas noch Besseres geschaffen, das in Ihr Leben eintreten wird.

Ich würdige alles, was ich bin, und alles, was ich habe.

Sie alle haben schon irgendwann einmal gehört: »Sei dankbar. Sag danke.« Worin besteht der wahre Wert von Dankbarkeit? Dankbarkeit ist eine Anerkennung Ihrer Macht und Fähigkeit zu erschaffen. Sie lenkt Ihre Konzentration auf das, was Sie haben, und worauf Sie Ihre Aufmerksamkeit richten, das steigert oder intensiviert sich. Sie bringt Ihnen ständig die Fülle des Universums in Erinnerung und daß Sie auf diesen nie versiegenden Strom vertrauen können. Dankbare Anerkennung ist ein geistiger Zustand, der Sie für Geld und Fülle magnetisch macht.

Denken Sie sich Ihr Unterbewußtsein als kleines Kind. Haben Sie jemals bemerkt, wie Kinder auf Lob reagieren, wie sie sich nun stärker bemühen, ihre Gesichter vor Freude aufleuchten, ihre Augen glänzen? Jedesmal, wenn Sie sich für etwas, das Sie erschaffen haben, bei sich selbst bedanken, strahlt dieses kleine innere Kind und möchte noch mehr für Sie tun. Jedesmal, wenn Sie sagen: »Das war nicht gut genug. Das hättest du besser machen können«, verschließt sich dieses kleine Kind. Und wie ein kritisiertes Kind verliert auch Ihr Unterbewußtsein seine Zuversicht und seinen Mut. Geben Sie sich Anerkennung und danken Sie dem Universum, dann wird Ihr inneres Kind dazu motiviert, noch mehr Gutes in Ihrem Leben zu erschaffen.

Dankbare Anerkennung spiegelt sich in Ihrer Haltung und Einstellung wider, und diese kann Geld entweder anziehen oder abstoßen. Sie haben vielleicht bemerkt, daß viele erfolgreiche Geschäftsleute sich bei ihren Helfern brieflich bedanken oder ihnen Geschenke machen. Ihr Wohlstand wird sich vermehren, wenn Sie dem Universum für Ihre Fülle danken, sei es durch ein im Innern gesprochenes »danke« oder durch eine laut ausgesprochene Äußerung Ihrer Dankbarkeit.

Ich stehe zu meiner Person in
dankbarer Anerkennung. Ich bedanke mich
für mein wunderbares Leben.

Mit jedem »Dank«, den Sie sich selbst zukommen lassen, bestärken Sie Ihr Vertrauen in Ihre Fähigkeit, sich das zu erschaffen, was Sie sich wünschen. Danken Sie ab jetzt dem Universum für jede Kleinigkeit, die den Weg zu Ihnen findet, anerkennen Sie, wie weit Sie schon gekommen sind und was Sie schon erreicht haben, und Sie werden Ihre Ängste und Zweifel überwinden. Bedanken Sie sich für alle Dinge, die Sie für selbstverständlich halten – Ihre Wohnung, die Freunde, von denen Sie geliebt werden, die Mahlzeit auf Ihrem Tisch. Bezeichnen Sie das, was Sie jetzt haben, nicht als unzureichend, sondern danken Sie vielmehr dem Universum dafür.

Wenn Sie eine Erfahrung machen, die Ihnen gefällt, dann können Sie sich durch einen Vorgang, den man »Verstärkung« nennt, mehr davon erschaffen. Haben Sie eine Erfahrung gemacht, die Sie wiederholen möchten, oder etwas erhalten, von dem Sie mehr haben möchten, dann halten Sie für einen Moment inne und lassen Sie die Freude darüber in sich wachsen. Fühlen Sie diese Befriedigung in Ihrem Körper, in Ihren Emotionen und in Ihrem geistigen Bewußtsein. Werden Sie dann still und stellen Sie sich vor, wie Sie diese Energie verstärken. Lassen Sie diese Gefühle vom Herzen ausgehend in einer Energiespirale aufsteigen und so groß wie Ihren Körper oder noch größer werden. Damit machen Sie sich für weitere gute Dinge magnetisch. Sie brauchen nichts weiter zu tun, als dieses Gefühl der Befriedigung und des Glücks in sich zu steigern und es mit der Absicht zu verbinden, noch mehr gute Dinge in Ihrem Leben in Erscheinung treten zu lassen.

Freude und dankbare Anerkennung

Freude

▷ Führen Sie verschiedene Möglichkeiten auf, wie Sie die Freude in Ihrem Leben vermehren und steigern können.

▷ Wählen Sie eine davon aus. Wie könnten Sie Geld als Instrument zu vermehrter Freude in diesem Bereich einsetzen?

Dankbare Anerkennung

▷ Zählen Sie wenigstens 5 Dinge auf, die Sie im letzten Jahr erreicht haben und die Ihnen ein gutes Gefühl vermitteln. Dies können kleinere oder größere Erfolge oder Leistungen sein. Sie haben wahrscheinlich mehr erreicht, als Ihnen klar war oder Sie sich angerechnet haben.

▷ Denken Sie an wenigstens 5 Dinge in Ihrem Leben, für die Sie im Moment dankbar sind. (Ein Mann machte sich jede Nacht vor dem Zubettgehen eine geistige Liste von allem, wofür er dankbar war. Sein Wohlstand begann sich dramatisch zu steigern.)

▷ Denken Sie an wenigstens 3 Menschen, denen Sie im Moment für ihre Unterstützung dankbare Anerkennung zukommen lassen möchten. Seien Sie in bezug auf das, was Sie gerne tun würden, sehr genau, und tun Sie es dann.

Kapitel 20
Geben und Empfangen

Lernen Sie, um sich viele Geldströme in Ihrem Leben zu erschaffen, großzügig zu geben und ohne Scheu zu empfangen.
Sie möchten sowohl empfangen wie auch geben. Viele von
Ihnen lieben es, anderen zu geben, haben aber Schwierigkeiten, von anderen etwas anzunehmen. Wenn Sie sich von anderen etwas geben lassen, dann bestärken Sie sie, denn sie erhalten damit eine Gelegenheit zur Demonstration ihrer Fülle. Die
Menschen fühlen sich gut, wenn Sie Ihnen etwas geben, das Sie
gebrauchen und wertschätzen können. Wenn niemand etwas
annehmen könnte, dann könnte auch keiner geben, was den
nötigen Energiefluß zur Erschaffung von Fülle blockieren
würde.

Ich bin für das Empfangen offen.

Halten Sie sich nicht für egoistisch, wenn Sie etwas annehmen,
sondern sehen Sie es als die Vollendung des Energiekreislaufs.
Nehmen Sie Geld von Menschen an, nehmen Sie das, was sie
Ihnen geben, sowohl in seiner Form wie in seinem Wesen an,
und das mit Warmherzigkeit und Anmut. Stellen Sie sich vor,
daß das, was sie Ihnen geben, zehnfach vermehrt zu ihnen
zurückfließt. Sie steigern Ihre eigene Anziehungskraft für
Wohlstand, wenn Sie sich Erfolg für andere Menschen ausmalen.

Seien Sie mit Dankbarkeit und Anmut offen für das Empfangen. Wenn Sie einen Scheck über zwanzig Mark erhalten, dann
danken Sie dem Universum dafür, statt sich darüber zu beklagen, daß es nicht genug ist. So viele Menschen erhalten Geld
und sagen dann: »Ich weiß nicht, wie das reichen soll. Ich

wünschte, ich hätte mehr bekommen.« Damit setzen sie die Summe herab, machen weniger daraus und werden folglich das nächste Mal weniger erhalten. Wenn Sie Geld mit Freude, Dankbarkeit und der Vorstellung in Empfang nehmen, daß noch mehr kommt, dann eröffnen Sie dem Universum mehr Wege für Ihren Wohlstand.

Seien Sie offen für jede Quelle des Erhalts, die Ihre Integrität achtet, und willens, das zu bekommen, worum Sie gebeten haben. Manchmal suchen die Menschen nach einem Haar in der Suppe, wenn sie etwas bekommen. Stellen Sie sich vor, Sie suchen nach einem Gebrauchtwagen. Sie beschließen, sich ein sehr schönes Auto zu einem erschwinglichen Preis zu erschaffen, oder ein Auto, das nicht viel gefahren wurde und sich in exzellentem Zustand befindet. Sie werden sich klar über die Essenz Ihres Wunsches und beginnen mit dem Magnetisieren. Eines Tages finden Sie dann das Auto, das alle Ihre Bedingungen erfüllt, und es kostet sogar noch weniger, als Sie dachten. Statt aber darüber erfreut zu sein, daß alles so perfekt ist, fragen sich einige von Ihnen, was damit nicht stimmt! Vertrauen Sie auf Ihre Fähigkeit, sich etwas Ideales zu erschaffen. Bekräftigen Sie Ihre Macht, sich genau das zu erschaffen, was Sie sich wünschen. Haben Sie den Manifestierungsprozeß gemeistert, dann werden Sie oft Dinge erhalten, die scheinbar zu gut sind, um wahr zu sein. Erfreuen Sie sich also an dem, was Sie sich erschaffen.

Ein Fernsehsender unternahm einmal ein Experiment und ließ einen Mann mitten in New York Zwanzigdollarscheine verteilen. Das Ergebnis war erstaunlich. Nur einer von zehn Leuten nahm das Geld an, und die Reaktionen der Menschen waren äußerst unterschiedlich. Die einen wichen dem Mann aus, andere sagten: »Ich kaufe nichts, lassen Sie mich mit Ihrem Trick in Ruhe«, und ein Mann nahm den Schein, betrachtete ihn von allen Seiten, zuckte verwirrt die Schultern und eilte davon. Bekräftigen Sie, daß Sie Geld aus jeder Quelle erhalten werden, derer sich das Universum bedient, was dem Universum wiederum mehr Wege eröffnet. Natürlich sollen Sie kein Geld annehmen, wenn sich jemand damit Ihre Freundschaft erkaufen will oder Sie Bindungen eingingen, die Ihnen nicht zusagen. Wenn Ihnen Menschen ganz frei und offenherzig Geld geben, dann akzeptieren Sie es, aus welcher Quelle es auch kommt. Je problemloser Sie etwas annehmen können, desto leichter kann das Universum Ihnen geben.

Denken Sie an all die Quellen, aus denen Ihnen Geld zufließt (das heißt Ihr Job, Einkommen aus Investitionen, Ihre Eltern, Stipendien). Welche weiteren Einkommenswege gäbe es? Denken Sie auch an völlig unwahrscheinliche Möglichkeiten wie anonyme Schecks, eine Benachrichtigung von der Bank, daß Sie mehr auf dem Konto haben, als Sie dachten, oder eine unerwartete Rückerstattung. Seien Sie so verwegen und erfinderisch, wie Sie können. Fragen Sie sich dann: »Bin ich bereit, etwas aus diesen neuen Quellen zu erhalten?« Sollte das der Fall sein, dann bitten Sie das Universum, Ihnen in den nächsten Wochen durch diese neuen Kanäle Geld zu schicken. Seien Sie auch zur Anerkennung bereit, wenn es eintrifft, und beglückwünschen Sie sich zur Erschaffung neuer Wege zur Fülle.

Manchmal ist es leichter, auf direktem Wege zu einem Gegenstand zu kommen, als sich erst das Geld dafür zu erschaffen. Denken Sie an einen speziellen Wunsch. Konzentrieren Sie sich, statt sich Geld dafür zu erschaffen, auf diesen Gegenstand und jedmöglichen Kanal für seinen Erhalt. Folgen Sie dann Ihrer inneren Führung. Nehmen wir an, Sie wollen ein Fahrrad. Sie richten Ihre Aufmerksamkeit stetig auf diesen Wunsch und stellen vielleicht fest, daß einer Ihrer Freunde oder einer derer Bekannten Ihnen ein Fahrrad leiht oder Sie bittet, es während ihrer Abwesenheit für sie aufzubewahren. Manchmal geht es rascher, wenn Sie nicht erst Geld und anschließend den Gegenstand anziehen, sondern sich gleich auf den Gegenstand konzentrieren.

Alles, was ich gebe, ist ein Geschenk an mich selbst. Während ich gebe, empfange ich.

Geben ist ein wesentlicher Teil des Empfangens. Wie Sie anderen geben, so gibt Ihnen das Universum. Geben Sie Geld oder andere Dinge, dann ist das ein echtes Geschenk an Sie selbst, denn es setzt in Ihrem Leben einen Energiekreislauf in Gang, und je mehr Energie zirkuliert, desto reicher sind Sie.

Ein Mann warf in jungen Jahren gern an einer Stelle Münzen auf die Straße, wo kleine Kinder sie finden würden. Er wußte, daß sie dann diesen Tag für ihren Glückstag hielten und glaubten, das Geld sei aus heiterem Himmel gefallen. Später betätigte er sich in der Immobilienprojektentwicklung. Wenn er Investitionsgelder für seine Projekte brauchte, floß ihm das Geld wie aus heiterem Himmel zu, so als hätte er es auf der Straße gefunden.

Es ist ein Gesetz des Universums, daß Sie etwas geben müssen, wenn Sie etwas bekommen wollen. Wollen Sie etwas haben, dann fragen Sie sich: »Was muß ich geben, um es zu bekommen?« Alles hat einen Preis. Wenn Sie Geld wollen, dann mag der Preis tatkräftiges Handeln, die richtige Einstellung oder die Entwicklung eines Plans sein. Sie können immer etwas tun, um das zu bekommen, was Sie sich wünschen. Wenn Sie Geld haben wollen, dann müssen Sie die Dinge geben, die Ihnen Geld bringen werden. Das beinhaltet Ihre Talente, Fähigkeiten, Zeit und Energie.

· Stellen Sie einen Mangel an Fülle in Ihrem Leben fest, dann denken Sie an jemanden, dem Sie etwas geben könnten. Es kann Ihnen die wunderbarsten Gefühle der Welt schenken, wenn Sie anderen etwas geben, die Ihr Geschenk zu schätzen wissen und gebrauchen können. Das Geben bestätigt Ihre Fülle und verhilft Ihnen zu einem Gefühl der Wohlhabenheit. Geben macht Sie stark. Überlegen Sie, was Sie einer Ihnen bekannten Person geben könnten und für sie im Moment hilfreich ist. Setzen Sie Ihre Idee in die Tat um, und Sie werden feststellen, daß das Universum auch Ihnen gibt.

Jedes meiner Geschenke dient anderen Menschen und stärkt sie.

Sie möchten nicht nur bedingungslos und großzügig geben, Sie möchten den Menschen auch so geben, daß es ihrem höheren Wohl wirklich dient. Wenn Sie einer Person Geld zukommen lassen, so stellen Sie klar, daß Sie es zur Erschaffung ihres Wohlstands tun und nicht, um sie aus einer sich ewig wiederholenden Situation herauszupauken. Geben Sie Menschen, die Ihr Geld und Ihre Geschenke zu einem positiven Wandel in ihrem Leben nutzen. Wenn Sie sehen, daß Leute konkrete Pläne entwickeln, damit in die Außenwelt gehen und aus ihrem wahren Wesen heraus agieren, dann ist das der Zeitpunkt, sie zu unterstützen. Geben Sie, um Menschen beim Erreichen ihrer höheren Ziele und der Verfolgung ihres Weges zu helfen.

Wenn Menschen ständig in Nöten sind und sich ewig Mangel erschaffen, dann verschaffen Sie ihnen mit Ihren Gaben vielleicht nur eine Verschnaufpause und halten sie davon ab, ihr Leben in Ordnung zu bringen. Menschen erschaffen sich Mangel, um bestimmte Lektionen zu lernen. Wenn Sie merken, daß Sie Leuten Geld oder Dinge zukommen lassen, sich in deren Leben aber nichts verbessert, dann ist es vielleicht an der Zeit, Ihr Verhalten zu überprüfen. Es kann sein, daß Sie sie am Wachstum hindern, zu dem sie durch ihre Mangelerfahrung kommen könnten.

Vielleicht hat Sie einmal jemand sichtlich verzweifelt um Geld gebeten, und Sie haben abgelehnt. Dann hat er sich selber durchgebissen, einen Job besorgt oder seine Lebenssituation verbessert. Menschen erschaffen sich oft ein Mangelgefühl oder eine Notsituation, um sich zu einer Veränderung in ihrem Leben zu motivieren. »Retten« Sie Leute aus ihrer Krise, dann schafft das oft nur Abhängigkeit, und Sie stellen fest, daß sie die gleiche Situation immer wieder herstellen.

Sie unterstützen Menschen oft besser, wenn Sie nicht Geld geben, sondern ihnen helfen, mit ihrer eigenen Stärke in Kontakt zu kommen, oder sie Methoden der Problemlösung lehren.

Arbeiten Sie mit ihnen und stehen Sie ihnen bei, Wege zur Lösung ihrer Probleme zu finden. So werden sie stärker und gewinnen mehr Kontrolle über ihr Leben. Sie stärken andere, wenn Sie ihnen ein Mittel, eine neue Methode oder eine Fähigkeit an die Hand geben, die sie erlernen und für den Rest ihres Lebens nutzen können.

Wenn es Menschen in Ihrem Leben gibt, die sich ewig in finanziellen Nöten befinden, und Sie sich verpflichtet fühlen, ihnen aus der Patsche zu helfen, dann denken Sie daran, daß dies eine Bestätigung ihrer Schwäche darstellt. Sie haben genau wie Sie in sich die Macht, sich Fülle zu erschaffen. Helfen Sie ihnen, diese Macht in sich zu entdecken, und Sie werden ihnen eines der größten Geschenke machen – Unabhängigkeit. Natürlich gibt es Menschen, für die das Geschenk einer Mahlzeit, einer Schlafstelle oder von Kleidung keine »Errettung« darstellt, sondern ganz konkrete Hilfe in einer kritischen Zeit, damit sie weiter wachsen können. Ihr Herz wird Sie den Unterschied erkennen lassen. Wenn Sie mit Ihren Gaben andere Menschen wirklich bestärken, dann gibt Ihnen das Auftrieb und Freude.

Alles, was ich anderen gebe, stellt eine Achtung und Anerkennung ihres Werts dar.

Geben Sie, was zu geben Ihnen Freude macht. Geben Sie kein Geld, wenn Sie sich nur dazu verpflichtet oder gezwungen fühlen. Ungute Gefühle sind ein Zeichen, daß Ihre Gabe nicht dem höchsten Wohl der anderen Person dient. Manche Eltern fühlen sich verpflichtet, ihre Kinder weiterhin zu unterstützen, obwohl sie schon längst erwachsen sind und auf eigenen Füßen stehen könnten. Es mag der Zeitpunkt kommen, wo Sie eine Bitte um Geld abschlagen müssen. Ihr »Nein« entspringt dann einem Ort größerer Liebe als ein widerwilliges »Ja«.

Ein Mann hatte einen Bruder, der ständig seine Miete nicht bezahlen konnte. Er gab ihm immer wieder Geld dafür, aber nichts schien sich zu ändern. Schließlich weigerte er sich, seinem Bruder weiterhin mit Geld auszuhelfen, im Wissen, daß dieser lernen mußte, sein Grundproblem selbst zu lösen. Ihm wurde klar, daß die finanzielle Unterstützung ihn nicht lehrte, für sich selbst zu sorgen. Er arbeitete mit seinem Bruder, half ihm herauszufinden, womit er seinen Lebensunterhalt verdienen wollte, und brachte ihm Bücher zum Thema Jobsuche.

Bald darauf fand der Bruder einen Job mit einem Gehalt, das seine Miete abdeckte. Auch hatte er seine Liebe zu Computern entdeckt und ging zur Abendschule, um sich entsprechend ausbilden zu lassen. Allerdings konnte er nicht soviel üben, wie er wünschte, da die Schule nicht über genügend Computer verfügte. Er bat seinen Bruder, ihm Geld für den Kauf eines eigenen Computers zu leihen, und dieser entsprach seiner Bitte, weil der Computer dem Bruder zu größerem Wohlstand verhelfen würde. Später zog dieser sein eigenes Computergeschäft auf und wurde sehr erfolgreich.

Denken Sie daran, anderen das zu geben, was zu bekommen sie sich wünschen. Nicht alle Geschenke sind angemessen. Schenken Sie zum Beispiel einem Kind ein Haustier, dann müssen sich möglicherweise die Eltern darum kümmern, die gar nicht die Zeit dazu haben. Gehen Sie sicher, daß Ihr Geschenk für den Empfänger akzeptabel ist und etwas, das diese Person wirklich gebrauchen kann. Geben Sie bedingungslos, aber geben Sie Dinge, die der beschenkten Person wirklich dienlich sind.

Ich gebe großzügig mir selbst.

Sich selbst geben zu lernen ist wichtig, um den Fluß der Fülle aufrechtzuerhalten. Wenn Sie sich selbst nichts geben können, wird der Fluß blockiert, und Sie werden schließlich die Auswirkungen erfahren. Heiler zum Beispiel können sich völlig erschöpfen, wenn sie ständig anderen geben, aber nicht imstande sind, sich selbst die Zeit zu gönnen, die sie zur Regenerierung und Aufladung ihrer Energien brauchen. Es kann dazu kommen, daß ein Mangelgefühl auftritt und Sie dann ungewöhnlich viel Zeit und Energie auf sich selbst verwenden müssen. Oder Sie fühlen sich auf der Energieebene von Ihrer Arbeit erschöpft und verlieren den Enthusiasmus für Ihre Tätigkeit.

Oft lassen Menschen nicht ganz von ihrem Geschenk los. Schenken Sie, ohne irgendwelche Fäden daran zu knüpfen. Machen Sie jemandem ein Geschenk, dann entbinden Sie sich davon. Wenn Sie noch an Ihrer Gabe hängen, blockieren Sie den Fluß, der Ihnen mehr bringt. Sollten Sie alte Kleidungsstücke weggeben, hinterher aber denken, daß Sie sie noch ganz gut hätten brauchen können, und sich wünschen, sie nicht verschenkt zu haben, dann blockieren Sie das Eintreffen neuer Kleidungsstücke, da Sie die alten nicht wirklich entlassen haben. Stellen Sie sicher, daß Sie frei geben, denn je freier Sie geben, desto leichter ziehen Sie Geld an.

Geld kommt auf Sie zu, wenn Sie Ihre Aufmerksamkeit auf das richten, was Sie der Welt geben, statt nur an das Geld zu denken, das Ihnen Ihre Arbeit einbringt. Ihre Bereitschaft, Ihr Bestes zu geben, ist das größte Geschenk, das Sie Ihrem Arbeitgeber oder Ihren Klienten machen können. Arbeiten Sie im Geiste der Kooperation und Liebe. Ihr Wille, Ihre Energie und Ihr Engagement in Ihre Arbeit zu stecken, wird Ihnen mehr Geld einbringen als der Versuch, Abkürzungen zu nehmen, oder wenn Sie an Ihre Tätigkeit nicht glauben, Ihre Arbeit ablehnen oder nur soviel tun, daß Sie gerade so rumkommen.

Ein Künstler machte sich Sorgen, daß er sich mit seiner Kunst nicht ernähren könnte. Er beurteilte jede sich ihm bietende Gelegenheit nach dem Geld, das es ihn kosten oder ihm einbringen würde. Er schlug einige Aufträge aus, die zwar verlockend schienen, ihm aber seiner Ansicht nach nicht genug Geld boten. Er war ständig in Geldnöten. Einer seiner Freunde, ebenfalls ein Künstler, tat hingegen alles ihm Mögliche, um ein guter Künstler zu werden. Er nahm Unterricht, folgte seinen inneren Impulsen und seiner Freude und gab sein Bestes. Er achtete nicht so sehr auf das Geld, das er mit seinen Aktivitäten verdiente, sondern fragte sich vielmehr: »Wie kann ich den Menschen, die sich meine Arbeit anschauen, am besten dienen? Was kann ich ihnen geben? Möchte ich diese Gelegenheit liebend gern wahrnehmen? Was kann ich tun, um aus mir den bestmöglichen Künstler zu machen?«

Er wurde schließlich mit seinen Arbeiten sehr bekannt und hatte ein sehr gutes Auskommen. Sein Freund, der ständig ans Geld dachte und nicht daran, wie er anderen Menschen dienen könnte, verdiente sehr wenig Geld und wurde auch nicht bekannt. Fragen Sie sich bei der Einschätzung der sich Ihnen bietenden Gelegenheiten, ob Sie damit einen Beitrag für andere leisten, ob sie Ihrem Weg entsprechen und Ihnen Freude bringen. Sie erschaffen sich Geld, indem Sie Ihre besonderen Fähigkeiten und Talente nutzen und stets Ihr Bestes tun.

In allem, was ich sage und tue, diene ich anderen nach bestem Vermögen.

Menschen, die anderen nach bestem Vermögen dienen, führen ein Leben voller Fülle und Freude. Dienen heißt, sich in andere Menschen hineinversetzen und ihnen das Bestmögliche geben, seien sie Klienten, Arbeitgeber, Mitarbeiter, Freunde oder geliebte Personen. Wenn Sie sich der Welt von Ihrer besten Seite zeigen und auf Ihrer höchsten Integritätsebene agieren, dann dienen Sie anderen. Sie brauchen keine führende Persönlichkeit oder weltweit bekannt zu sein oder große Taten zu vollbringen, um einen wichtigen Beitrag zur Menschheit zu leisten. Wenn Sie Ihre Arbeit in guter Absicht, mit Bewußtheit und Liebe tun, dann leisten Sie den wertvollsten aller Beiträge – Sie bringen mehr Licht in die Welt.

Der Umsatz eines Großhändlers sank, und er verstand nicht, warum. Er liebte seine Tätigkeit nach wie vor, glaubte an das Produkt, das er verkaufte, und verfolgte seinem Gefühl nach sein höheres Ziel. Eines Tages wurde ihm im Gespräch mit einem Freund klar, daß er sich nicht mehr darauf konzentrierte, den Leuten zu dienen und etwas zu geben, sondern inzwischen nur noch daran dachte, was sie ihm geben konnten. Er sah sie nicht länger als Menschen, denen er diente, sondern nur noch als Nummern, die seine Taschen mit Geld füllten. Er war so auf das Geldverdienen konzentriert, daß er vergessen hatte, daß es in seinem Geschäft um den Dienst am Menschen ging. Er veränderte seine Einstellung und richtete seine Aufmerksamkeit darauf, wie er jeder einzelnen Person am besten dienen konnte ohne Rücksicht darauf, ob er etwas verkaufte oder nicht. Er nahm sich Zeit, seine Kunden kennenzulernen, ihre Bedürfnisse zu erfahren und war aufrichtig bemüht, ihnen zu helfen. Er gab großzügig von seiner Liebe, Zeit und Energie. Sein Umsatz stieg dramatisch.

Je mehr Sie Ihre Gedanken auf den Dienst an anderen richten, desto großartiger und erfüllender wird Ihre Arbeit sein. Wenn Sie sich darauf konzentrieren, wie Sie mit Ihrer Arbeit anderen Menschen Licht und Freude bringen können, wird sie auch Ihnen Licht und Freude bringen. Dienen heißt, daß Sie anderen das Ihrem Vermögen und Wissen nach Beste geben. Es bedeutet, daß Sie bei Ihrer Arbeit effizient, rücksichtsvoll und achtsam sind. Es heißt, daß Sie mit anderen im Geiste der Freude, Harmonie und Kooperation zusammenarbeiten. Ein solcher Dienst wird stets in der Form von vermehrtem Wohlstand auf Sie zurückkommen.

Das größte Geschenk, das Sie anderen
machen können, ist das Beispiel
Ihres eigenen funktionierenden Lebens.

Geben und Empfangen

Empfangen

▷ Zählen Sie so viele Dinge auf, wie Ihnen einfallen, die Sie gerne erhalten würden. Beschreiben Sie ihre Form so genau wie möglich, falls sie Ihnen bekannt ist.

▷ Gehen Sie jeden Punkt durch. Fragen Sie sich, ob Sie wirklich willens sind, diese Sache zu erhalten. Unterscheiden sich Ihre Antworten in den einzelnen Punkten?

▷ Wählen Sie einen Punkt aus, für dessen Empfang Sie sich am offensten fühlen. Welches Gefühl löst dieses »offen für den Empfang« in Ihnen aus? Ist es ein körperliches Gefühl? Ein Gefühl im emotionalen oder gedanklichen Bereich?

▷ Wählen Sie nun einen Punkt aus Ihrer Liste, für dessen Empfang Sie sich nicht so offen fühlen. Erinnern Sie sich an Ihr Gefühl der »Offenheit für den Empfang« und spielen Sie mit Ihren Gedanken, Gefühlen und physischen Empfindungen, bis Sie sich offener fühlen.

Geben

▷ Denken Sie daran, einer bestimmten Person etwas geben zu wollen? Überlegen Sie sehr genau. Dient Ihre Gabe dem Bedürfnis oder dem Wohlstand dieser Person?

▷ Gibt es, falls Sie sich in Ihrem Leben gerade nicht von Fülle umgeben fühlen sollten, etwas, das Sie einer anderen Person schenken könnten, um Ihren Glauben an Ihren Wohlstand zu demonstrieren? Wenn ja, dann machen Sie dieses Geschenk.

Kapitel 21

Klarheit und Harmonie

Soll das Geld fließen, dann seien Sie klar und ehrlich mit sich, was Sie im Austausch für Ihre Bemühungen und Zeit haben wollen. Das bedeutet klare Absprachen mit anderen Menschen über das, was Sie von ihnen haben wollen und was Sie ihnen zu geben bereit sind. Soll in Ihren persönlichen und geschäftlichen finanziellen Belangen alles glatt und harmonisch verlaufen, dann möchten Sie Ihre Erwartungen und Voraussetzungen geklärt haben.

Jeder Energieaustausch läßt mich
Klarheit und Harmonie erfahren.

Möchten Sie mit dem Resultat eines Energieaustauschs oder einer finanziellen Transaktion glücklich und zufrieden sein, dann seien Sie von Anfang an explizit und präzise in bezug auf Verpflichtungen, Absprachen, die involvierte Zeit, die notwendigen Anstrengungen, dazugehörige Aufgaben und die Bedingungen der Gegenleistung. Investieren Sie Geld – sei es in ein Sparkonto, ein neues Geschäft, ein Haus, Immobilien, Aktien oder Wertpapiere –, dann seien Sie sich über Ihre finanziellen Erwartungen klar. Wenn Sie zum Beispiel ein Sparkonto anlegen, dann treffen Sie und die Bank eine klare Absprache über die Konditionen der Verzinsung, was Enttäuschungen und Konflikten vorbeugt.

Verträge werden abgeschlossen, um sicherzustellen, daß sich beide Parteien über die Bedingungen einig sind und keine unausgesprochenen oder heimlichen Erwartungen im Spiel sind. Oft bewirkt der Einigungsprozeß eine Klarheit unter Menschen, die eher Liebe und Harmonie befördert als Konflikte und Kämpfe. Haben Sie eine funktionierende und gute Absprache getroffen, dann gibt es selten ein Problem. Betrachten Sie einen Vertrag als Gelegenheit, zwischen Ihnen und der anderen Person Klarheit zu schaffen. Lesen und überdenken Sie die Bedingungen sorgfältig. Können Sie sich mit ihnen einverstanden erklären? Finden Sie Ihre Absichten darin wieder?

Wichtig ist, daß die Bedingungen und Absprachen sowohl Ihren Rechten und Interessen wie auch denen der anderen Person dienen. Haben Sie keine Angst, um eine Klärung oder Veränderung der Bedingungen zu bitten, die Sie nicht verstehen oder mit denen Sie nicht einverstanden sind, bevor Sie unterzeichnen. Klären Sie bei jedem Austausch mit anderen, ob nun mit oder ohne Vertrag, die Konditionen und Absprachen. Je klarer Sie sind, desto mehr Licht und Harmonie bringen Sie in Ihr Leben. Ihre Klarheit ist ein Geschenk für alle Menschen in Ihrem Leben.

Mit Freunden schließt man zwar keine Verträge über die alltäglichen Interaktionen ab, das wäre unpraktisch, aber Sie können doch die gleiche Klarheit in Ihre unausgesprochenen Vereinbarungen bringen. Denken Sie an einen Freund oder eine Freundin. Welche unausgesprochenen Abkommen über gegenseitige Verpflichtungen existieren zwischen Ihnen? Wie oft zum Beispiel sollen Sie erwartungsgemäß Kontakt aufnehmen? Wird damit gerechnet, daß Sie bei einer Krise zur Verfügung stehen? Leihen Sie sich gegenseitig Geld? Sie haben mit den Menschen in Ihrem Leben viele unausgesprochenen Vereinbarungen, gestehen ihnen, was Ihre Zeit und Energie angeht, gewisse Rechte und Privilegien zu. Sind Sie und Ihre Freunde sich über die Bedingungen nicht einig, oder sind Sie über das, was Sie zu geben bereit sind, unklar, dann entstehen Konflikte. Gibt es in den Vereinbarungen, über die Sie gerade nachdachten, unklare Bereiche? Nehmen Sie sich jetzt einen Moment Zeit und klären Sie diese ab, entscheiden Sie, was Sie zu geben bereit sind und wie die Vereinbarungen Ihrem Wunsch nach aussehen sollen.

Das Geld, das ich ausgebe, gebe ich mit gutem Gefühl aus.

Sie haben auch Absprachen mit sich selbst getroffen. Zum Beispiel darüber, wie und wofür Sie sich Geld auszugeben erlauben. Für welche Dinge dürfen Sie guten Gewissens Geld ausgeben? Wieviel Geld dürfen Sie für bestimmte Dinge ausgeben? Sagen Sie sich zum Beispiel: »Ich bin mit mir übereingekommen, daß ich, sooft ich will und gleich, was es kostet, Geld für Gemüse ausgebe, um gute Mahlzeiten zubereiten zu können. Ich habe mit mir vereinbart, kein Geld für ein teures Kleidungsstück auszugeben, es sei denn für einen besonderen Anlaß, und der muß ziemlich wichtig sein. Sollte ich ein teures Kleidungsstück kaufen, das nicht einem besonderen Anlaß dient, dann muß ich es häufig tragen können, so daß sich die hohen Kosten auszahlen.«

Nehmen Sie sich einen Moment Zeit und denken Sie über die Vereinbarungen, die Sie in bezug auf Ihre finanziellen Ausgaben mit sich selbst getroffen haben, nach. Sie werden überrascht sein, wie viele interne Richtlinien Sie sich selbst gesetzt haben, was das Geld (und auch andere Lebensbereiche) angeht. Normalerweise wissen Sie es, wenn Sie gegen eine Ihrer persönlichen Absprachen verstoßen haben, denn dann haben Sie ein schlechtes Gewissen.

Treffen Sie in bezug auf Geld Vereinbarungen mit sich selbst, die Ihnen Freude, Fülle und Klarheit bringen. Durchleuchten Sie, sollten Sie wegen Ihrer Geldausgaben dauernd ein schlechtes Gewissen haben, Ihre persönlichen Vereinbarungen und denken Sie über eine Veränderung nach, denn sie funktionieren nicht für Sie. Sie möchten überprüfen, ob es gute Vereinbarungen sind oder ob sie sich auf die Wertvorstellungen anderer Menschen gründen – etwa die Ihrer Eltern, der Gesellschaft oder Ihrer Freunde.

Schließen Sie mit sich Abkommen über das Geld, die für Sie praktikabel sind. Denken Sie an eine Geldausgabe, die Ihnen hinterher ein schlechtes Gewissen machte. Gegen welche Vereinbarung haben Sie verstoßen? Handelt es sich um eine gute Übereinkunft? Befördert diese Leitlinie, wenn Sie sie befolgen, Ihre Liebe zu sich selbst? Eine Frau hatte zum Beispiel stets ein schlechtes Gewissen, wenn sie sich etwas Schönes kaufte. Sie merkte schließlich, daß es laut ihrer persönlichen Vereinbarung für sie in Ordnung war, Geld für nützliche Dinge auszugeben, nicht aber für Dinge nur um ihrer Schönheit willen wie Kunstgegenstände oder Bilder. Sie traf eine neue Vereinbarung mit sich, wonach Ausgaben in einer bestimmten Höhe für schöne und dekorative Gegenstände akzeptabel waren. Danach kaufte sie mit gutem Gewissen Dinge zur Verschönerung ihres Heims, solange sie damit ihr festgesetztes Budget nicht überstieg.

Ich werde immer zu einer Lösung auf höherer Ebene geführt.

Ein Mangel an klaren Vereinbarungen über Geld kann zu Konflikten führen, selbst zwischen zwei Menschen, die sich lieben. Hat zum Beispiel eine Person für sich bestimmt, daß sie es in Ordnung findet, unbegrenzt viel Geld für Nahrungsmittel auszugeben, und tut es auch, die andere Person aber will gemäß ihrer Vereinbarung mit sich selbst nur eine begrenzte Summe dafür aufwenden, so bietet das Zündstoff.

Die beiden Personen verbinden unterschiedliche Wertvorstellungen mit dem Essen. Die meisten Menschen verstricken sich dann, kommt das Thema auf den Tisch, in einen Machtkampf, statt sich die Zeit zu nehmen, sich ihre Vereinbarungen in bezug auf Geld anzusehen und ruhig und liebevoll darüber zu sprechen.

Für viele Menschen repräsentiert Geld Macht, und bezüglich auf Geld recht zu haben, bedeutet für sie Macht haben oder an Macht gewinnen. Bei Konflikten über Geld geht es meist um einen Machtkampf. Macht könnte das Thema sein, das in Wahrheit zur Debatte steht, wenn Ihnen jemand Geld schuldet und es nicht zurückzahlt, oder wenn Sie sich mit geliebten Menschen über Geldausgaben nicht einigen, oder wenn Sie Ihrer Ansicht nach nicht Ihrem Wert entsprechend bezahlt werden.

Sollte das Thema Geld zu Konflikten führen oder Sie einer anderen Person entfremden, dann können Sie mit Liebe arbeiten, um die Situation zu ändern. Werden Sie als erstes still und wenden Sie sich nach innen. Vielleicht nehmen Sie eine unangenehme Energie in Ihrem Magen oder im unteren Bereich des Zwerchfells wahr. Das ist ein Hinweis darauf, daß es bei Ihrem Konflikt darum geht, wer recht hat und wer den Machtkampf gewinnt. Wenn Sie auf dieser Ebene kämpfen, können Sie nicht gewinnen.

Ich höre auf die Weisheit meines Herzens.

Arbeiten Sie auf der Energieebene, um die Situation zu verändern. Sie können sich zunächst auf Ihr Herz konzentrieren und Ihre Wut und Verletzung herauslassen. Schicken Sie der anderen Person Ihre Liebe. Machen Sie sich von dem Bedürfnis frei, recht zu haben oder sich durchzusetzen. Sie geben weder Ihre Wertvorstellungen auf, noch opfern Sie Ihre Ideale. Sie verlagern nur ganz einfach Ihre Energie vom Solarplexus (manchmal auch das »Machtzentrum« genannt) zum Herzen, wo sich alle wahren Lösungen finden.

Arbeiten Sie daran, bis Sie für die andere Person Liebe und Vergebung empfinden können. Es kann ein paar Tage oder sogar noch länger dauern, bis Sie sich von Ihrer Wut lösen und liebende Gefühle entwickeln können. Unternehmen Sie in der Zwischenzeit nichts. Debattieren Sie nicht, rufen Sie nicht an, reinigen Sie nur die Energie zwischen Ihnen beiden, indem Sie der anderen Person Liebe schicken. Irgendwann werden Sie eine Verlagerung oder Veränderung spüren – Sie werden Liebe fühlen. Teilen Sie der anderen Person auf geistigem Wege mit, daß Sie sich weigern, sich auf einen Machtkampf einzulassen. So machen Sie aus einer Situation des »ich gewinne – du verlierst« eine Situation, in der beide gewinnen.

Wenn Sie sich auf der Suche nach Antworten an Ihr Herz

wenden, dann öffnen Sie einer neuen Lösungsmöglichkeit, einer höheren Antwort die Türen. Lösen Sie sich von dieser schwierigen Situation, und es werden Ihnen neue Ideen kommen. Die Menschen werden Ihnen auf halbem Wege entgegenkommen, denn sie werden Ihre gewandelte Energie wahrnehmen und selbst Veränderungen vornehmen. Bombardieren Sie Menschen mit liebenden Gedanken und Sie bewirken wundersame Veränderungen in jeder Situation.

Sollte Ihnen jemand Geld schulden, dann lassen Sie das Geld los und schicken Sie dieser Person Liebe. Vertrauen Sie darauf, daß das Geld von irgendwoanders herkommen wird, oder sogar von dieser Person, wenn Sie sich erst einmal von der Fixierung, es wiederzubekommen, freigemacht haben. Die Weigerung, Schulden zu bezahlen, ist oft eine Vorenthaltung von Liebe und verwandelt die Beziehung in einen Machtkampf. Wenn Sie sich weigern, sich auf diesen Kampf einzulassen und statt dessen Liebe schicken, verlagern Sie die Ebene. Verlagern Sie Ihre Energie, dann kann die andere Person nicht anders, sie muß ebenfalls ihre Energie verlagern.

Nehmen Sie sich die Zeit, Ihre Vereinbarungen, Wertvorstellungen und Überzeugungen in bezug auf Geld in all den Bereichen zu überdenken, wo sich mit Finanzen verbundene Konflikte zeigen. Die andere Partei spricht ein Thema an, das sich anzuschauen für Sie wichtig ist. Was verteidigen Sie? Oft vertreten Sie die Glaubensvorstellungen und Werte am heftigsten, derer Sie sich nicht wirklich sicher sind. Sie haben selten das Bedürfnis, sich für Überzeugungen zu rechtfertigen, über die Sie sich im Innern klar sind.

Denken Sie an eine kürzliche Auseinandersetzung über Geld. Welche Ihrer Wertvorstellungen oder Überzeugungen stand zur Debatte? Welche Wertvorstellung oder Überzeugung verteidigte die andere Person? Gibt es irgendeinen hilfreichen Aspekt, einen neuen Gedanken oder einen klärenden Punkt in deren Überzeugung, den Sie möglicherweise übernehmen möchten? Enthalten Ihre Überzeugungen oder Vereinbarungen Aspekte, die Ihnen nicht dienlich sind und die Sie zu Ihrem

Wohl aufgeben sollten? Ihr Höheres Selbst möchte, daß Sie sich Ihre Überzeugungen, Wertvorstellungen und Vereinbarungen ansehen, sonst hätte sich diese Situation nicht ergeben.

Konflikte können auch aus einem Glauben an Knappheit und Mangel entstehen, aus der Vorstellung, daß nicht genug für alle da ist. Denken Sie noch einmal an eine kürzliche Auseinandersetzung oder einen kleineren Konflikt über Geld. War die Angst, nicht genug zu haben, teilweise für Ihre Auseinandersetzung verantwortlich? Wäre dieser Konflikt auch dann entstanden, wenn Sie glaubten, daß das Universum ein Universum der Fülle ist und Sie all das haben können, was Sie sich wünschen? Gehen Sie sicher, nicht aus der Angst heraus zu agieren, daß es im Universum nicht genug für Sie beide gibt.

Ich suche stets nach Möglichkeiten,
die andere Person zu einem Gewinner
zu machen. Während ich anderen
zu gewinnen helfe, gewinne auch ich.

Es gibt immer einen Weg, der beide Beteiligten zu Gewinnern macht. Wenn Sie nach wie vor den Eindruck haben, daß der eine verlieren muß, wenn der andere gewinnt, dann haben Sie noch nicht die höhere Lösungsebene erreicht. Die höhere Lösungsebene wird immer Gewinn für beide darstellen, beider höherer Ziel Rechnung tragen. Wollen Sie diese Lösung auf höherer Ebene finden, dann fragen Sie sich zunächst: »Was sind die wirklichen Themen? Was zu haben ist mir wirklich wichtig?« Fragen Sie sich ehrlich, was Sie brauchen, um Ihre Ziele zu erreichen. Oft kämpfen Sie um irgend etwas, und in Wirklichkeit geht es um etwas völlig anderes. Arbeiten Sie zusammen, um eine Lösung zu finden.

Gehen Sie nicht davon aus, daß die andere Person gegen Sie ist. Bringen Sie sie vielmehr dazu, mit Ihnen zusammen nach einer Lösung Ihres gemeinsamen Problems zu suchen. Gehen Sie grundsätzlich von der Annahme aus, daß es eine für Sie beide befriedigende Lösung gibt, auch wenn Sie sie noch nicht gefunden haben. Machen Sie es sich zum Ziel, einen Weg zu finden, der die andere Person zum Gewinner macht, und Sie schaffen sich die Möglichkeit, ebenfalls zum Gewinner zu werden.

Die Zeit ist reif für das Auftauchen neuer Formen und Strukturen, denn die alten funktionieren nicht mehr. Seien Sie willens, offen und flexibel zu sein und auf die Existenz eines höheren Weges zu vertrauen. Er wird sich durch Ihre Liebe und Ihren Vorsatz kundtun, und Sie werden der Menschheit die Gaben neuer Lösungen für alte Probleme offerieren.

Übungsbogen:

Klarheit und Harmonie

▷ Welche Vereinbarungen haben Sie bezüglich Geldausgaben mit sich selbst getroffen? Machen Sie eine Liste von den Dingen, für die Sie Geld ausgeben, und notieren Sie darunter die Leitlinien, denen Sie im Zusammenhang mit diesem Punkt folgen. (So etwa, welche Summe Sie maximal für diese Dinge ausgeben oder wie oft Sie sie sich zu kaufen gestatten.)

▷ Entspannen Sie sich und werden Sie für einen Moment still. Überdenken Sie die Vereinbarungen, die Sie gerade notiert haben. Welche Veränderungen könnten Sie vornehmen, um Ihnen ein Gefühl größerer Fülle zu vermitteln? Modifizieren Sie Ihre Vereinbarungen.

Kapitel 22

Geld haben

Geld an sich ist weder gut noch schlecht: Es ist Energie. Wie das Geld benutzt wird, bestimmt darüber, ob es eine positive Energie ist, die Ihnen und anderen zugute kommt, oder nicht. Wenn Sie im Umgang mit Ihrem Geld von Ihrer höchsten Integritäts- ebene ausgehen, es so verdienen, daß andere Personen davon Nutzen haben und sich deren Bewußtsein dadurch verändert, oder wenn Sie anderen dienen und einen Beitrag leisten, indem Sie Ihr Bestes geben, anderen mit Achtung begegnen, aufmerk- sam und bewußt Ihrer Tätigkeit nachgehen, dann leisten Sie einen Beitrag zur Gemeinschaft und zu Ihrer persönlichen Ent- wicklung. Wenn Sie das Geld in den Dienst Ihrer höheren Ziele stellen und sich und anderen Freude bringen, dann erschaffen Sie Geld des Lichts. Je mehr Geld mit Integrität und Licht verdient und ausgegeben wird, desto stärker wird es zu einer Kraft des Lichts für alle.

In allen meinen Lebensbereichen herrscht Fülle.

Wahre Fülle bedeutet, daß Sie alles haben, was Sie für Ihre Lebensaufgabe benötigen – das Werkzeug, die Ressourcen, das Lebensumfeld – und Sie ein Leben voller Freude und Intensität führen. Fülle meint nicht einen extravaganten, glanzvollen Le- bensstil, der nur aufrechterhalten wird, um anderen zu impo- nieren, oder der Ihrer wahren Lebendigkeit und Lebensauf- gabe nicht dienlich ist. Zum Wesen echter Spiritualität gehört der Glaube an echte Fülle, Fülle an Zeit, Liebe, Energie. Sie lehren andere durch das Beispiel, das Sie geben. Anderen Hilfe- stellung zu einem Leben der Fülle zu geben ist sehr schwer, wenn nicht gar unmöglich, wenn Sie selbst kein Gefühl von

Fülle haben. Sie möchten wohl kaum mit einem Leben auf der untersten Existenzebene und ständiger Mangelerfahrung als leuchtendes Beispiel vorangehen. Wenn Sie über die für Sie richtige Geldmenge verfügen und Ihr Umgang mit Geld stimmt, dann lernen andere Menschen durch Ihr Beispiel der Fülle.

Kriege und Konflikte entstehen meist durch einen Glauben an Knappheit und Mangel. Menschen, die diesem Glauben anhängen, versuchen auch, mehr und mehr aus der Natur herauszupressen, und vergeuden die Ressourcen des Planeten. Wollen Sie einen Beitrag zum globalen Frieden leisten, dann können Sie damit beginnen, daß Sie an die Fülle für sich selbst und andere glauben. Wenn auch die Gesellschaft allmählich an die Möglichkeit der Fülle für alle glaubt, dann werden neue Entdeckungen zur Lieferung unbegrenzter Energie und Ressourcen gemacht werden, die die Erde nicht verschmutzen oder ausplündern, und es wird weniger Anlaß für Kriege geben. Es existiert in Wahrheit ein Potential der Fülle für alle auf dem Planeten. Glaubt die Menschheit an diese Fülle für alle, dann kann sie auch erschaffen werden. Machen Sie einen Anfang und glauben Sie an diese Fülle.

Mein Wohlstand wirkt sich günstig auf andere aus.

Es ist in Ordnung, Geld zu haben. Manche von Ihnen plagt in diesem Punkt ein schlechtes Gewissen, vor allem, wenn Sie sich umsehen und andere in Armut leben sehen. Manche Menschen sind völlig materialistisch ausgerichtet und lernen und wachsen dadurch ebensosehr wie andere durch ein Leben in Armut. Weder ist es spiritueller, arm zu sein, noch ist es in dieser Hinsicht besser, reich zu sein. Wenn Sie sich Sorgen machen, daß der Besitz von Geld nicht spirituell sein könnte, dann schauen Sie sich die Zeiten in Ihrem Leben an, in denen Sie Geld hatten, auch wenn es unter Umständen nicht viel war. Erinnern Sie sich, was Sie mit Ihrem Geld gemacht haben. Sie konnten anderen Menschen in Ihrem Umfeld vielleicht noch besser helfen. Sie waren, als Sie ein Gefühl der Fülle hatten, wahrscheinlich großzügig gestimmt und imstande, andere in ihrer Fülle zu unterstützen.

Gewöhnlich sind die Menschen mit der klarsten Einstellung zum Geld nicht die, die große Summen auf dem Konto haben oder aber gar nichts, sondern die, die gerade über die für sie richtige Menge verfügen. Sie sind nicht durch zuviel Besitz belastet, ihr Besitz dient ihnen. Sie verwenden keine Zeit und Energie, die sie besser ihrer Lebensaufgabe widmen könnten, auf den Erwerb oder die Pflege von materiellen Dingen. Haben Sie zuviel Geld und müssen eine Menge Zeit darauf verwenden, kann Sie das von Ihrem Weg abbringen. Haben Sie nicht genug Geld und brauchen viel Zeit und Energie nur, um zu überleben, kann Sie das ebenfalls von Ihrem Weg wegführen. Es ist wichtig, daß Sie genügend Geld zum Leben haben. Wenn es nicht reicht und Sie sich den Großteil Ihrer Zeit um die Miete und das Essen sorgen müssen, dann steht Ihnen nicht die Zeit und Energie zur Verfügung, die Sie für Ihre größere Aufgabe brauchen, die zu leisten Sie gekommen sind.

Denken Sie sich »Reichtum« als ausreichende Wohlhabenheit, um Ihre Lebensaufgabe ausführen zu können. »Genug« zu haben, muß nicht unbedingt viele materielle Besitztümer bedeuten. Ihre Lebensaufgabe mag zum Beispiel in der Arbeit mit der Natur bestehen. Vielleicht leben Sie in einer Blockhütte, geben sehr wenig Geld aus und haben doch alle natürlichen und notwendigen Hilfsmittel, um Ihre Aufgabe ausführen zu können. In diesem Falle wären Sie reich. Wichtig ist, daß Sie genug Geld haben, um Ihre Lebensaufgabe zu verwirklichen, und nicht so viel, daß es Sie von Ihrer Aufgabe abhält. Genug Geld zu haben heißt, daß Sie Ihre Vision in die Tat umsetzen und die Sie umgebende Energie in eine höhere Ordnung verwandeln können. Manche Menschen brauchen unter Umständen viele materielle Dinge, um ihr Lebensziel verwirklichen zu können. Möglicherweise müssen sie mit Menschen arbeiten, die ihnen nur zuhören und sie respektieren, wenn sie reich und mächtig erscheinen.

Materieller Besitz kann manche die spirituelle Erfahrung machen lassen, was sie in diesem Leben lernen müssen, wie kein Geld zu haben für andere auch ein großer Lehrmeister sein kann. Manche Menschen gewinnen durch ihr Geld Freiheit und erfahren großes Wachstum; andere hingegen gewinnen Freiheit und Wachstum dadurch, daß sie kein Geld haben.

Wieviel an Geld ein Mensch braucht, ist eine Sache der persönlichen Struktur. Beurteilen Sie andere nicht nach dem, was sie haben oder nicht haben. Manche Menschen häufen vielleicht riesige Vermögen an, die später zum Wohl der Menschheit genutzt werden, obwohl sie zum gegenwärtigen Zeitpunkt keineswegs diese Absicht hegen und keinen spirituellen Weg verfolgen. Sie können nicht um den größeren Sinn des Weges eines Menschen wissen. Messen Sie den Erfolg einer Person nicht an ihrem Geld, sondern am Maß, in dem sie ihr Lebensziel erfüllt, mit ihrem Leben glücklich ist, über die für sie richtige Geldmenge verfügt und an sich selbst glaubt.

Der Erfolg aller anderen trägt zu meinem Erfolg bei.

Wenn Sie selber wohlhabender werden, werden Sie sich wahrscheinlich auch im Umfeld wohlhabender Leute aufhalten. Wenn Sie in Begriffen von Wohlstand denken, dann verändern Sie allmählich Ihre Schwingungen, was andere, ebenfalls in Begriffen der Fülle denkende Menschen anzieht. Seien Sie nicht eifersüchtig oder fühlen Sie sich nicht bedroht durch Personen, die erfolgreich sind. Machen Sie sich klar, daß Sie allmählich dieselbe Schwingung von Erfolg aussenden, wenn Sie einer erfolgreichen Person nahestehen. Glauben Sie ab jetzt, daß der Erfolg anderer sogar noch größeren Erfolg für Sie bedeutet. Haben alle in Ihrem Umfeld allmählich Erfolg, dann sind Sie von einer Schwingung des Erfolgs umgeben, die auch Ihren eigenen Erfolg schneller befördert. Freuen Sie sich, wenn Sie vom Glück anderer Menschen hören, im Wissen um eine Bekräftigung der Fülle, die auch Ihnen zugänglich ist.

Viele meinen, daß sie mit ihrer Arbeit einer breiteren Öffentlichkeit bekannt oder die Nummer eins auf ihrem Gebiet sein müssen, um wirklich von Erfolg sprechen zu können. Konkurrenzgefühle sind nicht unbedingt schlecht, wenn sie Ihnen helfen, Ihr Bestes zu tun. Doch sollten Sie nicht meinen, daß andere in Ihrem Tätigkeitsbereich erfolgreiche Personen Ihnen den Erfolg nehmen könnten. Es gibt keinen begrenzten Vorrat an Erfolg. Jeder Mensch auf der Welt kann erfolgreich sein. Erkennen Sie, daß Sie Ihren speziellen Platz einnehmen und daß das, was zu tun Sie gekommen sind, in gewisser Weise besonders und einzigartig ist, ganz gleich, wie viele Menschen ähnliche Dinge unternehmen. Gibt es eine Person oder ein Unternehmen, mit der oder mit dem Sie konkurrieren? Befürchten Sie, daß ihr Erfolg für Sie einen Verlust bedeuten könnte? Nehmen Sie sich einen Moment Zeit und malen Sie sich einen grandiosen Erfolg für sie aus. Lassen Sie sich dann einen Grund einfallen, warum ihr Erfolg für Sie von Nutzen ist.

Machen Sie sich klar, daß niemand auf der Welt Ihre Arbeit genauso tun würde wie Sie. Selbst wenn es den Anschein hat, daß andere das gleiche tun, so erreichen Sie wahrscheinlich doch eine andere Gruppe von Menschen oder dieselbe Gruppe auf andere Weise. Besser, Sie konzentrieren sich auf die Verwirklichung Ihres Potentials. Sind die Bedürfnisse der Menschen, denen Sie dienen, für Sie Priorität? Folgen Sie Ihren inneren Botschaften? Ihr Licht wird leuchten, wenn Sie das tun. Ihre Geschäfte werden gedeihen, und Sie werden soviel Fülle erleben, wie Sie sich wünschen. Genießen Sie den Prozeß der Verwirklichung Ihrer Arbeit in der Außenwelt, streben Sie nicht nur nach Anerkennung und Ruhm. Finden Sie es in Ordnung, wenn Sie nicht die Nummer eins sind, die meisten Kunden haben, das meiste Geld verdienen oder Ihrer Meinung nach alles allein tun müssen.

Machen Sie sich keine Sorgen, daß Ihnen jemand Ihre Ideen wegschnappt oder besser ist als Sie. Solange Sie Ihr Bestes geben, dafür sorgen, daß Ihre Produkte oder Dienstleistungen von bestmöglicher Qualität sind, werden Sie reich belohnt werden. Es ist gleich, was andere Leute tun. Selbst wenn jemand das Verdienst Ihrer guten Arbeit für sich in Anspruch nimmt, sollten Sie sich nicht davon abhalten lassen, gute Arbeit zu leisten. Sie werden schließlich belohnt werden. Wie in der Geschichte von der Schildkröte und dem Hasen wird die Person, die stetig und beharrlich arbeitet und ihren Job stets gut macht, schließlich größere Fülle und einen stärkeren Einfluß auf die Welt haben als eine, die Abkürzungen nimmt, um alle anderen aus dem Feld zu schlagen.

Betrachten Sie sich, sollten Sie mit anderen Bewerbern um einen Job oder mit anderen Geschäften um Kunden oder mit anderen Personen um ein Stipendium oder einen Zuschuß konkurrieren, nicht als Konkurrenz. Dient es Ihrem höheren Wohl, dann werden Sie das Geld, die Kunden oder den Job bekommen. Tun Sie immer Ihr Bestes, wenn Sie sich für ein Stipendium oder bei einem Vorstellungsgespräch um einen Job bewerben oder Ihre Produkte vorführen. Schreiben Sie nur an und suchen Sie nur die Personen auf, zu denen Ihnen Ihre innere Führung rät, und Sie werden zu Ihrem Geld oder Job kommen. Und sorgen Sie sich dann nicht, daß Sie jemandem etwas weggenommen haben könnten.

Das Universum ist vollkommen und voll der Fülle, und andere werden genau das bekommen, was zu ihrem Besten ist. Sie können anderen nichts wegnehmen. Die sich Ihnen bietenden Möglichkeiten sind Ihnen zugedacht, und das, was Ihnen nicht zugedacht ist, wird anderen gegeben werden. Sollten Sie im Moment um etwas »konkurrieren« – einen Job, einen Zuschuß, ein Darlehen, ein Stipendium oder eine Wohnung –, dann versuchen Sie, sich von Ihren Sorgen freizumachen, und vertrauen Sie darauf, daß Sie das bekommen, was Ihnen zugedacht ist. Das Universum wirkt immer für Ihr höheres Wohl.

Betrachten Sie Ihre Mitarbeiter und Mitmenschen nicht als Konkurrenten, sondern als Freunde. Kooperation wird Sie sehr viel weiter bringen als Konkurrenz. Ein Mann arbeitete in einem Unternehmen und wollte baldmöglichst in die Position des Vizepräsidenten aufsteigen. Er erzählte allen Leuten von seinen Ambitionen und hob häufig seine eigene Arbeit lobend hervor. Er untergrub die Tätigkeit anderer Angestellter, um sich selbst in ein besseres Licht zu stellen, und versuchte das Verdienst anderer für sich in Anspruch zu nehmen. Ein anderer Mann in diesem Unternehmen wollte ganz einfach seinen Job so gut wie möglich machen. Er dachte stets auch an die anderen Angestellten, übernahm noch zusätzlich Arbeiten, half seinem Boß, wo immer er konnte, und erledigte die Arbeit, für die er eingestellt war, mit Liebe und Aufmerksamkeit. Der erste Mann wurde nicht befördert und verließ die Firma unter großem Ärger und mit vielen Klagen über die mangelnde Wertschätzung seiner Person. Der zweite Mann stieg auf und wurde schließlich Vizepräsident.

Ich schicke anderen gute Gedanken für ihren vermehrten Wohlstand.

Verbinden Sie Ihre Gedanken, wenn Sie an andere und sich selbst denken, mit Qualitäten wie Fülle, Wohlstand, Erfolg und Zuträglichkeit. Solche Gedanken tragen zur Verwirklichung dieser Qualitäten bei. Denken Sie, wenn Sie an eine andere Person denken, an ihr zunehmendes Wohl. Stellen Sie sich jedermann als erfolgreich vor. Manchmal bringen sich Leute selbst in finanzielle Schwierigkeiten, weil sie sich zu stark mit den finanziellen Problemen anderer befassen. Sie ziehen das an, worauf Sie sich konzentrieren. Sprechen Sie nicht davon, wie schwer das Leben ist, sondern schicken Sie Mitgefühl und Liebe. Sehen Sie die betreffende Person vor Ihrem geistigen Auge aus ihren Schwierigkeiten herauskommen und Fülle erfahren. Die positiven Bilder und die Liebe, die Sie aussenden, werden um ein Vielfaches verstärkt zu Ihnen zurückkommen.

Ein Ladenbesitzer steigerte seinen Umsatz beträchtlich, weil er jeder Person, die seinen Laden betrat, Liebe schickte und sich für sie Erfolg vorstellte. Die Menschen wurden von seinem Laden magisch angezogen. Sollten sich Freunde über Mangel beklagen, dann erinnern Sie sie an das, was sie haben. Versuchen Sie, wenn Menschen in Ihrem Beisein von ihren finanziellen Problemen sprechen, das Thema zu wechseln, oder helfen Sie ihnen, die Fülle dankbar anzuerkennen, die sie sich bereits erschaffen haben.

Vielleicht hoffen Sie, durch einen Lottogewinn reich zu werden. Wollen Sie gewinnen, dann müssen Sie bereit dazu sein. Viele Menschen hoffen zwar auf einen Gewinn, glauben aber nicht wirklich daran. Personen, die im Lotto gewinnen, haben einen festen Vorsatz und zudem Glaubensvorstellungen für sich abgeklärt, die etwa besagen, daß solches Geld zu leicht verdient ist oder zu gut, um wahr zu sein. Wichtiger noch: Wenn Sie durch einen solchen Gewinn von der Verwirklichung Ihrer Lebensaufgabe abgehalten würden, dann wird ihn Ihr Höheres Selbst verhindern. Der Gewinn einer großen Summe kann eine größere Herausforderung bedeuten, als Sie denken. Es ist wichtig, über die richtige Menge an Geld zu verfügen, und wenn Ihr Leben durch eine so hohe Summe aus dem Gleichgewicht gebracht würde, wird Sie Ihr Höheres Selbst wahrscheinlich davon fernhalten.

Je nachdem, wie vorbereitet Sie auf einen so plötzlichen Gewinn sind, werden sich viele Dinge in Ihrem Leben ändern. Kommen Sie allmählich zu Geld, in einem Tempo, dem Sie sich anpassen können, so ist das ein Geschenk. Sie können sich allmählich und auf ausbalancierte, stabile Weise an den Umgang mit einem stärkeren Energiefluß gewöhnen. Bekommen Sie eine große Summe, ohne auf den Umgang damit vorbereitet zu sein, könnte Ihr Höheres Selbst viele Wege finden, damit Sie das Geld wieder loswerden. Viele Menschen, die ein großes Vermögen gewonnen oder geerbt haben, haben es binnen weniger Jahre wieder verloren oder ausgegeben. Ihre persönliche Energie und die Energie dieses Vermögens befanden sich nicht in Übereinstimmung.

Menschen, die plötzlich zu einem großen Vermögen kamen und es auch behalten haben, arbeiteten oft weiterhin in ihrem Job, blieben in ihrem Haus, brachten das Geld auf die Bank und gewöhnten sich langsam an große Summen.

Spielen Sie Lotto, wenn es Ihrem Wachstum dienlich ist. Vielen Menschen bietet das Ausfüllen des Lottoscheins eine Gelegenheit, sich selbst als von Fülle umgeben zu visualisieren, und dieses Bild hilft ihnen wiederum, die Fülle auf anderen Wegen anzuziehen. Jedesmal, wenn sie ihren Lottoschein abgeben, empfinden sie die Freude eines möglichen Gewinns und bringen so dieses Gefühl in ihr Leben ein. Und möglicherweise entspricht es dem Wunsch ihrer Seele, daß sie genau dieses Gefühl entwickeln. Dieselbe Erfahrung können Sie sich erschaffen, wenn Sie Ihren Erfolg visualisieren, sich ausmalen, daß Sie das haben, was Sie sich wünschen, und dieses Bild möglichst real und intensiv gestalten.

Mein Geld ist die Quelle alles Guten für mich und andere.

Haben Sie Geld, so sehen Sie dieses Geld als eine Quelle des Guten an. Sehen Sie es als ein Potential, das Ihnen bei der Verwirklichung Ihres höheren Ziels dient, ein Ziel, das sich noch materialisieren und Form annehmen muß. Stellen Sie sich vor, daß alles Geld, das Sie auf der Bank oder in der Brieftasche haben, nur noch auf Ihr Kommando wartet, um Gutes für Sie und andere zu erschaffen. Erkennen Sie Ihre Fülle dankbar an, und machen Sie sich klar, daß Sie gelernt haben, sich in die unbegrenzte Fülle des Universums einzuklinken. Ihr Geld wartet auf die Gelegenheit, Ihnen Gutes zu bringen und Ihr Leben und das Leben anderer zu verbessern.

Geld haben

▷ Wieviel Geld hätten Sie gerne zur Verfügung, um es nur für Spiel und Spaß auszugeben?

▷ Wieviel Geld hätten Sie gern auf dem Sparkonto?

▷ In welcher Höhe sollte sich Ihr Nettowert bewegen?

▷ Was für ein Jahreseinkommen hätten Sie gern?

▷ Wofür hätten Sie gern in den nächsten 1 oder 2 Jahren Geld? Zählen Sie alle Dinge auf, die Ihnen einfallen.

▷ Wählen Sie einen Punkt aus Ihrer Liste, der Ihnen am meisten bedeutet, und ergänzen Sie:
– Zählen Sie wenigstens drei Möglichkeiten auf, wie dieser Gegenstand Ihrem höheren Wohl dient.
– Zählen Sie wenigstens 3 Möglichkeiten auf, wie dieser Gegenstand dem höheren Wohl anderer dient.

Kapitel 23

Ersparnisse: eine Bestätigung Ihrer Fülle

Es ist von großem Wert, wenn Sie, selbst wenn Sie Schulden haben sollten, einen Teil Ihres Geldes verwenden, um sich ein Sparkonto zuzulegen. Ersparnisse sind flüssiges, verfügbares Geld, Bargeld, an das Sie leicht herankommen. Ein Sparkonto ist ein Beitrag zum Geldfluß der Gesellschaft, denn das Geld auf den Sparkonten wird in Umlauf gebracht, um mehr Reichtum zu schaffen. Ihr Geld kann, während es auf der Bank »liegt«, viele Male eingesetzt werden. Aus diesem Grund erhalten Sie Zinsen, eine Bezahlung für den Reichtum, den Ihr Geld für andere und Sie selbst schafft. Ersparnisse sind Ressourcen, die Sie unabhängig machen. Zudem sind sie eine positive Bestätigung Ihrer Fülle, die besagt, daß Sie mehr haben, als Sie im Moment brauchen. Und wenn Sie ein Gefühl des Überflusses haben, macht Sie das für noch mehr Geld magnetisch.

Gespartes Geld stellt eine Energie dar, die Ihnen, wenn Sie wollen, sofort zugänglich ist. Sie werden dadurch auch weniger leicht vom normalen Zyklus von Ebbe und Flut beeinträchtigt. Auch die Natur bedient sich dieses Prinzips. Denken Sie nur an die Eichhörnchen, die ihre Nüsse für den Winter einlagern, oder die Bären, die, um Energie zu sparen, Winterschlaf halten. Sie können sich Ihnen bietende Gelegenheiten zu Ihrem Vorteil nutzen, wenn Sie Geld gespart haben. Stellen Sie sich Ihr Sparkonto als Ihr »Konto für expansive Möglichkeiten« vor, das Ihnen mehr Optionen und größere Freiheit einräumt. Ersparnisse erlauben Ihnen auch eine größere Kontrolle über den Zeitplan Ihrer Käufe. Einige Ihrer Wünsche sind vielleicht sehr kostspielig, und stehen Ihnen Ersparnisse zur Verfügung, dann können Sie sich Ihren Wunsch zum Ihnen genehmen Zeitpunkt erfüllen.

Meine Ersparnisse agieren als Magnet,
der noch mehr Geld anzieht.

Manche von Ihnen meinen vielleicht, daß Ersparnisse auf ein mangelndes Vertrauen in ihre Fähigkeit deuten, sich dann Geld zu erschaffen, wenn Sie es wollen. Betrachten wir es von einer anderen Seite. Sie legen Ihr Geld immer zur Seite und sparen es. Sofern Sie das Geld, das Sie für Ihre Dienste bekommen haben, nicht sofort wieder ausgeben, sparen Sie es. Wenn Sie also das Sparen in der Zeit zwischen Einnahmen und Ausgaben ohnehin schon praktizieren, dann brauchen Sie nur noch eine etwas größere Summe als üblich zurückzulegen. Dieses angesammelte Geld agiert als »Geldmagnet«, und je größer Ihre Ersparnisse, desto stärker der Magnet.

Was ist die höchste Summe an Geld, die Sie je zur Seite gelegt haben? Was war die größte Summe, die Sie je auf einem Sparkonto hatten? Viele Menschen fangen an, ihr Geld auszugeben, wenn sie sich der höchsten Summe nähern, die sie je angespart hatten. Wollen Sie Ihre Ersparnisse vergrößern, dann gestehen Sie sich eine größere Summe zu, die Ihnen nach Abzug aller Ausgaben übrigbleibt. Seien Sie achtsam, wenn Sie sich Ihrer früheren Obergrenze annähern, und fassen Sie den Vorsatz, Ihre »Ersparnisbarriere« zu durchbrechen. Werden Sie sich dieser Grenze auch nur bewußt, dann haben Sie sie schon halb durchbrochen.

Sie können sich einen Überschuß schaffen, wenn Sie innerhalb Ihres Geldflusses ganz bewußt eine immer größere Summe zusammenkommen lassen, bevor Sie sie ausgeben. Sie brauchen kein großes Vermögen, um ein Sparkonto anzulegen. Ein wenig Geld, das Sie jeden Monat beiseite legen, kann in fünf oder zehn Jahren zu einer ganz schönen Summe Bargeld anwachsen. Der größte Nutzen beim Sparen von Geld liegt darin, daß Sie sich so an einen zunehmend größeren Geldfluß und die Energie, für die er steht, gewöhnen, der Aspekt, um den es geht, wenn Sie sich größere Fülle wünschen.

Viele von Ihnen möchten eine Ebene der Meisterschaft in

bezug auf Geld und Fülle erreichen, auf der sie alles, was und wenn sie es brauchen, manifestieren können. Das bedeutet, daß Sie die Dinge bekommen, ohne dafür Geld zu benötigen, oder imstande sind, sofort große Summen für ungewöhnlich kostspielige Käufe anzuziehen. Aus diesem Grund möchten Sie die Anziehung sowohl eines stetigen Flusses (zur Deckung Ihrer monatlichen Ausgaben) wie auch größerer Wogen (für die großen Käufe) beherrschen. Wenn Sie sich von Moment zu Moment das erschaffen, was Sie haben wollen, dann müssen Sie Ihre Energie ständig variierenden Ebenen anpassen können. Die meisten Menschen sind nur an eine ganz bestimmte Bandbreite und an einen relativ beständigen Energiefluß gewöhnt. Sie erlauben sich nur ein ganz bestimmtes Monatseinkommen, nicht weniger und nicht mehr.

Ein Sparkonto hilft Ihnen, sich mit einer stetig wachsenden Energiemenge oder -stärke wohl zu fühlen, was Sie zum richtigen Umgang mit einem breiteren Fluß befähigt. Beherrschen Sie diese neue Ebene und fühlen Sie sich mit einem höheren Überschuß wohl, dann können Sie sich die für größere Käufe nötige Geldsumme relativ leicht erschaffen. Ihr Sparkonto kann auch als Sicherheitsnetz für Zeiten dienen, in denen Sie für Geld nicht so kontinuierlich magnetisch sind, wie Sie es gerne hätten.

Ich bin finanziell unabhängig und frei.

Viele von Ihnen wünschen sich die Freiheit, jeden Tag das tun zu können, was sie wollen, ohne sich ums Geld bekümmern zu müssen. Sie wollen finanzielle Unabhängigkeit. Es gibt verschiedene Möglichkeiten, sich diese Realität zu erschaffen. Eine davon ist die, daß Sie sich Wege eröffnen, auf denen Ihnen über eine von Ihnen geliebten Tätigkeit Geld zufließt, und Sie das, was Sie zum Vergnügen und zur Entspannung tun, in eine Quelle des Wohlstands verwandeln. Sie können sich auch eine immer stärkere Fähigkeit erwerben, das anzuziehen, was Sie brauchen und wenn Sie es brauchen. Eine weitere Möglichkeit bietet ein Vermögen, das Ihnen erlaubt, von den Zinsen zu leben. Jede dieser Methoden funktioniert. Treffen Sie eine Entscheidung, welche davon Ihren Wunsch in seiner Essenz befriedigt, und fangen Sie an, sich die nötigen Fähigkeiten zur Manifestierung dieser Realität anzueignen.

Während Sie an der Beherrschung dieser Fähigkeiten arbeiten, kann Ihnen das Anlegen eines Sparkontos eine Hilfe sein, um sich mit einem größeren Fluß von Geld und Fülle vertraut zu machen. Dadurch sammeln Sie genug Energie an, um in Ihrem Leben eine große Veränderung vorzunehmen oder etwas sehr Kostspieliges zu kaufen, das Ihnen wirklich wichtig ist.

Wenn Sie nicht glauben, daß Sie zu einem Überschuß kommen können, wenn Sie glauben, daß Sie arm sind, dann werden Sie diese Realität erschaffen, gleich ob Sie nun über eine kleine oder große Menge Geld verfügen. Glauben Sie allmählich daran, daß Sie Fülle verdienen, benutzen Sie Ihre Ersparnisse als Bekräftigung, daß Ihnen mehr Fülle zur Verfügung steht, als Sie im Moment brauchen. Wenn Sie an Ihre Ersparnisse denken, dann denken Sie auch daran, wie Sie sie benutzen wollen. Das trägt zur Anziehung von mehr Geld bei, das Sie wiederum auf Ihrem Sparkonto anlegen können.

Überlegen Sie, welche Summe Sie gerne auf dem Sparkonto hätten und stellen Sie sie sich so intensiv wie möglich vor. Sehen Sie vor Ihrem geistigen Auge die Eintragungen in Ihrem Sparbuch. Sehen Sie sich Geld auf Ihr Sparkonto einzahlen. Empfinden Sie die Freude, die die Eintragungen in Ihrem Sparbuch in Ihnen auslösen. Denken Sie nicht, daß Sie Ihre Ersparnisse für den Fall einer Notlage oder Katastrophe anlegen, sonst werden Sie ständig Situationen herbeiführen, die den Rückgriff auf dieses Geld erforderlich machen. Stellen Sie sich Ihre Ersparnisse als Ihr Konto des Reichtums vor. Betrachten Sie sie als Geld, das Sie den Umgang mit zunehmend wachsendem Wohlstand lehrt.

Mein ganzes Geld ist Energie,
das auf mein Kommando wartet, um Gutes
in meinem Leben zu erschaffen.

Heben Sie Geld von Ihrem Sparkonto ab, dann geben Sie es nur für etwas ganz Besonderes aus, für einen tiefen Wunsch. Das lädt Ihr Geld auf und macht alles Geld, das Sie haben, magnetischer. Fragen Sie sich: »Wie kann ich meine Ersparnisse in den Dienst meines höheren Ziels stellen?«

Mit am besten nutzen Sie Ihre Ersparnisse, wenn Sie sie zur Unterstützung Ihrer Lebensaufgabe einsetzen. Sie werden feststellen, daß Menschen, die reich werden, ihr überschüssiges Geld in ihre Träume stecken, in sich selbst investieren, statt in Bereiche, von denen sie wenig Ahnung haben. Geben Sie Ihr Geld für Dinge aus, die Ihnen mit Ihrer Arbeit nach außen zu gehen helfen, seien es Bücher oder Seminare, Ausrüstungsgegenstände, die richtige Kleidung für Ihren Job oder der Umbau Ihres Hauses, um Platz für ein Büro oder einen Arbeitsraum zu schaffen. Wenn Sie Ihr Geld zur Verwirklichung Ihrer Lebensaufgabe einsetzen, werden Sie noch mehr Geld anziehen. Sollten Sie alles haben, was Sie für Ihre Lebensaufgabe brauchen, dann möchten Sie vielleicht Ihr Geld weiterhin auf die Seite legen, bis sich zeigt, wofür Sie es angemessenerweise ausgeben sollten.

Es gibt viele Möglichkeiten, überschüssiges Geld auf die Seite zu legen. Sie können es flüssig und sofort zugänglich halten, wie etwa auf einem Sparkonto. Sie können es auch fest anlegen. Sollten Sie an Investitionsanlagen denken, dann fragen Sie sich: »Gehört die Lenkung dieses speziellen Investitionsflusses zu meinem Lebensweg, und nutze ich meine Zeit so am besten?« Risikofreie Sparanlagen erfordern am wenigsten Zeit, Energie und Aufmerksamkeit von Ihnen.

Legen Sie Ihr Geld in risikoreicheren Investitionen an, dann brauchen Sie Zeit zur Überwachung und bestimmte Fähigkeiten. Vielleicht müssen Sie mehr über den Aktienmarkt lernen,

Informationen sammeln, Kontakte knüpfen und täglich die Nachrichten studieren. Treffen Sie eine Entscheidung, wie Sie mit Ihrer Zeit umgehen wollen. Möchten Sie Ihr Geld in Immobilien anlegen, dann wollen Sie vielleicht in Erfahrung bringen, was in diesem Bereich gute Investitionen sind.

Überlassen Sie Ihre Investitionen nicht einfach anderen Personen, vor allem, wenn diesen das richtige Gefühl für Wohlstand abgeht. Sollten Sie eine solche Verantwortung anderen Menschen übertragen, dann gehen Sie sicher, daß sie wissen, was sie tun, und daß Sie jederzeit ihre Tätigkeit nach Ihren eigenen Kriterien bemessen können. Es geht um Ihr Geld, Ihre Energie, und Sie wollen darauf achten, daß Ihre Investitionen mit Ihrer Energie verbunden bleiben. Wie Sie Ihr Geld anlegen, hängt von Ihrer Persönlichkeitsstruktur ab und davon, was Sie gerne tun und wie Sie Ihre Zeit verbringen möchten.

All mein Geld arbeitet für mich,
für die Steigerung meiner Fülle, Freude
und Lebendigkeit.

Achten Sie, wie immer Sie Ihr Geld auch anlegen, darauf, was damit getan wird, und prüfen Sie häufig nach. Erlauben Sie sich in diesem Punkt keine Unwissenheit. Sie wollen Ihr Geld nicht an einem Ort angelegt wissen, der mit Ihrer Energie nicht übereinstimmt. Sollten Sie ein Sparkonto eröffnen oder in ein Projekt investieren, dann gehen Sie sicher, daß die Menschen, die mit Ihrem Geld arbeiten, gründlich ausgebildet sind und Kenntnisse von den spirituellen und gesellschaftlichen Geldprinzipien haben. Menschen, die nicht über dieses Wissen verfügen, können keine guten Investitionen für Sie tätigen, gleich wie gut ihre Ideen sind. Gehen Sie sicher, daß ihre Überzeugungen und Gedanken zum Thema Geld weitmöglichst mit den Ihren übereinstimmen. Werden Sie von Ihrer Bank gut behandelt? Fühlt sich deren Energie für Sie richtig an? Vertreten die Menschen, die mit Ihren Investitionen befaßt sind, einen ähnlichen Integritätsstandard und eine ähnliche Philosophie wie Sie, so zum Beispiel, daß jede der Parteien zum Gewinner wird? All das ist wichtig für das Gedeihen Ihrer Geldanlagen.

Wenn Sie sehr viel Zeit auf das Management Ihrer Investitionen verwenden, dann seien Sie sich sicher, daß dies Ihrer höchsten Freude und Lebensaufgabe entspricht. Oft ist es besser, wenn Sie Ihr überschüssiges Geld an einem sicheren Ort anlegen, der nicht allzuviel Ihrer Energie in Anspruch nimmt, und den Rest an Zeit und Geld auf Ihre Lebensaufgabe verwenden. Letztlich gesehen werden Ihnen die Zeit und Gelder, die Sie für Ihre Lebensaufgabe einsetzen, sehr viel mehr einbringen. Finden Sie ein Gleichgewicht zwischen der Energie, die Sie in Ihre Investitionen stecken, damit diese Energie wieder auf Sie zurückkommt, und der Zeit, die Sie auf Ihre Lebensaufgabe und Ihren Beitrag zu Menschheit verwenden. Überlegen Sie, wo Sie in fünf oder zehn Jahren stehen möchten, und investieren Sie Ihr Geld so, daß es zum Bestandteil Ihres Plans und Ihrer Zielsetzung wird.

Wollen Sie in die Unternehmen anderer Leute investieren oder ihre Lebensaufgabe finanziell unterstützen, dann ist das eine Sache für sich. Viele Menschen, die auf dieser Ebene der Fülle angelangt sind, stellen fest, daß die korrekte Beurteilung der Projekte anderer zur Ganztagsbeschäftigung ausarten kann. Möglicherweise ist dies Ihre Lebensaufgabe. Am besten investieren Sie in Projekte, die mit dem Wesen und den Interessen Ihrer Person eng übereinstimmen, statt in Projekte, die Sie nicht verstehen. Investieren Sie Ihr Geld in Dinge, die Ihnen vertraut sind – Ihr eigenes Unternehmen oder das Feld Ihrer Fachkenntnisse. Je enger Sie mit den Ideen, denen Ihr Geld dient, verbunden sind, desto besser.

Haben Sie finanzielle Unabhängigkeit erreicht, dann besteht Ihre größte Herausforderung darin, daß Sie herausfinden, wie Sie den besten Gebrauch von Ihrem Geld machen und es so investieren können, daß es zum größtmöglichen Wandel und Guten auf diesem Planeten beiträgt. In bezug auf Investitionen haben Sie viele Optionen. Es gibt viele Projekte, die die Erde achten, der Menschheit helfen und Gutes mit Ihrem Geld bewirken. Beleuchten Sie jede Investition im Licht Ihrer Seele, nicht nur, um den potentiellen Gewinn abzuschätzen, sondern auch um ihr Potential zur Vermehrung des Lichts für die Menschheit und den Planeten zu beurteilen. Stellen Sie sicher, daß Sie wissen, wofür Ihr Geld eingesetzt wird und Sie an diese Dinge glauben können. Wenn sich keine geeigneten Investitionsprojekte ergeben haben, dann legen Sie das Geld an einem Ihnen angenehmen Ort an, bis sich die richtige Gelegenheit auftut.

Ich treffe die Wahl, ein Leben in Fülle zu leben.

Die Menschen, die zu großem Reichtum kommen und große Dienste erweisen, erreichen das meist nicht über Nacht. Sie konzentrieren sich auf die Tätigkeiten, die sie lieben, und investieren ihr Geld fast immer in ihre eigene Arbeit und nicht in Projekte, mit denen sie unvertraut sind. Sie gehen auch so in ihrer Arbeit auf, daß sie sich ihr beharrlich und stetig über Jahre hinweg widmen, wenn sie auch nicht unbedingt auf derselben Linie bleiben, mit der sie angefangen haben. Sie erwerben sich viel Wissen und Erfahrung und streben bei jeder sich bietenden Gelegenheit nach Weiterbildung und Erweiterung. Ihre Hingabe an ihre Lebensaufgabe bringt ihnen finanziellen Wohlstand.

Die Menschen, die kein Geld machen oder keine Fülle erfahren, glauben meist, daß sie in einem ungeliebten Job arbeiten müssen, bis sie genug Geld gespart haben, um einer geliebten Tätigkeit nachgehen zu können. Sie versuchen es vielleicht mit Investitionen, die schnelles Geld versprechen oder zu gut aussehen, um wahr zu sein, was meist auch der Fall ist. Der Weg zu dauerhaftem Reichtum und zur Fülle beinhaltet, daß Sie sich Ihrer Lebensaufgabe widmen, den spirituellen Gesetzen des Geldes folgen, mit Energie und Magnetismus arbeiten, bevor Sie zur Aktion schreiten, und ein Leben leben, das Ihnen Liebe und Freude bringt.

Wir haben in diesem Buch alle Fähigkeiten angesprochen, die Sie brauchen, um das Manifestieren meisterlich zu beherrschen. Wie bei allem verlangt Meisterschaft Übung. Wenn Sie üben, werden Sie viel über sich selbst und die Feinheiten der Energiearbeit erfahren. Genießen Sie Ihren Erfolg, wenn Sie sich etwas erschaffen haben, und sei es auch nur etwas Kleines, denn er zeigt Ihnen, daß Ihre Manifestierungsfähigkeiten Wirkung zeigen. Beurteilen Sie sich nicht nach der Schnelligkeit, mit der Sie etwas bekommen, sondern nach der Befriedigung, die es Ihnen gibt. Das Erschaffen von Fülle bedingt, daß Sie von allen noch verbleibenden Überzeugungen lassen, die besagen, daß Geld und Dinge *schwer* zu manifestieren sind, denn so ist es nicht. Sie sind jetzt bereit, sich ein Leben zu erschaffen, das Sie lieben, sich den Tätigkeiten zu widmen, die Sie lieben, und die Freude eines Lebens in Fülle zu erfahren.

Übungsbogen:

Zusammenfassung der Prinzipien

Im folgenden findet sich eine Zusammenfassung der Qualitäten, die Geld anziehen oder abstoßen. Schließen Sie die Augen und denken Sie an eine Zahl zwischen 1 und 42. Sehen Sie diese Zahl auf der Liste nach. Arbeiten Sie einen Tag lang an der genannten Qualität zur Anziehung. Sollten Sie feststellen, daß Sie etwas tun, das Geld abstößt, dann setzen Sie einen positiven, anziehenden Gedanken oder Schritt neben die negative, abstoßende Qualität.

Anziehende Qualitäten

1. Ihren Wert und Ihre Zeit achten.
2. Frei geben und empfangen.
3. Ihr Herz öffnen.

4. Darauf bauen, daß das Beste geschieht.
5. Vom Herzen ausgehen.
6. Ihr Bestes tun.
7. Sich für alle Erfolge wünschen, kooperieren.
8. Sich darauf konzentrieren, wie Sie anderen dienen können.
9. Für sich selbst begründen, warum Sie Erfolg haben können.
10. Aus Ihrer Integrität heraus agieren.
11. Achtsam und aufmerksam sein.
12. Dem Erfolg anderer Beifall spenden.
13. Ihre Herausforderungen gerne annehmen.
14. Dinge leicht loslassen.
15. Daran glauben, daß es nie zu spät ist; Schritte zur Verwirklichung Ihrer Träume unternehmen.
16. Sich selbst die Erlaubnis geben, das zu sein und zu tun, was Sie wollen.
17. Glauben, daß Ihr Weg wichtig ist.
18. Mit der Tätigkeit, die Sie lieben, Ihren Lebensunterhalt verdienen.
19. Eine losgelöste Haltung einnehmen, sich Ihrem höheren Wohl unterstellen.
20. Geben, um zum Wohlstand anderer beizutragen.
21. Den Aktivitäten, die Ihrem höheren Ziel dienen, Priorität einräumen.
22. Sich selbst als die Quelle Ihrer Fülle betrachten.
23. An die Fülle glauben.
24. An sich selbst glauben, Selbstvertrauen, Selbstliebe.
25. Klare Absicht, gerichteter Wille.
26. Ihrer Freude folgen.
27. Sich mit Gegenständen umgeben, die Ihre Lebendigkeit widerspiegeln.
28. Der Dankbarkeit Ausdruck geben.
29. Auf Ihre Fähigkeit, sich Fülle zu erschaffen, vertrauen.
30. Ihrer inneren Führung folgen.
31. Nach einer Lösung suchen, die alle Beteiligten gewinnen läßt.
32. Sich selbst zur Autorität machen.

33. Fülle an der Erfüllung Ihres höheren Ziels und Ihrem Glücksempfinden messen.
34. Den Weg zum Ziel ebenso genießen wie das erreichte Ziel.
35. Klare Vereinbarungen.
36. Daran denken, wie weit Sie schon gekommen sind.
37. Von Fülle sprechen.
38. Sich der Erfolge aus der Vergangenheit erinnern.
39. In großen Dimensionen und ohne Grenzen denken.
40. Daran denken, daß Sie sich Geld *erschaffen* werden.
41. Sich auf das konzentrieren, was Sie lieben und wollen.
42. Sich zu haben erlauben.

Abstoßende Qualitäten

1. Ihren Wert und Ihre Zeit nicht achten.
2. Nicht geben oder nicht offen sein für das Empfangen.
3. Ihr Herz verschließen.
4. Sich sorgen, daß das Schlimmste eintreten wird.
5. Sich in Machtkämpfe verwickeln.
6. Abkürzungen nehmen.
7. Konkurrieren.
8. Nur daran denken, was andere Ihnen geben.
9. Für sich selbst begründen, warum Sie keinen Erfolg haben können.
10. Abstriche an Ihren Werten und Idealen machen.
11. Auf Automatik schalten.
12. Sich vom Erfolg anderer bedroht fühlen.
13. Sicherheit und Bequemlichkeit dem Wachstum vorziehen.
14. An Dingen festhalten.
15. Denken, es sei zu spät, aufgeben.
16. Auf die Erlaubnis anderer warten.
17. Nicht an Ihren Weg glauben.
18. Nur für Geld arbeiten.
19. Das Gefühl dringlicher Bedürftigkeit oder daß Sie etwas unbedingt haben müssen.
20. Geben mit Blick auf die *Bedürftigkeit* anderer.

21. Die mit Ihrem höheren Ziel verbundenen Aktivitäten aufschieben, bis Sie mehr Zeit haben.
22. Andere als die Quelle Ihrer Fülle ansehen.
23. An Knappheit und Mangel glauben.
24. Sorgen, Ängste, Zweifel, Selbstkritik.
25. Vage oder undefinierte Ziele.
26. Sich zu etwas zwingen, Zwänge – »du mußt«, »du sollst« erschaffen.
27. Gegenstände behalten, die nicht geeignet sind, Ihrer Lebendigkeit Ausdruck zu geben.
28. Das Gefühl, daß Ihnen die Welt etwas schuldet.
29. Sich um die Finanzen Sorgen machen.
30. Die innere Führung ignorieren.
31. Gleichgültigkeit gegenüber dem Gewinn der anderen Person.
32. Nicht an Ihre innere Weisheit glauben.
33. Ihre Fülle nur an der Menge Ihres Geldes messen.
34. Dinge nur um des Ziels willen tun.
35. Unausgesprochene oder vage Erwartungen.
36. Nur an den weiten Weg, der noch vor Ihnen liegt, denken.
37. Über Probleme und Mangel sprechen.
38. Sich an Fehlschläge aus der Vergangenheit erinnern.
39. In begrenzter Weise denken.
40. Sich darauf konzentrieren, daß Sie dringend Geld *brauchen*.
41. Sich nur auf das konzentrieren, was Sie nicht wollen.
42. Das Gefühl haben, es steht Ihnen nicht zu.

Danksagung

Aus tiefem Herzen möchten wir Orin und DaBen für ihre unendliche Geduld, für ihre Führung und Weisheit danken.

Wir danken den Kindern in unserm Leben, deren großzügige Liebe uns die wahre Bedeutung von Fülle gelehrt hat. John, Elise, Mary, Tabatha, Heather, Erin und DeeAnn. Und ebenso dankbare Anerkennung unseren Eltern, Court und Shirley Smith und Glenn und Catherine Packer, die uns viel über Geld und Wohlstand gelehrt haben, und unseren Brüdern und Schwestern, Debra, Patricia, David, Robert und Irene, die uns halfen, über unsere Glaubensvorstellungen von Wohlstand noch mehr Klarheit zu gewinnen.

Wir möchten Georgia Schroer für ihr ausgezeichnetes Büromanagement danken, die uns so die Zeit gab, dieses Buch zu channeln, wie auch Mary Pat Mahan, Janet Van Deusen, Jeanie Cragin, David Duty, Louis Landau, Adine Thoreen und Shirley Runco. Dank auch an Denise Nowacki für ihre gute Transkription dessen, was Orin und DaBen für dieses Buch übermittelt haben.

Wir möchten auch unserer Liebe und Dankbarkeit für jene Ausdruck geben, die uns halfen, das Material der Lehrer aus höheren Welten zu strukturieren und in Form zu bringen: Elaine Ratner für ihre gute Redaktion und Linda Merrill für ihre Redaktionsassistenz, Greg Armstrong für seine organisatorische Hilfe, Philip Weber für seine Einsichten und Ideen und Judith Cornell für ihre überragende künstlerische Arbeit. Ganz besonders möchten wir Hal und Linda Kramer und ihren Lehrern aus höheren Welten danken für ihre Freundschaft, Liebe, Unterstützung und Bereitschaft, mit uns neue Formen und Strukturen zu erschaffen.

Dank auch an unsere Freunde LaUna Huffines und Ed und Amerinda Alpern, die mit ihrer Liebe, Zeit und Energie so großzügig waren, wie auch an Colleen Hicks, Leah Warren, Sandy Chapin, JoAnne Mausau, Patrice Noli, Cindy Haupert, Judy Heckerman, Cheryle Win, Bob Ornelas, Nina Page, Tom Oliver, Rhonda Holt, Lynn Crawford, Rikki Kirzner, Johanna Holmes, Vincent Stark, Jill O'Hara, Sue Maywald, Julie Anello, Kathryn Ridall, Scott Catamas, Romi Fitzpatrick, Missie Gillespie, Dorothy Kingsland, Linda Johnson, M.D., Bill Kautz, Jon Klimo, Michael Hammer, Vicki Rowe, Rary Crane, Michael und Maloah Stillwater, Nancy und Errol Shipley-Rubin, Jean St. Martin, Jan Shelley, Cheryl Williams, Valeria Blumenaus und Diana Armand für ihren Beitrag zur Arbeit Orins und DaBens und die wunderbare Arbeit, die sie in der Welt tun.